德国智能制造译丛

企业数字化
——从方法到实施

托马斯·巴彤恩（Thomas Barton）
[德] 克里斯蒂安·穆勒（Christian Müller） 等著
克里斯蒂安·西尔（Christian Seel）

刘晨光　译

机械工业出版社

本书由来自德国、瑞士、丹麦的10家大学和德国的4家企业共26位企业数字化领域的专家著写而成。全书共6篇16章，涵盖了数字化对就业和价值创造的影响、业务模式的转型、流程和项目管理的新方法、产品开发和生产中的创新、客户互动的分析和优化、数字化实施中的机遇和风险。书中详细介绍了数字化时代新的价值创造形式，通过智能型货箱和基于数据的服务建立新型业务模式，信息驱动的物联网业务模式的益处和框架条件，创新型业务模式样本和信息技术影响范围之间的匹配，通过机器人流程自动化实现流程数字化，保险业中的输出管理——转型为前瞻型全渠道框架，数字化项目管理的愿景和成熟度模型，产品开发过程4.0中的系统式思考，制造执行系统和工业4.0，分析旅游博客：可以从旅行报告中了解旅游者的行为吗，实例：使用VICAMPO iOS软件优化在线葡萄酒交易中的客户互动，实施数字化转型：领导原则和工具，数字化安全，物联网与智能合约：企业数字化的风险等内容。

本书包含了企业数字化从方法到具体实施的各项内容，可供我国推行、实施企业数字化的技术人员、管理人员使用，也可供高等院校相关专业的师生参考。

First published in German under the title
Digitalisierung in Unternehmen: Von den theoretischen Ansätzen zur praktischen Umsetzung
edited by Thomas Barton, Christian Müller, Christian Seel, et al. edition: 1
Copyright © SPRINGER Fachmedien Wiesbaden GmbH, ein Teil von Springer Nature, 2018
This edition has been translated and published under licence from
Springer Fachmedien Wiesbaden GmbH, part of Springer Nature.
北京市版权局著作权合同登记号：图字01-2020-4407号。

图书在版编目（CIP）数据

企业数字化：从方法到实施/（德）托马斯·巴彤恩（Thomas Barton）等著；
刘晨光译. —北京：机械工业出版社，2022.1
（德国智能制造译丛）
书名原文：Digitalisierung in Unternehmen: Von den theoretischen Ansätzen zur praktischen Umsetzung
ISBN 978-7-111-69964-4

Ⅰ.①企… Ⅱ.①托… ②刘… Ⅲ.①企业管理-数字化-研究 Ⅳ.①F272.7

中国版本图书馆CIP数据核字（2021）第267452号

机械工业出版社（北京市百万庄大街22号　邮政编码100037）
策划编辑：孔　劲　　　　　责任编辑：孔　劲　王春雨
责任校对：王明欣　张　薇　封面设计：马精明
责任印制：张　博
涿州市京南印刷厂印刷
2022年4月第1版第1次印刷
169mm×239mm · 16印张 · 301千字
0001—2500册
标准书号：ISBN 978-7-111-69964-4
定价：98.00元

电话服务　　　　　　　　　网络服务
客服电话：010-88361066　　机　工　官　网：www.cmpbook.com
　　　　　010-88379833　　机　工　官　博：weibo.com/cmp1952
　　　　　010-68326294　　金　书　网：www.golden-book.com
封底无防伪标均为盗版　机工教育服务网：www.cmpedu.com

译者序

纵观科学、技术和工业发展的里程碑，每一次重大革命性的变革都围绕着一个核心动力展开。第一次工业革命是蒸汽机，第二次是电力应用，而现在所发生的信息革命是基于计算机、芯片、云计算、数字化和人工智能。企业数字化是指在企业的经营管理、产品设计与制造、物料采购与产品销售等各个环节中，全面采用新型的信息技术、大数据和人工智能，实现信息革命与企业业务的有机集成融合，使企业对其产品、生产和服务经营中的所有活动进行优化、管理和控制，开辟新的价值创造途径。

各行各业要抓住数字化转型带来的机遇，认真且有充分准备地去对待新的挑战，力争在这一轮产业转型浪潮中改造自身产业的产品、生产流程和经营模式，借此良时获取先机，扩展和占领市场，营利创收，同时造福人类和大自然。当然，这一全新的数字化转型除了会带来无限机遇，也隐藏着难以预估的风险。人类难以避免地要持续变革，破除固有模式，挑战常规……如此种种，已成为工业和商业领域，乃至整个社会的新常态。在信息技术力量的驱动之下，社会时代更迭，进入新时期，要欢迎和拥抱所来到的数字化时代。

为应对数字化未来的挑战，各企业必须制定战略，充分利用新技术和生态系统，重塑商业模式；政府机构则应积极推动数字经济，出台鼓励政策，完善监管机制，厉兵秣马，做好准备。译者在德国计算机行业和工业界学习、科研和工作数十年，近来越来越多地感受到各个行业开始进行数字化转型所投入的巨大热情和实际效应。本书的主书名为《企业数字化》，一谈及企业数字化，人们首先想到是制造业的数字化，其实数字化已经进入了国民经济的各行各业，包括农、牧、渔、林业，金融银行业，服务业，旅游业，教育和医疗卫生行业等。考虑读者的不同背景，兼顾大众性，本书从数字化简单的定义出发，着重介绍了数字化对未来就业和价值创造的影响，转型所需的业务模式、实施过程和项目管理，必不可缺的智能产品开发，针对服务行业的分析和优化，以及数字化过程本身带来的机遇和危机。

衷心希望本书的出版能助力涉及企业数字化的相关行业，为实现新型数字化和智能化时代的行业革命及产品、过程和服务的变革提供一定的参考借鉴。本书的内容可能不能满足所有人的实际需要，但更希望读者能从有限的篇幅中获得某些有益的提示、思考方式和思维灵感。读书要能感悟其道，识其大势，而并非其术，也就是学会如何思考。

  与机械工业出版社的多次合作使我感到非常愉快。在此特别要感谢机械工业出版社的编辑提供了非常专业和具有指导性的建议，在准确内容翻译、明确概念和理解方面多次与我在线讨论，在本书的整个翻译和后续编辑过程中，给予我以支持和帮助。还要感谢机械工业出版社其他不知名的工作人员，没有你们的合作参与，就不会有本书的出版问世。

刘晨光

作者列表

顾纳尔·奥瑟（Gunnar Auth）
托马斯·巴彤恩（Thomas Barton）
玛提娜·布鲁斯特（Martina Blust）
瓦尔特·布勒内尔（Walter Brenner）
克里斯蒂安·切阿内科基（Christian Czarnecki）
马可·格拉夫（Marco Graf）
米夏埃尔·格略舍尔（Michael Gröschel）
卢卡斯·胡宾格尔（Lucas Hubinger）
诺贝特·凯特勒（Norbert Ketterer）
卡特琳·凯施内尔（Kathrin Kirchner）
乌特·克洛茨（Ute Klotz）
克劳迪娅·莱姆克（Claudia Lemke）
塞巴斯蒂安·迈斯纳（Sebastian Meißner）
克里斯蒂安·穆勒（Christian Müller）
戴特列夫·奥尔舍福斯基（Detlef Olschewski）
萨沙·鲍鲁斯（Sachar Paulus）
托马斯·罗德维斯（Thomas Rodewis）
玛提娜·罗穆尔（Martina Romer）
格博里埃尔·容特-迪特里希（Gabriele Roth-Dietrich）
多米尼克·施耐德（Dominik Schneider）
克里斯蒂安·西尔（Christian Seel）
霍尔格·蒂明格（Holger Timinger）
斯蒂芬·塞巴斯蒂安·恩特布赫伯格（Stefan Sebastian Unterbuchberger）
史蒂芬·温德策尔（Steffen Wendzel）
弗朗克·魏瑟林克（Frank Wisselink）
卡斯滕恩·乌特（Karsten Würth）

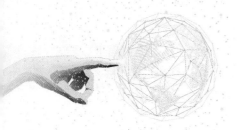

目 录

译者序
作者列表

第1章 导言 ·· 1
　　参考文献 ·· 4

第1篇 数字化对就业和价值创造的影响

第2章 未来的就业 ·· 6
　　2.1 概述 ·· 6
　　2.2 数字化 ·· 6
　　2.3 新型就业形式 ··· 11
　　2.4 工会与参与 ··· 12
　　2.5 科幻小说与未来的就业 ··· 13
　　2.6 展望 ··· 15
　　参考文献 ·· 15

第3章 数字化时代新的价值创造形式 ··· 19
　　3.1 引言与案例研究 ··· 19
　　3.2 技术驱动价值创造 ··· 21
　　3.3 数字化价值创造的形式 ··· 23
　　3.4 数字化价值创造的范例：电子健康 ··································· 29
　　3.5 总结与展望 ··· 32
　　参考文献 ·· 33

第2篇 业务模式的转型

第4章 通过智能型货箱和基于数据的服务建立新型业务模式 ·········· 38
　　4.1 引言：通过物联网、数据和服务进行物流转型 ··················· 38

4.2　当今汽车工业供应链中对物流货箱管理的挑战 ………………… 40
　　4.3　从产品变更到新型业务模式 ………………………………………… 41
　　4.4　模块化：模块化货箱实现重复使用和可扩展性 …………………… 43
　　4.5　数字化：从智能型货箱到透明流程 ………………………………… 44
　　4.6　服务系统：通过数据集成到服务平台 ……………………………… 45
　　4.7　通过建立合作伙伴网络进行业务模式的转型 ……………………… 48
　　4.8　结论：通过货箱互联网实现市场的可持续性变化 ………………… 49
　　参考文献 ……………………………………………………………………… 50

第 5 章　信息驱动的物联网业务模式的益处和框架条件 ……………………… 51
　　5.1　物联网作为数字化转型的技术驱动力 ……………………………… 51
　　5.2　物联网的新型应用示例：从见解中获得价值创造 ………………… 54
　　5.3　决策的敏捷性和独特性决定了物联网的价值创造 ………………… 56
　　5.4　在信息驱动的业务模式中分析业务的框架条件 …………………… 61
　　5.5　总结 …………………………………………………………………… 63
　　参考文献 ……………………………………………………………………… 65

第 6 章　创新型业务模式样本和信息技术影响范围之间的匹配 ……………… 68
　　6.1　数字化转型 …………………………………………………………… 68
　　6.2　业务模式创新和基于样本的业务模式设计 ………………………… 70
　　6.3　具有颠覆性特征的数字化转型的信息技术作用范围 ……………… 72
　　6.4　匹配信息技术和商业模式基因 ……………………………………… 76
　　6.5　总结 …………………………………………………………………… 85
　　参考文献 ……………………………………………………………………… 86

第 3 篇　流程和项目管理的新方法

第 7 章　通过机器人流程自动化实现流程数字化 ……………………………… 90
　　7.1　流程数字化的基础 …………………………………………………… 90
　　7.2　机器人流程自动化的体系结构和应用场景 ………………………… 92
　　7.3　选择机器人流程自动化的标准软件 ………………………………… 96
　　7.4　应用实例 ……………………………………………………………… 100
　　7.5　总结与展望 …………………………………………………………… 103
　　参考文献 ……………………………………………………………………… 104

第 8 章　保险业中的输出管理——转型为前瞻型全渠道框架 ………………… 107
　　8.1　动机—输出管理是成功与客户沟通的关键 ………………………… 107

8.2 规划试点应用 ··· 112
8.3 项目阶段 ··· 114
8.4 进一步转型的趋势和成功因素 ··········· 117
8.5 展望 ··· 126
参考文献 ··· 127

第9章 数字化项目管理的愿景和成熟度模型 128
9.1 项目管理中的数字化 ····························· 128
9.2 项目管理中的成熟度模型 ····················· 130
9.3 数字化项目管理的愿景 ························· 132
9.4 数字化项目管理的成熟度模型 M2DIP ········ 137
9.5 企业成熟度模型的含义 ························· 140
9.6 总结与展望 ··· 141
参考文献 ··· 142

第4篇 产品开发和生产中的创新

第10章 产品开发过程 4.0 中的系统式思考 144
10.1 系统思考的方法 ···································· 144
10.2 动机 ·· 146
10.3 产品开发过程 4.0 ································· 146
10.4 产品开发过程 4.0 道路上的问题范畴和系统思考 ········ 146
10.5 系统思想家提出的示例问题 ··············· 156
参考文献 ··· 157

第11章 制造执行系统和工业 4.0 158
11.1 制造执行系统 ·· 158
11.2 SAP®-ME/MII（制造执行/制造集成与智能） ········ 162
11.3 流程示例：SAP 高校联盟的工业 4.0 格局 ········ 168
11.4 总结 ·· 175
参考文献 ··· 176

第5篇 客户互动的分析和优化

第12章 分析旅游博客：可以从旅行报告中了解旅游者的行为吗 178
12.1 引言 ·· 178

12.2 旅游博客 …… 179
12.3 存储和分析数据的先进技术 …… 180
12.4 旅游博客分析 …… 181
12.5 新西兰作为旅游目的地 …… 183
12.6 评估来自新西兰的旅游报道 …… 184
12.7 总结 …… 188
12.8 展望 …… 189
参考文献 …… 189

第 13 章 实例：使用 VICAMPO iOS 软件优化在线葡萄酒交易中的客户互动 190
13.1 VICAMPO 应用软件 …… 190
13.2 移动通信领域的表现层状态转换应用程序编程接口 …… 192
13.3 用户界面和设计 …… 193
13.4 性能优化 …… 195
13.5 在 iOS 操作系统环境中进行开发 …… 195
13.6 推送通知 …… 197
13.7 现状和进一步的工作 …… 199
参考文献 …… 199

第 6 篇 数字化实施中的机遇和风险

第 14 章 实施数字化转型：领导原则和工具 202
14.1 引言 …… 202
14.2 数字化转型的本质 …… 203
14.3 企业数字化的领导原则 …… 206
14.4 企业的数字化工具 …… 212
14.5 总结与展望 …… 218
参考文献 …… 219

第 15 章 数字化安全 222
15.1 引言 …… 222
15.2 数字化风险概述 …… 223
15.3 什么是安全 …… 225
15.4 安全管理 …… 228
15.5 法规和技术状态 …… 232

15.6　必要的安全方案 …………………………………………… 233
15.7　总结 …………………………………………………………… 234
参考文献 …………………………………………………………… 235

第 16 章　物联网与智能合约：企业数字化的风险 ………… 237
16.1　引言 …………………………………………………………… 237
16.2　物联网 ………………………………………………………… 238
16.3　智能合约简介 ………………………………………………… 239
16.4　物联网的风险 ………………………………………………… 240
16.5　智能合约的风险 ……………………………………………… 243
16.6　总结 …………………………………………………………… 245
参考文献 …………………………………………………………… 246

第 1 章 导　　言

托马斯·巴彤恩（Thomas Barton），克里斯蒂安·穆勒（Christian Müller），克里斯蒂安·西尔（Christian Seel）

——数字化正在如火如荼地进行。它将对每个人的生活产生极其深刻的影响[1]。

在对该主题给予简要的介绍之后，将引入数字化的确切定义，用 6 篇讲述数字化对实用经济信息系统的重要性。从数字化对应用领域和价值创造的影响这一主题出发，概述性地说明不断变化中的企业业务模式。然后，一方面，将介绍一些新型的过程和项目管理方法；另一方面，将讨论产品创新和生产管理。在数字化背景下，引入与客户交流的互动机制。本书的第 1 篇主要对数字化所带来的机遇和风险进行说明性的介绍。

根据盖布勒（Gabler）的经济百科全书，数字化这一概念可以理解为"数字革命"或"数字化变革"[2]，例如以 WhatsApp 的应用软件来取代过去的短信服务 SMS[3]。因为，在当今高度网络化、全球化和快速生活节奏的世界中，人类直接性的互动沟通变得越来越重要。长期以来，即使是像默克尔总理这样的非技术人员，也愈发意识到了数据信息的重要性，她将数据称为 21 世纪的原材料[4]。数字化正如火如荼，改变着我们的生活。

以下的数字化定义将再现于本书所要介绍的方案、应用和应用场景中：

数字化，将使参与者之间的产品或服务交换成为可能，它有助于创建企业增值和新型的社会组织，并且可基于信息技术软件的解决方案，实现相应的企业业务模式、流程、产品、项目和服务。这些软件提供的解决方案可解释所要进行交换的数据的语义。除此之外，软件还可以接管以前需要由人来承担的工作。在数字化中，各种数据信息和参与者之间的互动起着重要作用。然而，勾画数字化社会和工作环境，保护个人隐私和确保应用软件的安全性，也对数字化提出了巨大的挑战。

可通过电子商务的演变发展，来更简要地说明数字化定义的内涵。电子商务的含义如下：电子商务指市场参与者之间的服务交换，借以创造服务的增值或社会重组，而在技术上是通过信息和通信系统，使用了互联网技术[5]。原始形式的电子商务仅限于交换电子文档，它一方面是利用语音控制的用户界面进行互动，另一方面是全自动化的业务交易和商品仓库管理。

本书对数字化的重要性进行了详细描述。其中，26位作者从15个不同的角度，分别介绍了数字化的方案、应用和实际范例等内容，从数字化对就业和价值创造的影响、业务模式的转型、流程和项目管理的新方法、产品开发和生产中的创新、客户互动的分析和优化，以及数字化实施中的机遇和风险几个方面尽可能全面地说明数字化相关问题。

我们的就业正在经受到数字化浪潮的冲击。乌特·克洛茨（Ute Klotz）在本书第1篇第2章中详细说明和探讨了数字化对就业和价值创造的影响一主题。她以两个不同的数字化策略为起点，一方面着眼于员工本身的职业和就业愿景，另一方面则关注企业所需的转型。作者提出了一些完全新型的就业形式，并着重叙述了企业工会组织在其中将会面临的挑战。最后，她介绍了一些研究结果，以科幻小说的形式得出对有关未来就业市场的看法。

在第3章中，卡特琳·凯施内尔（Kathrin Kirchner）、克劳迪娅·莱姆克（Claudia Lemke）和瓦尔特·布勒内尔（Walter Brenner）共同强调了在数字化过程中，数据和算法的突出重要性，有针对性地解释了使用数据和相应的算法可为企业带来的潜在机会和价值创造的重大变化，并通过示例描述了企业价值链中的颠覆性转变。

针对本书第2篇业务模式的转变，三个不同的作者团队分别进行了介绍和描述。

在第4章中，塞巴斯蒂安·迈斯纳（Sebastian Meißner）和玛提娜·罗穆尔（Martina Romer）介绍了如何使用云服务为物流业中的货箱部门创建新型的业务模式，展示了如何借助智能化传感器进行产品数字化，这不仅可以提高流程的透明度，还可以优化流程，特别是通过跨公司的运营模式。

在第5章中，多米尼克·施耐德（Dominik Schneider）、弗朗克·魏瑟林克（Frank Wisselink）和克里斯蒂安·切阿内科基（Christian Czarnecki）解释了物联网如何作为信息驱动的业务模式的技术驱动力，介绍了相应的解决方案，即如何利用传感器将城市内停车位的情况联入网络，并实时提供可用停车位的信息。通过应用案例，形象地描述了信息驱动的业务模式的概念。

格博里埃尔·容特-迪特里希（Gabriele Roth-Dietrich）和米夏埃尔·格略舍尔（Michael Gröschel）在第6章对作为创新业务模式推动器的信息技术进行了有针对性的评估。基于现有的业务模式，提出了一种重新设计业务模式的方法，且该方法已在实践中得到了验证。根据不同业务模式的组合，可以推导和确定

第 1 章
导　言

对信息技术的需求，以及与其相合适的信息技术基础的选择和开发。

本书的第 3 篇重点介绍了在数字化的影响下进行流程和项目管理的新方法。

在第 7 章中，克里斯蒂安·切阿内科基（Christian Czarnecki）和顾纳尔·奥瑟（Gunnar Auth）介绍了机器人流程自动化（RPA），这是一种新颖的流程自动化方法。所谓的软件机器人负责以前由管理人员执行的操作，它们具有学习人的操作并自动执行的功能。本章讨论了流程数字化的一种创新方法——机器人流程自动化，并通过三个具体的应用示例介绍了这一技术的实际应用。

在第 8 章中，斯蒂芬·塞巴斯蒂安·恩特布赫伯格（Stefan Sebastian Unterbuchberger）、卢卡斯·胡宾格尔（Lucas Hubinger）和托马斯·罗德维斯（Thomas Rodewis）共同阐述了在金融保险行业如何成功地实现企业输出管理（Output Management）转型。并介绍了一个成功的项目示例，从对现有行业体系的分析到新需求的制定，再到应用软件的开发，直至后期调试。

在第 9 章中，霍尔格·蒂明格（Holger Timinger）和克里斯蒂安·西尔（Christian Seel）揭示了如何通过数字化使项目自动化进行，并且对有关决策问题提供支持。基于成熟度模型（用于确定当前的情况和开发路径）提出了数字化项目管理的路径。

本书第 4 篇主要着眼于产品开发和生产中的创新。

在第 10 章中，玛提娜·布鲁斯特（Martina Blust）描述了在数字化和工业 4.0 环境中，产品开发过程将会遇到的困难和障碍。她在文中指出了一些现实问题，并以完全务实的方式，对其进行了系统化的处理。该章还汇集了对德国中小企业的产品开发部门和专家顾问进行咨询获得的实践经验。

在第 11 章中，诺贝特·凯特勒（Norbert Ketterer）以加工制造业作为重点，介绍了制造执行系统的功能，以及与其相关的附属系统。其中，作为一个具体示例，特别介绍了思爱普工业 4.0（SAP Industry 4.0）环境中的制造过程。

在第 5 篇中，一方面介绍和分析了与客户互动过程中的行为表现及其优化，并解释了如何利用各种非结构化的数据来研究消费者的行为。另一方面，以一个在线葡萄酒贸易为例，着重说明了 APP 移动式应用程序的应用，以便于更有效地提高与客户的互动交流。

在本书的第 12 章中，马可·格拉夫（Marco Graf）和托马斯·巴彤恩（Thomas Barton）以新西兰为例，探讨了如何从大量的旅游博客文章中获取当地的一般性信息和与位置相关的信息，并且说明了对旅游博客进行分析和将其可视化可用于为其他潜在旅行者提供更生动的视觉体验。

在第 13 章中，卡斯滕恩·乌特（Karsten Würth）和托马斯·巴彤恩（Thomas Barton）介绍了如何通过 APP 简化且优化网店的使用。通常，这类 APP 是被作为 iOS 操作系统的最低可行性产品（MVP）开发的，并通过推送通知提高与客户交互的频率。

本书的第 6 篇为数字化实施中的机遇和风险，重点讨论了数字化环境中的安全性和可能存在的危险。

在第 14 章中，克劳迪娅·莱姆克（Claudia Lemke）、卡特琳·凯施内尔（Kathrin Kirchner）和瓦尔特·布勒内尔（Walter Brenner）介绍了成功进行企业转型的管理工具，重点阐述了数字化领导原则的变化，以及其对组织管理产生的相关影响。

在第 15 章中，萨沙·鲍鲁斯（Sachar Paulus）解释了为什么没有安全性保证的数字化是不能贸然使用的。作者基于法律规定和当前的技术水平解释了为什么必须使用信息安全管理系统，以及用于数字化的软件框架也必须考虑一定的设计模式和运作过程。

在最后的第 16 章中，史蒂芬·温德策尔（Steffen Wendzel）和戴特列夫·奥尔舍福斯基（Detlef Olschewski）介绍了物联网和智能合约在企业数字化过程中面临的风险，并着重强调了某些网络交易的风险。文中作者将其所积累的项目经验加以推广以供不同的企业加以借鉴。

参考文献

1. Bundesministerium für Wirtschaft und Technologie (2018) Dossier Digitalisierung. http://www.bmwi.de/Redaktion/DE/Dossier/digitalisierung.html. Zugegriffen am 07.03.2018
2. Gabler Wirtschaftslexikon (2018) Digitalisierung. http://wirtschaftslexikon.gabler.de/Definition/digitalisierung.html. Zugegriffen am 07.03.2018
3. Berkemeyer K (2017) Der Absturz in einer Grafik: So krass zerlegt WhatsApp die SMS. http://www.chip.de/news/WhatsApp-Der-Vorgaenger-ist-chancenlos_114356381.html. Zugegriffen am 07.03.2018
4. Merkel A (2015) Daten sind Rohstoffe des 21. Jahrhunderts. heise online. https://www.heise.de/newsticker/meldung/Merkel-Daten-sind-Rohstoffe-des-21-Jahrhunderts-2867735.html. Zugegriffen am 07.03.2018
5. Barton T (2014) E-Business. In: E-Business mit Cloud Computing. IT-Professional. Springer Vieweg, Wiesbaden

第1篇
数字化对就业和价值创造的影响

第 2 章 未来的就业

乌特·克洛茨（Ute Klotz）

当今，大多数人仍生活在一个劳动化的社会环境中。许多专家和学者预测，在数字化的背景下，人类的一部分劳动将被机器或算法所取代，但这两者的影响范畴各不相同。然而，新型技术并不是影响数字化的唯一因素，所有这些因素的共同作用都将影响人类工作的未来。对于工业和手工业而言，技术的正面或负面影响完全不同，这包括新型的企业组织、就业形式、工会组织和雇员参与等各种可能性。借助科幻文学作品，人们也可以对未来的就业进行展望，尽管可能会产生种种恐惧和矛盾心理，但它仍可以激发个人对未来工作的热情。

2.1 概述

"未来的工作"这一话题关系到我们所有人。从员工到企业，再到工会，每个人都站在自身的角度上，希望了解和获得更多关于自己的信息。而这正是讨论这一话题的困难所在。

有些调查研究根据就业和工作在技术方面的发展情况，估计了数字化可替代性的程度，还有一些研究与之相反，认为就业人数将保持不变。而对雇员和企业产生影响的将不仅是技术本身，还有新型的就业形式、尚不充分的法律调整、薄弱的社会保障体系和职业培训市场。这尤其会使员工之间的团结程度下降，因为每个人都在为自己的生计而奋斗。

过去的那些工作的乌托邦，或称为世外桃源的想法，认为能够促进技术发展，从而使人们摆脱物质上的匮乏，并缩短劳动时间，可惜这已经在很大程度上消失殆尽了。因此，需要对工作及其影响因素和社会作用，给予全新的关注和思考[1]。

2.2 数字化

科学技术的发展及其对劳动就业的影响一直存在。对于数字化这一概念，其中一种解释可能是新异的网络化技术,它影响着我们的私人生活和职业生涯。地域空间距离和组织界线日趋消失,而网络速度和匿名化正在增加。尽管技术发展在工作和就业中起到一个核心作用,但这并不意味着两者间存在某种因果关系。同时,社会经济的发展趋势(生活方式的变化)和技术的应用策略对此也是至关重要的。但是,这些趋势似乎也不是全新的,只不过是变化的程度和速度,以及不同发展的组合作用。可能影响工作岗位数量的趋势是自动化技术(见 2.2.1 和 2.2.2 小节)、就业岗位的转移和消费行业[2]。

新型技术的使用策略可有以下两种不同的方案或模式[2,3]。
- 自动化方案:技术过程应在更大程度上实现自动化,从而独立于人为干预。
- 工具方案:重点在于通过辅助性工具为雇员提供系统性支持。

在自动化方案中,必须考虑工作岗位的减少[2]。这里,专业人员无须进行任何独自思考或参与讨论。他们会收到相应的工作规范,但由于没有更详细的信息,也就没有任何的决策权。这将改变员工的任务范畴:从常规工作转向处理特殊或例外情况。如果这种情况进一步发展,那么还必须对职业教育、培训和再教育进行调整[3]。

工具方案看起来是有些不同的。在这种情况下,雇员还能保持自己的规划自由,而技术仅仅具有协助意义,为其工作或具体操作提供辅助支持[3]。在此,也必须考虑工作岗位的减少。但这种工作岗位的减少可能低于自动化方案,这是因为企业管理层仍然需要依赖于员工的工作经验[2]。

但是,仅将数字化应用于职业和职业教育未免太短视了。数字化还可以改变人类最基本的文化技巧,如阅读和写作。我们自己也可以观察到,如果是手写,则较多的是在私人的、非正式的场合,而阅读仅出现在很小的范围内,经常是偶然地,且反复发生中断。数字化文本始终可供使用,从而在时间上减少了阅读的必要性。如果自动翻译工具能达到可观的质量,或者自动地概括总结长篇大论,人们甚至就不再需要阅读外文文章。多媒体文章,即包含视频、图像、播客的文本,可能会导致具有复杂内容的文章很少被阅读。目前,基本上没有计算机辅助就很难进行阅读[4]。

因此,著名的白俄罗斯作家叶夫根尼·莫罗佐夫(Evgeny Morozov)认为,政治家的任务应该是促进科学技术的积极方面,同时限制其消极因素[5]。但这是一项很复杂的任务。

2.2.1 职业的转变

目前,有两个著名的调查研究结果涉及数字化对职业、工作和就业数量的影响。第一个研究是由英国剑桥大学马丁学院弗雷(Frey)和工程科学院奥斯本(Osborne)在 2013 年进行的[6],他们调查了科学技术对未来就业的影响范畴。

为此，他们与其他专家一起，首先选定了 70 种不同的职业活动，评估了其可能的自动化程度，以及对就业本身和劳动活动的影响。虽然自动化的时间段仍未确定，但在美国，还是有 702 个不同的职业使用这种方法进行评估。所得出的结论是，约有 47% 的美国员工和雇员所从事的职业受到自动化影响的风险很高。这主要涉及运输、物流和生产部门，以及所有普通办室和行政管理部门的员工。

Frey 和 Osborne 认为，只有获得创新和社交技能的企业员工，才能赢得与自动化的竞争之战。这一研究结果也应用于德国[7]。德国莱布尼兹欧洲经济研究中心的三位研究人员，Bonin、Gregory 和 Zierahn 得出的结论是，Frey 和 Osborne 的研究结果需要谨慎小心地说明解释。他们还认为，自动化的潜力被高估了，法律规范、社会构成和道德观念等选项都没有被考虑在内。他们指出，需要进一步的深入研究，才能更好地理解自动化、就业前景和创造就业岗位之间的相互关系。

德国劳动力市场与职业研究所研究院的邓格勒（Dengler）和马蒂斯（Matthes）针对德国的情况进行了研究[8]，主要是研究当今可用的技术活动和其可替代潜力，并推论出整个职业领域的可替代潜力。并且明确地指出，这不是由经常被高估技术能力的技术专家进行的评估，而是由联邦就业局的专家进行的。此外，职业分类是基于专家数据库 BERUFENET 进行的，它能够保证在各个职业分类之间，避免任何可能出现的数据传输错误。这项研究的结果表明，在德国缴纳社会保障金的员工中，约有 15% 的人有较高的被替代的可能性。这将涉及约 46.72 亿人[9]。但上述研究报告有其前提条件，即企业使用这些技术能够带来经济效益，并且相关的法律规定和道德规范也已得到讨论和澄清[2,8]。该研究的另一个结果是，在某些个别职业领域中，每个具体职业（助手、专科医生、专科医生、医学专家）被替代的可能性都是非常不同的。

很少有具体的实例证明这些新型技术的应用仍然存在着不足。但是，正是这些信息将会有助于区别地评估技术发展与未来工作之间的关系。例如，这些在参考文献 [9, 10] 中详细地给予了阐述：

- 2017 年 5 月，美国德克萨斯大学安德森肿瘤中心与国际商用机器公司 IBM 的癌症研究合同被终止。即使付出了 6 年的不懈努力和 6200 万欧元的财政支出，也未能将人工智能系统 IBM Watson 整合入该大学医院的日常运营。在这段时间之后，即使在一家世界著名的国际公司的帮助下，这些巨大的人员和资金投入也未能获得预想的结果，并不能针对实际患者的预期治疗提供意见和建议。
- 在德国柏林进行的一个试点项目，尝试将志愿者的面孔与存储在同一个数据库中潜在的恐怖分子的面孔进行分析比较。令人满意的结果是可以识别近 70% 的恐怖分子的面孔。而另一方面，也出现了一些问题，即大约 1% 的面孔被错误地识别，被认为是"要通缉"的。也就是说，每天如果识别处理 160000 人，其中大约 1600 人会被误认，引起报警。这就意味着，在真实条件下使用面部识别工具似乎比原先想象的要困难很多。

邓格勒（Dengler）和马特斯（Matthes）认为，最大的挑战之一就是员工要将自己的业务水平始终保持在最高水准[8]。之所以造成这种情况，可能有这样几个原因：第一，教育的方针政策主要面向初始教育[11]；第二，职业生涯顾问的咨询能力已经达到了他们所能提供的极限状态，因为他们也的确不知道职业将何时、以何种方式发生变化；第三，就是尽管有上述几点，但再教育和重新学习的责任却越来越多地转移到了雇员本身[12,13]。

在这些挑战的背景下，就业能力，即雇员整个职业生涯的就业能力，变得更加重要。不仅雇主，而且雇员都将参与这一挑战过程。雇主为了吸引和留住员工，要鼓励和支持员工；而员工要承担起提高自身业务能力的责任，这并不是为了在职业生涯中获得提升发展，而是为了避免职业技能的下降。除此之外，员工能力的重点也在发生转移：过去的重心是技术能力，而现在，他们要更加专注于跨学科技能和自身健康。尤其是后者，人们已经认识到工作中长期的身体和心理压力，都会对自身健康产生极为负面的影响[12]。

2.2.2 转型中的企业

在企业方面，人们也相信数字化将逐步地向前发展，即变革性的进步。但是，总体上，一个真正数字化的企业，应该以什么样的形象出现，或者其目前的外观如何，还都没有统一的描述。

为了能够了解企业数字化的实际现状，对1183家瑞士企业（每家至少拥有20名员工）就数字化主题进行了采访[14]。在这里，有针对性地选择了24种技术领域或组成部分，对员工进行了简单询问，这些问题覆盖了从企业资源规划（ERP）和客户关系管理（CRM）到社交媒体（Social Media）和射频识别（RFID）、3D打印、自动驾驶汽车和物联网。令人感到惊讶的是，随着时间的流逝，数字化投入的份额逐渐在下降。首先，这可能归因于大多数企业属于服务业，有大约76%的企业，其总体就业人数并没有发生明显的变化。正如预期的那样，大型企业和小型企业之间，在数字化技术传播方面存在一些差异，前者比后者更具有技术推广的优势。此外，还向员工询问了究竟哪些因素阻止了数字化进程。答案中最常见的阻碍因素，通常是员工缺乏相应的技能，企业财力资源不足，以及工作流程的缺陷性和数字信息网络的复杂性。

欧洲经济研究中心进行的民意调查显示，德国中型企业的情况有所不同，但仍存在一定程度的差异[15]。在接受调查的企业中，有三分之一仍处于数字化的初始阶段。这意味着诸如工业4.0等众所周知的流行词语，目前还没有完全实施，成为企业运行的现实。如同瑞士企业一样，小型企业所进行的数字化项目的数量要少于大型企业，但无论企业规模大小，每个企业对此付出的努力都很少。最常被提及的阻碍数字化发展的因素，一般是员工缺乏信息技术技能、数据隐私保护和系统安全性、互联网速度不足，以及企业结构和工作组织形式的调整。

手工业也属于中小型企业，它通常与单一性产品的生产和服务紧密相关。在 2015 年，德国这个重要的经济领域拥有大约 530 万名员工[16]，以及约 100 万家企业[17]。数字化过程已经在手工业实施，如建筑工人使用无人机来检查屋顶质量，电工安装智能家居设备，模型制作师和牙科技术人员使用 3D 打印机来生产其相应的特性产品。因此，德国手工业中心将手工业数字化议程当作一项非常重要的工作，不仅要为大中型工业企业提供技术，而且还要为手工业本身确定适当的框架条件。这还包括针对手工业的研究经费、宽带覆盖和互联网连接及网络中立性、数字化辅助支持、不断更新的进修和再教育的可能性，以及建立法律框架，以防止和削弱合伙企业与自由职业者之间的不良价格竞争[18]。

如同参考文献 [15] 中所述的，企业结构和工作组织形式被列为推进数字化进程的最重要障碍之一。与此相关的期望是，人们希望通过提高员工的灵活性和更多的个人责任感来应对未来的挑战[19]。当前，有两种组织形式，即合弄制组织和重塑组织，这在一些企业中已经进行了讨论，并有所应用[20]。合弄制[21]并未描述理想的组织结构，而是定义了如何在组织内部做出决策的规则，这可以基于企业本身的特殊性。在这种情况下，每个人都在多个群组里（员工组）工作，扮演着多个角色（职能）。每个群体通常都有两个角色，即领导/经理和发言人。前者是管理群体，后者负责与其他群体的交流。在正面积极的情况下，合弄制利用其信息优势避免了等级式的领导方式，从而加快了决策进度。而在负面消极的情况下，各部门之间可能出现互相竞争现象，或者出于工作效率的原因，发言人将某些员工排除在组织之外。因此，这可能就必须由组织部门的顾问，或者企业主管来澄清这种情况。在参考文献 [20] 中也提到，在企业中，有时会出现相互矛盾的情况：一方面，人们希望拥有一种新型的组织形式，促进员工承担更多的个人责任；但另一方面，企业正在使员工变得越来越不安于稳定，形成和扩大了所谓的人云（Human Cloud），致使员工间不能团结一致。

原麦肯锡管理咨询公司拉罗斯（Laloux）在他的重塑组织概念中[22]，使用了一个生命系统的隐喻，就如同大自然一样，在不断变化，并且没有中央权威。这种类型的组织形式有以下三个特征。

1）自治：没有等级制度，没有共识。

2）整体性：员工的全面参与。

3）进化意义：保持组织的意义。

在参考文献 [20] 中，对这两种组织形式都提出了几个关键性的问题，如企业到底属于谁？如何回答经营利润和营利能力的问题？所要求的员工奉献精神是否具有极权主义色彩？自我剥削就是这些新型组织形式的基础吗？

2.3 新型就业形式

未来的职业不仅会受到技术创新的影响,还将受到新的就业形式的影响。在德国,可能的原因之一就是节省社会保障金的支出(这项支出占国民经济总收入的40%),以及尽可能地降低法定养老保险的吸引力[23]。此外,如今员工和雇主都希望获得更大的灵活性。欧洲改善生活和工作条件基金会(Eurofound)在 2016 年[24]发布了《欧洲范围内就业现状调查的结果》[25],其中指出,对于新的就业形式,大多数讨论是在社会伙伴之间进行的。但欧盟内的各国政府至今并未考虑这一主题,虽然欧盟期望各国政府应该可以在制定劳动和社会政策中,承担其政府责任和发挥积极作用。欧盟提出的灵活性方案[26],曾试图针对工作和生活条件,在就业灵活性和安全性之间寻求平衡,但现在已失去其实际意义了。但是,总的来说,该基金会确定和定义了自 2000 年以来发展起来的九种新型就业形式。其中的两种形式,即员工共享和众包,特别令人感兴趣[27]。战略性的员工共享,意味着在同一地理区域,多家企业共同雇用一名员工,以满足每个企业中相应的工作需要。这样做的优点就是该员工以正常的雇佣方式被雇用,从而减少了所谓的流众风险性。这样一来,由多个雇主分担就业风险,同时又能获得熟练技能的员工[28]。据欧洲改善生活和工作条件基金会称,这种新型就业形式的潜力被低估了。他们提出了一个问题,即战略性的员工共享方式为雇员和雇主带来了优越性,但为什么目前不稳定的就业形式比这种战略性的员工共享更为广泛[27]。

另一种新型的就业形式称为众包,即在一个在线平台上,雇主登写出工作内容,然后通过网络传递给潜在的雇员[27]。因为目前尚没有跨区域的数据、潜在可雇用群体的人数、确切的工作内容和生活条件等详细的说明信息,对这种就业形式的普及推广及其不稳定的工作和生活条件,目前各种看法各不相同。一些学者认为,众包的普及率将会越来越高[29-31];而另一些人,如瑞士联邦委员会,对所预测的普遍性增长持批评态度,在瑞士,对这种平台经济,其认可程度较低[32]。如果没有准确的信息,特别是准确的数据,确切说明在这种平台经济中所涉及的雇员和受益的雇主的具体情况,似乎很难要求采取政治措施。而且,平台运营商所期望的自我监管在很大程度上也未能实现[1,33]。此外,关于众包工作者的工作和生活条件,通常包括以下内容:

- 必须无偿且长时间地工作,以获得雇主积极的反馈,从而进一步获取新的订单合同[29]。
- 合同订单也可以竞争的方式获得,众包的成员可提交完整的产品、方案或建议,并且只有在他们的意见被采纳的情况下,才能获得相应的报酬[29]。

- 在这种情况下，客户可以简单地采纳其他未接受的意见/建议，只要还未明确规定知识产权的所属问题[34]。
- 企业内部的众包协作，将会加剧员工之间的竞争[35]。
- 解雇保护条约、病假工资和最低工资都是法律要求，而众包工作者却没有这些权利[36]。

在这种情况下，德国法兰克福雨果·辛茨海默劳动法研究所所长托马斯·克莱伯（Thomas Klebe）认为，"不良的工作条件不是私人事务"[36]。关于新型的就业形式，欧洲改善生活和工作条件基金会提出了以下政策建议[24]：

- 基于跨国信息和经验交流，为个别的新型就业形式制定具体的方案。
- 提高雇主和雇员双方对新型就业形式及其对劳动力市场的积极性影响的认识。
- 以立法或共同协议的形式，为新型就业形式的员工建立法律形式的安全网。
- 扩大政策讨论范畴，扩展到地区和行业领域部门。

2.4 工会与参与

数字化正在改变就业环境，而工会是企业员工的一个代表性组织。他们不仅参与企业的日常活动，而且还介入有关员工利益的研究项目、经验交流和辩论。例如，从汉斯·博克勒基金会的研究项目"数字化，员工参与和良好工作"中看到这一点。在这个项目中，人们寻求以下问题的答案，即"如何通过员工的积极参与和良好的工作设计来塑造数字化的过程"[37]。因此，在这一研究项目中，面对上述问题，首先从一个创意性的竞赛中挑选出了15个研究课题，随后就这些课题从不同的考察观点出发，调查分析了多个就业群体。其首个研究结果于2018年公布。

除了"数字化，员工参与和良好工作"的研究项目外，考虑数字化对未来就业的影响，企业工会组织还将面临其他的挑战，这些可能包括以下几方面[37,38]：

- 工作场所更具有灵活性，由此改变了现有或潜在员工之间的信息交流和通信状况。
- 更加多样化的工作世界，介于极其简单的工作和能力要求极高、更具知识性的工作之间[39]。
- 职业教育和培训的发展方向，将朝着能够适应不断变化的就业内容的方向发展。
- 制订可能的员工利润分享和员工持股计划。

此外，无论数字化程度如何，都要设法阻止或扭转工会会员人数停滞或减少的趋势，以使工会成为被社会大众拥戴和认可组织，才能具有论价还价的能力和与资方谈判的资本[38]。

要认识到数字化是一个不可逆的大趋势，毫无疑问，这是非常重要的，更要加以利用[40]。因此，应该再次牢记，未来的工作不能仅仅采用新型的科学技术，在因果关系上，新型的技术也要受到法律规范、社会道德和运营框架的约束[2,40]。在数字化的背景下，设计的一个工作范畴可能在于采用具体的技术系统。这超出了通常意义的参与机会，如设计操作易用性时[40]，还可能需要新的或更加适应的参与机会，以满足数字化的运营要求[41]。

尽管第2.2.1小节中所列出的研究结果在自动化发展潜力方面的观点并不一致，但对于转变的方向，又几乎是统一的，即转向非常规的、灵活性的互动活动，其任务本身具有更高的要求。从就业的增长潜力来看，更多的期望来自服务业的新型商业模式[38,40]。虽然到现在为止，人们对新型的职业、就业活动和商业模式知之甚少，但人们预计，虽然需要新的、更高的资格，但经验知识仍然很重要。在这里，企业工会也将有其发展空间，可为员工创造一个就业机会[40]。随着对就业能力和专业资格的需求变化，将会有两个趋势：一方面，多雇主关系会出现，这也可能要求雇员具有不同的职业资格[42]；另一方面，等级制度的扁平化与新型的、甚至是虚拟的组织形式，将进一步培训的责任更多地转向雇员本人，虽然他们还并不能确切地知道，将来企业会向哪些方向发展。

工会、企业和员工也是如此：都必须从全球性的角度观察当今的现实问题[38]。要理解这一点，最佳方式是这样一个虚拟示例，即来自德国的众包员工，在一个瑞士的合作平台上，为一个美国企业家工作。这时不再有物理边界，价值创造链已变得更加全球化。因此，对于企业工会而言，国际性合作变得越来越重要。

2.5 科幻小说与未来的就业

在这种情况下，未来的世界，尤其是就业和职业活动，可能如第2.2节所述的调查研究所预测的那样，在这当中，既询问了技术专家[6]，又咨询了联邦就业局的工作人员[8]。另一种可能性是采用未来研究学的方法。

未来研究学的目的是希望发现、创建和分析未来可能的发展趋势。这还包括为了实现所期望的未来，要确定和描述可能要采取的政策步骤。重要的是要区分出，哪些属于所希望的未来，哪些是有可能的未来。例如，对西欧国家来讲，如果认为这些国家不出现人口老龄化，没有外部移民流动，则这种未来情况似乎是非常不合理的。如果按这种对未来的错误估计制定政策步骤，那么将来就会出现不可挽回的困难问题[43]。

未来研究学的研究方法多种多样，有情景计划[44]，这是一种借助正面和负面影响因素勾画未来发展的方法[45]，还有德尔菲（Delphi）方法[47,48]，一种特殊形式的专家咨询[46]。可见，这是一种趋于参与式的方法。这种方法的出发点是出于这样一种假设，即只能有少数人以非常具体和详细的方式，探讨和预测未来景致和社会状况，但这正是参与式方法所期望的[47]。

在这其中，科幻小说的虚构思维起着重要的作用，因为对未来社会愿景的想象正是基于这些[49]。

因此，在瑞士卢塞恩应用科技大学的"过去的科幻小说中未来的工作"项目中，分析了现有的大约50部电子版科幻小说，这些作品都是在2011—2013年之间撰写的。然后使用分析软件，搜索所有与工作相关的概念，分析所查找的文本段落。这个项目的想法就是利用当前的科幻类小说来获得关于未来工作情景的推论[50,51]。

在被分析的科幻小说中，对未来工作情景的描述各有不同[50]：例如，在某些社会环境中，机器人可以承担所有的工作，因此人们就可以按照自己的想法生活[52]。在参考文献[53]的描述中，很多工作实际上可以由机器人接管，但人们还是不信任它们，在一定程度上进行人为参与。与此同时，机器人也不想从事任何更加危险的工作，因为它们也不想死。而在参考文献[54]中，机器人可以很廉价地生产制造出来，可以不睡觉，以一种蛋白质浆作为营养，可以不停地工作，直到它们精疲力竭。在参考文献[55]描述的社会中，工作虽然是强制性的，但要受到严格监管。例如，基本上只需每周工作三天，从55岁开始逐渐减少工作时间。如果按参考文献[56]所描述的，则工作可能非常累人，以至于人在七八年后就已精疲力竭，无法再继续工作。按照参考文献[57]的说法，超过一半的人将在家中工作，并且经常轮班工作，因为地球上的人口过多，交通运输能力已消耗殆尽。

技术发展并未停止，因此人们可以逐渐适应。但从国家和社会的角度来看，这将导致就业人员对职业进行错误调整，甚至没有调整，也就是说，他们不准备放弃自己所从事的旧职业。因此，劳动局也被戏称为"人类适应办公室"[58]。

参考文献[59]中解释说，可使用人工智能技术进行公共秩序管理。假设某人受到法律控告，如果他承诺可以承担五年的建设和行政管理任务，则对他的指控将可以撤销[60]。在公共行政管理中，很多职业是所谓的"机器化人群"。这些人的工作几乎如同机器人[61]。

可以看出，某些带有分析性的科幻小说并没有描述工作的乌托邦，即所谓的世外桃源、理想世界，而是反乌托邦。这通常难以从适用空间上加以识别，在未来研究学的一项研究中，即对危机不利方面，人们更专注于如何避免这些负面的未来情况。在这里还假定，技术并不是价值中立的，而通常是与特定的利益相关[48]，每个人，无论是未来学家，还是作家或算命先生，都可以思考未来并提出自己的想法[62]。

2.6 展望

在大多数国家和地区，工作仍然是整个社会中的一个组成要素[1]。因此，这是一件非常重要，同时很艰难的任务，人们面临的是如何能够系统化地寻找出将会出现的新型职业，尽管大量的工作都将可以自动化地完成。在这里，建立必要的法律框架也非常重要，只有这样，在现在和不远的将来，员工们才可以依靠相应的社会保障系统。此外，还应澄清以下问题：数字化方案在多大程度上可以成为企业、社会和政治的带动模式[2]？工会如何在自动化环境中使用现有的设计方案？在数字化发展的背景下，工会如何使用和发挥其现有的中间作用？如何使企业职工的教育和培训，能够迅速地适应新型的就业要求？企业员工必须采取哪些措施来确保医疗和健康保健，以满足当今和未来对工作的要求？

参考文献

1. Negt O (2011) Arbeit und menschliche Würde. Essay. Aus Politik Zeitgeschichte (APuZ) (15):3–5
2. Flecker J, Schönauer A, Riesenecker-Caba T (2016) Digitalisierung der Arbeit: Welche Revolution? Auszug aus WISO 4/2016. WISO 39(4):18–34. http://www.isw-linz.at/themen/dbdocs/LF_Flecker_Sch%C3%B6nauer_Riesenecker-Caba_4_16.pdf. Zugegriffen am 07.08.2017
3. Windelband L, Spöttl G (2012) Diffusion von Technologien in die Facharbeit und deren Konsequenzen für die Qualifizierung am Beispiel des „Internet der Dinge". In: Fasshauer U, Fürstenau B, Wuttke E (Hrsg) Berufs- und wirtschaftspädagogische Analysen – aktuelle Forschungen zur beruflichen Bildung (Schriftenreihe der Sektion Berufs- und Wirtschaftspädagogik der Deutschen Gesellschaft für Erziehungswissenschaft (DGfE)). Budrich, Opladen, S 205–219
4. Lobin H (2014) Engelbarts Traum. Wie der Computer uns Lesen und Schreiben abnimmt. Campus, Frankfurt
5. Morozov E (2015) Digitale Technologie und menschliche Freiheit. Neue Ges Frankf Hefte (3):30–34
6. Frey CB, Osborne MA (2016) The future of employment. How susceptible are jobs to computerisation? Technol Forecast Soc Chang 114:254–280
7. Bonin H, Gregory T, Zierahn U (2015) Übertragung der Studie von Frey/Osborne (2013) auf Deutschland. Research Report. ZEW Kurzexpertise Nr. 57. Zentrum für Europäische Wirtschaftsforschung (ZEW), Mannheim
8. Dengler K, Matthes B (2015) Folgen der Digitalisierung für die Arbeitswelt: Substituierbarkeitspotenziale von Berufen in Deutschland. IAB-Forschungsbericht Nr. 11, Nürnberg. http://doku.iab.de/forschungsbericht/2015/fb1115.pdf. Zugegriffen am 15.04.2017
9. Bundesagentur für Arbeit (2015) Sozialversicherungspflichtig Beschäftigte nach ausgewählten Merkmalen nach Arbeits- und Wohnort – Deutschland, Länder und Kreise (Quartalszahlen), Bundesagentur für Arbeit. https://statistik.arbeitsagentur.de/nn_31966/SiteGlobals/Forms/Rubrikensuche/Rubrikensuche_Form.html?view=processForm&resourceId=210368&input_=&pageLocale=de&topicId=746702&year_month=201512&year_month.GROUP=1&search=Suchen. Zugegriffen am 08.02.2018
10. Fuest B, Michler I (2017) Künstlich? Ja. Intelligenz. NEIN! Welt Sonntag 52:31–32

11. Weber E (2017) Digitalisierung als Herausforderung für eine Weiterbildungspolitik. Wirtschaftsdienst 97(5):372–374
12. Rump J, Eilers S (2017) Das Konzept des Employability Management. In: Rump J, Eilers S (Hrsg) Auf dem Weg zur Arbeit 4.0. Innovationen in HR. IBE Reihe. Springer Gabler, Berlin/Heidelberg, S 87–126
13. Gaylor C, Schöpf N, Severing E (2015) Wenn aus Kompetenzen berufliche Chancen werden. Wie europäische Nachbarn informelles und non-formales Lernen anerkennen und nutzen, 1. Aufl. Verlag Bertelsmann Stiftung, Gütersloh
14. Arvanitis S, Spescha A, Wäfler T, Grote G, Wörter M (2017) Digitalisierung in der Schweizer Wirtschaft. Ergebnisse der Umfrage 2016: Eine Teilauswertung im Auftrag des SBFI
15. Zimmermann V (2016) Digitalisierung im Mittelstand: Status Quo, aktuelle Entwicklungen und Herausforderungen, Bd 138. KfW Research, Frankfurt am Main, S 1–7
16. Zentralverband des Deutschen Handwerks (ZDH) (Hrsg) (2018) Beschäftigte und Umsätze im Handwerk nach Bundesländern 2015. https://www.zdh-statistik.de/application/index.php?mID=3&cID=737. Zugegriffen am 16.02.2018
17. Zentralverband des Deutschen Handwerks (ZDH) (Hrsg) (2018) Daten und Fakten zum Handwerk für das Jahr 2015 – Betriebszahlen – Berufliche Bildung – Beschäftigte und Umsätze. https://www.zdh.de/fileadmin/user_upload/themen/wirtschaft/statistik/kennzahlen/Kennzahlen_2015/Flyer-2015-Veroeffentlichung.pdf. Zugegriffen am 16.02.2017
18. Schulte K-S, Barthel A, Dohle A (2018) Anforderungen des Handwerks an Prävention 4.0. In: Cernavin O, Schröter W, Stowasser S (Hrsg) Prävention 4.0. Analysen und Handlungsempfehlungen für eine produktive und gesunde Arbeit 4.0. Springer Fachmedien, Wiesbaden, S 95–107
19. Häusling A, Rutz B (2017) Agile Führungsstrukturen und Führungskulturen zur Förderung der Selbstorganisation – Ausgestaltung und Herausforderungen. In: von Au C (Hrsg) Struktur und Kultur einer Leadership-Organisation. Holistik, Wertschätzung, Vertrauen, Agilität und Lernen. Leadership und Angewandte Psychologie. Springer, Wiesbaden, S 105–122
20. Döller M (2017) Die „Human Cloud" und die Organisationsberatung einer seltsamen Zukunft. Z Psychodrama Soziometrie 16(S1):185–199
21. Mitterer G (2014) HolacracyTM – ein Fleischwolf für organisationale Entscheidungsprozesse. http://www.opmschmiede.net/wp-content/uploads/2015/03/2015_gm_Einf%C3%BChrung_in_Holacracy.pdf. Zugegriffen am 17.02.2018
22. Laloux F (2015) Reinventing organizations. Ein Leitfaden zur Gestaltung sinnstiftender Formen der Zusammenarbeit. Verlag Franz Vahlen, München
23. Dilger A (2002) Neue Beschäftigungsformen als Antwort auf alte Sozialsysteme. Z Personalforsch 16(4):–563
24. Eurofound (2016) Neue Beschäftigungsformen. Zusammenfassung, Eurofound. Reference Nr.: EF14611. https://www.eurofound.europa.eu/de/publications/executive-summary/2015/working-conditions-labour-market/new-forms-of-employment-executive-summary. Zugegriffen am 11.02.2018
25. Eurofound. Über Eurofound. https://www.eurofound.europa.eu/de/about-eurofound. Zugegriffen am 11.02.2018
26. Klammer U, Tillmann K, Schwarze J, Hanesch W, Rabe B, Bäcker G et al (2001) Flexicurity: Soziale Sicherung und Flexibilisierung der Arbeits- und Lebensverhältnisse. Forschungsprojekt im Auftrag des Ministeriums für Arbeit und Soziales, Qualifikation und Technologie des Landes Nordrhein-Westfalen, Düsseldorf. http://www.sozialpolitik-aktuell.de/tl_files/sozialpolitik-aktuell/_Politikfelder/Sozialstaat/Dokumente/flexicurity.pdf. Zugegriffen am 11.02.2018
27. Eurofound (2016) New forms of employment. Publications Office of the European Union, Luxembourg
28. Eurofound (2016) New forms of employment: Developing the potential of strategic employee sharing. Research Report. Publications Office of the European Union, Luxembourg

29. Schörpf P, Flecker J, Schönauer A, Eichmann H (2017) Triangular love-hate. Management and control in creative crowdworking. N Technol Work Employ 32(1):43–58
30. Hammon L, Hippner H (2012) Crowdsourcing. Wirtschaftsinformatik 54(3):165–168
31. Leimeister JM, Zogaj S, Durward D, Blohm I (2016) Systematisierung und Analyse von Crowd-Sourcing-Anbietern und Crowd-Work-Projekten. Reihe Praxiswissen Betriebsvereinbarungen, Nr. 324. Hans-Böckler-Stiftung, Düsseldorf
32. Der Bundesrat (2017) Auswirkungen der Digitalisierung auf Beschäftigung und Arbeitsbedingungen – Chancen und Risiken. Bericht des Bundesrates in Erfüllung der Postulate 15.3854 Reynard vom 16.09.2015 und 17.3222 Derder vom 17.03.2017 (242.3-00001\COO.2101.104.4.2577057). https://www.newsd.admin.ch/newsd/message/attachments/50248.pdf. Zugegriffen am 12.02.2018
33. Dänische Gewerkschaft der Vertriebs- und Büroangestellten (HK), IG Metall, International Brotherhood of Teamsters, Local 117, Kammer für Angestellte und Arbeiter (Österreich), Österreichischer Gewerkschaftsbund (ÖGB), Service Employees International Union et al (2016) Frankfurter Erklärung zu plattformbasierter Arbeit. Vorschläge für Plattformbetreiber, Kunden, politische Entscheidungsträger, Beschäftigte und Arbeitnehmerorganisationen. https://www.igmetall.de/docs_20161214_Frankfurt_Paper_on_Platform_Based_Work_DE_1c33819e1e90d-2d09e531a61a572a0a423a93455.pdf. Zugegriffen am 11.02.2018
34. Durward D, Blohm I, Leimeister JM (2016) Is there PAPA in crowd work?: a literature review on ethical dimensions in crowdsourcing. https://www.researchgate.net/profile/David_Durward/publication/304989623_Is_There_PAPA_in_Crowd_Work_-_A_Literature_Review_on_Ethical_Dimensions_in_Crowdsourcing_-/links/578f70fb08ae9754b7ecef5a.pdf. Zugegriffen am 30.07.2016
35. Kawalec S, Menz W (2013) Die Verflüssigung von Arbeit. Crowdsourcing als unternehmerische Reorganisationsstrategie – das Beispiel IBM. Arbeits- und Industriesoziologische Studien 6(2):5–23
36. Redaktion IG Metall (2016). Schlechte Arbeitsbedingungen sind keine Privatsache. Interview mit Arbeitsrechtler Thomas Klebe. https://www.igmetall.de/interview-mit-arbeitsrechtler-thomas-klebe-zum-thema-14335.htm. Zugegriffen am 12.02.2018
37. Hans-Böckler-Stiftung (2018) Digitalisierung: Aktivitäten der Abteilung Forschungsförderung. https://www.boeckler.de/67477.htm. Zugegriffen am 13.02.2018
38. Eichhorst W, Hinte H, Spermann A, Zimmermann KF (2015) Die neue Beweglichkeit: Die Gewerkschaften in der digitalen Arbeitswelt. IZA Standpunkte Nr. 82, Bonn. http://hdl.handle.net/10419/121270. Zugegriffen am 13.02.2018
39. Hirsch-Kreinsen H, Minssen H (2016) Arbeitswelten und industrielle Beziehungen – zwischen Einfacharbeit und hochqualifizierter Arbeit. Editorial Ind Bezieh 23(4):411–414
40. Kuhlmann M (2017) Digitalisierung und Arbeit – Thesen für die gewerkschaftliche Diskussion. In: Tagung „Digitalisierung der Arbeitswelt", Unveröffentlichtes Manuskript. Unia Schweiz, Olten
41. Oerder K (2016) MITBESTIMMUNG 4.0. Der Wandel der Arbeitswelt als Chance für mehr Beteiligung. WISO Direkt 24:1–4
42. Helfen M, Nicklich M, Sydow J (2014) Hybride Wertschöpfung als Herausforderung für die Tarifpolitik. Mehr-Arbeitgeber-Beziehungen als arbeitspolitische Herausforderung. Gegenblende – das DGB Debattenportal. http://gegenblende.dgb.de/++co++9999dda2-083b-11e4-816c-52540066f352. Zugegriffen am 13.02.2018
43. Graf HG (o. J.) Über den Zweck der Zukunftsforschung, St. Galler Zentrum für Zukunftsforschung. http://www.sgzz.ch/?Mitteilung:Was_ist_Zukunftsforschung%3F. Zugegriffen am 05.08.2017
44. Schäfer R (2014) Design Fiction. (iF Schriftenreihe 01/14). Institut Futur, Berlin. http://www.ewi-psy.fu-berlin.de/einrichtungen/weitere/institut-futur/_media_design/IF-Schriftenreihe/IF-Schriftenreihe_0114_Schaefer_Design-Fiction_Online.pdf. Zugegriffen am 05.08.2017
45. Weinbrenner P (2016) Szenariotechnik. sowi-online. https://www.sowi-online.de/praxis/methode/szenariotechnik.html. Zugegriffen am 20.02.2018

46. Steinmüller K (1997) Grundlagen und Methoden der Zukunftsforschung. Szenarien, Delphi, Techikvorausschau (Steinmüller K, Hrsg) (Werkstattbericht Nr. 21). Gelsenkirchen: Sekretariat für Zukunftsforschung. http://steinmuller.de/media/pdf/WB%2021%20Grundlagen.pdf. Zugegriffen am 20.02.2018
47. Helbig B (2013) Wünsche und Zukunftsforschung (Freie Universität Berlin, Hrsg) (iF Schriftenreihe 01/13). Institut Futur. http://edocs.fu-berlin.de/docs/servlets/MCRFileNodeServlet/FUDOCS_derivate_000000004145/IF-Schriftenreihe_0113_Helbig_Wunschforschung_online.pdf. Zugegriffen am 05.08.2017
48. Tiberius V (Hrsg) (2011) Zukunftsorientierung in der Betriebswirtschaftslehre. Gabler Verlag/Springer Fachmedien, Wiesbaden
49. Steinmüller K (1995) Gestaltbare Zukünfte. Zukunftsforschung und Science Fiction. Abschlussbericht. Gelsenkirchen: Sekretariat für Zukunftsforschung. http://steinmuller.de/media/pdf/WB%2013%20Science%20Fiction.pdf. Zugegriffen am 14.02.2018
50. Klotz U, Boos D (2016) Science Fiction zu zukünftigen Arbeitswelten. Blogpost. https://ict.swisscom.ch/2016/09/science-fiction-zu-zukuenftigen-arbeitswelten/. Zugegriffen am 14.02.2018
51. CreaLab (Hrsg) (2015) Science-Fiction und die Zukunft der Arbeit. Blogpost. https://blog.hslu.ch/crealab/2015/07/16/die-zukunft-der-arbeit-in-der-vergangenheit-des-science-fiction/. Zugegriffen am 14.02.2018
52. Schmidt P (2013) Das Prinzip von Hell und Dunkel. Science-Fiction-Thriller. neobooks Self-Publishing, München
53. Anderson F (2009) Science Fiction Kurzgeschichten. Books on Demand, Norderstedt
54. Anton U (2008) Venus ist tot. Science-Fiction-Geschichten. Fabylon, Markt Rettenbach
55. Elsner R (2011) Rudolf Wundersam und das Arche-Noah-Prinzip. Eine Science-Fiction-Fantasy-Geschichte. Books on Demand, Norderstedt
56. Müller J (2014) Das Bbk-P. Science Fiction Kurzgeschichten. BookRix, München
57. Tholey P, Förster O (2013) Der Erneuerer. Zweite Geschichte des Space-Legion-Zyklus. BookRix, München
58. Simak CD (2010) Als es noch Menschen gab. Wilhelm Heyne, München
59. Müller J (2013) Das erste Mal. Science Fiction Kurzgeschichten. BookRix, München
60. Benninghaus E (2011) Futuristische Mord-Fiktionen. Frösche für den Mars, und andere Science-Fiction Erzählungen. Books on Demand, Norderstedt
61. Häusler M (2012) Die Zeitfälscher. Ein ausserirdisch cooler (Anti) Science Fiction Roman. Books on Demand, Norderstedt
62. Hideg É (2007) Theory and practice in the field of foresight. Foresight 9(6):36–46

第 3 章 数字化时代新的价值创造形式

卡特琳·凯施内尔（Kathrin Kirchner），克劳迪娅·莱姆克（Claudia Lemke），
瓦尔特·布勒内尔（Walter Brenner）

数据和信息如同数字化时代的石油，工业和服务机器人以及智能算法已成为决定性的社会生产要素，这些将持续影响传统的价值创造形式。与此同时，它们也为企业创造价值提供了全新的可能性，从而影响了行业和市场结构。本章将有针对性地介绍通过使用数字和网络技术，为企业价值创造带来的变化。其中，首先系统地讨论和定位硬件和软件机器人技术、智能算法及先进分析方法的影响。在此基础上，将通过若干示例，说明企业价值链的颠覆性，以及由此产生的变化和运营后果。然后，针对这种价值创造结构，提出了对市场和行业结构、业务模式及其业务流程的切实要求。最后，将以医疗服务为例，阐述当今社会增值的变革。

3.1 引言与案例研究

当前的经济和社会都正处在变革当中。数字化已经并将在未来更大规模地进入人们生活、企业业务流程和经营模型。数字化有三个最主要的特征，即人与物联网、流程和产品虚拟化、数据和知识交流及其联网，这些将变得越来越重要。

消费者的力量是一个最为关键的因素，它决定了产品和服务，以及数字化业务模式的重要性和成功性，并影响软件开发和使用原则。计算机技术和产品的智能化程度在不断提高，随着经济和社会发展逐步趋于自动化，正迫使企业改变其经济增值的方式。与此同时，整个社会生活也正向软件开发或算法支配的方向发展。另外，由数据驱动的软件解决方案，其实际应用场合也在不断地增加。

这种深刻的信息技术变革已经使各个行业中的某些领先企业首先成为直接受害者。例如，在 2006 年，芬兰诺基亚集团占据了当年虽然很小的智能手机市

场中50%以上的份额。但一年后，苹果的iPhone上市了。苹果智能手机直观式的触摸屏和应用程序已成为了一种巨大趋势，但诺基亚仍继续坚持键盘输入操作，过于相信自己品牌的力量[1]。但是，诺基亚的霸主地位瞬间消失了，因其被微软收购，该企业完全丧失了原有的市场知名度。触屏智能手机可以说是一种颠覆性的技术，具体来说，这是一种可以完全取代现有的已成熟的手机技术，或者将它们完全驱逐出消费市场的技术。这类技术最初是在市场底部，或者是在一个全新的市场中发现的。对于那些成熟的企业来说，它们最初对于新兴市场并不感兴趣，因为它仅可以为少数的客户提供服务。但是，新兴市场可以快速地发展，进而取代现有的成熟产品及其供应商[2]。

自内燃机发明以来，汽车制造商始终面临着最大的革命性挑战：他们正从单纯的硬件制造商转变成交通基础设施提供商和集成移动服务提供商[3]。车辆本身会产生大量的数据信息，可对其进行处理，并将其用于寻找盈利决策（可查阅参考文献，关键词：大数据[4]）。德国英戈尔施塔特的奥迪股份公司于2017年秋季推出新款奥迪A8，开创了一个乘用车数据处理的新时代。为了支持实际驾驶过程的智能功能，过去的分散型嵌入式系统被集成在一个中央处理单元上，即辅助驾驶系统。在该中央处理单元中，来自车辆传感器（超声波、雷达、照相机和激光雷达传感器）的所有数据信息都汇总在此，并实时地生成一个驾驶环境的数据模型，又称真实世界模型。通过对该数据模型进行计算和解析，不仅可以控制车辆的自动驾驶功能，还可以提高行驶安全性。通过中央控制单元的数据处理，可以非常有效地预测将要发生的行车事故。例如，可将奥迪A8的底盘在瞬间提升几厘米，以改善车辆的碰撞性能。

预计在未来几年中，利用所采集的传感器数据，将可以为车辆提供更多的数字化服务，而这些服务项目和内容将远远超出单纯的自动驾驶或全自动驾驶[5]。从收集的驾驶数据中获取的各种知识，还可以通过数字化进行虚拟复制和分发。与真实的产品不同，数据信息的保存或存储几乎没有任何成本费用。

英国经济学家卢瑟福（Rutherford）对价值创造或增值，给予了一个经典的定义，即将企业在市场上推出的商品价值，减去生产这些商品的成本及其在供应商采购材料的成本，所计算出的差额就是价值创造或增值[6]。通常是从现有企业的资源，如原材料、机器设备、员工和知识，创造产生出价值，然后通过销售产品和服务来具体地实现这些价值。但在数字化时代，价值创造还会以其他的方式出现：与传统概念相反，新的价值创造形式已经出现，它们多是基于开放性的，并且在本质上具有协作性和分散性[7]。通过互联网技术，人们可以自由地组合并一起工作（众包，如亚马逊的土耳其机器人，https://www.mturk.com）。在创客活动中，人们组织在一起，在开放型的创新工坊共同开发新的产品。

另外，企业中还有一些可以创造价值的新机会，如通过收集和分析数据，尽可能地接近客户，保持更大的经营灵活性。本章将重点探讨数字化时代价值创造的新形式。首先简单地介绍技术驱动价值创造，然后通过具体示例，更详细地阐述数字化价值创造的形式，最后将以电子健康为例，具体讨论数字化价值创造的新形式。

3.2 技术驱动价值创造

3.2.1 技术的重要性

数字化和网络化对整个企业的业务模式产生了重大影响，这也包括对它的价值创造、运作流程、组织结构、产品和服务及企业文化的影响。仅仅关注信息和通信技术的辅助支持，如企业资源规划系统等的企业信息系统，还无法实现任何技术驱动的价值创造效应。数据和信息作为数字化价值创造的原材料，对日益追求的全自动化和机器人技术提供了真正实现的潜力，彻底地重新设计企业的组织结构、产品和服务。这主要归功于创新型、智能化、社交和开放式的互动和通信系统，如可以开发以客户为中心的产品和服务解决方案。例如，基于大数据的数据驱动算法与机器学习的可能性相结合[8]，构成了德国工业4.0应用的基础，或者为面向工业和服务的工作领域提供所需的信息技术能力[9]。这种对现有业务模式、产品和服务的颠覆性影响，都为企业建立新型技术驱动的价值创造带来灼灼逼人的紧迫感。

尽早地识别和发现这些技术的发展趋势，寻求新的解决方案，以及对技术发展和成熟程度做出评估，都被视为至关重要的，以便能够对所出现的变化做出适当的正确反应，尤其要以面向未来的方式采取措施[10]。

3.2.2 数据和信息作为业务模式、产品和服务进行价值创造的驱动力

"所有可以数字化的东西，都要付之于数字化。"[10]硅谷的这一口号，简单明了地说明了在一个企业的整个价值创造过程中，数据和信息所扮演的重要角色。不再是过去的辅助支持，当今，数据信息已成为一个促进企业发展的重要因素，特别是在数字化业务模式的背景下开发、生产及营销数字化产品和服务。然而，数字化价值创造不再受波特价值链的逻辑支配[11]，而是需要一个新的价值创造过程。因此，实际的价值创造要灵活地利用各种资源，如原材料、资本和劳动力，以此产生经济绩效。

在数字化的网络世界中，数据本身、处理方法和呈现及最终消费的巧妙组合为价值创造提供了可能性。自2007年以来，世界上只有不到2%的信息载体是纸质的，即模拟式的[12]。因此，数据构成了新型数字业务模式的基础，如互

联网巨头亚马逊（Amazon）、谷歌（Google）、脸书（Facebook）和苹果（Apple），都在以各种极端的方式利用数据潜在的价值[13]。由此，就可以开发出数字化的生态系统，通过这种生态系统，可将数百万的用户长期地联系起来，产生更多有益于企业自身利益的数据，然后由运营商通过分析评估，再利用这些结果进一步开发自己的业务模式。这会不断产生自我增强的效果，一般会使用户更多地依赖于数字化生态系统。然而，所形成的准垄断地位会削弱市场竞争性，或者使其他人难以进入市场。2017年，每个德国人平均在网络上花费8欧元[14]。如果以互联网巨头亚马逊为例，那么德国人在互联网上开销的五分之一都将进账到这家在线零售商[15]。在这里，市场的主导地位就变得再明显不过了。如果将互联网巨头的市场价值与传统商业模式进行比较，就不难发现数据驱动的巨大价值创造。这就是为什么互联网巨头都是世界上最有价值的上市公司之一。

然而，不仅可以通过数据信息来创建全新的企业业务模式，而且对于产品和服务而言，也可以通过结合相关的、具有实际特征的数据，来生成更新异的或部分全新的产品形式和功能。由于物联网的传感器、光学器件和执行器件的扩展，以前的材料产品正在经历新的应用领域。如果没有嵌入式系统[1]、网络、数据处理和硬件技术上的扩展，那么自动驾驶或网联家居将是不可想象的。没有现代化的数据处理技术，就不可能提供新型的服务，如社交网络、健身追踪和健康监测的应用，以及以DNA为主题的生物技术[16]。

3.2.3 数字化和实际价值创造之间的相互作用

迄今为止，不同的研究调查都是在宣传和传播各种不同的未来场景，说明自动化将要如何，以及在何种程度上代替人类的工作[9,17,18]。例如，在全球范围内，有50%以上的人类工作具有通过当前的数字化和联网技术实现自动化的技术潜力[9]。同时，在许多全新的工作岗位中，对高素质能力的要求也在增加[9,18]。与自动化戚戚相关的数字化技术，在其结构和流程上都需要进行改进，要能够在实际和数字化价值创造之间进行互动。因为，尽管现实世界和数字网络世界日益融合[1]，但企业仍必须继续深入地思考其实际物理系统的价值创造管理，并在将来具体实施。数字化和实际价值创造的相互作用如图3.1所示。

如今，这个世界上全方位的信息技术化无处不在，这就要求并行地管理实际和数字化价值创造。数字化商品既是以数字方式生成的，也是以数字形式消费的。当将其与实际价值创造结合起来，就可以从已摧毁的业务模式中创建新型的业务模式、产品和服务。通常，数字化价值创造起始于收集来自用户的使用数据，或者来自嵌入式系统的数据，这是通过机器对机器的通信所产生的数据。结构化和生产包括实际的价值创造，其中，通过分析、评估和评估得出结果，可以将其进行有意义的组合，产生新的数据或信息结构，以按各自的需求

第 3 章
数字化时代新的价值创造形式

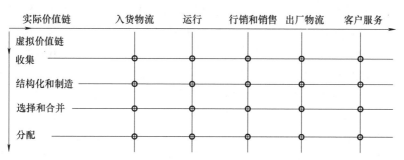

图 3.1 数字化和实际价值创造的相互作用[19,20]

进行分配,再将这些数据与实际价值创造结合在一起,就可以在每个应用层次上创建新的组合。在采购过程中,原材料的数据和材料本身都提供了有价值的信息。在企业生产过程中,可以使用一些方法,追溯和返回到实际的供应商,这样,尤其是在批量化生产中,就可以提供准确的零部件错误或缺陷。在销售过程中,创建以客户为中心的产品和服务的解决方案,数据起着至关重要的作用。尽管这仅仅是一些简单的数据关系,但对于企业而言,实现这种混合式的观点通常是很困难的,因为它需要在企业的信息系统中,对结构化数据进行针对性的数据管理,如来自企业资源规划系统的数据,这其中还包括每天由互联网生成的非结构化数据。在下文中,将举例说明三种不同的数字化价值创造形式。

3.3 数字化价值创造的形式

3.3.1 数据驱动算法作为企业决策的基础

企业所积累的数据越来越多。有趣的是,这不仅包括结构化数据,还包括很多非结构化,如来自记录文档、电子邮件、社交媒体中各种文章的数据。这些数据量不仅越来越大(目前在泽字节的范围内),而且增长的速度也越来越快,如在自动驾驶过程中用传感器采集的数据。如果将数据称为数字化的推动力,那么相应的算法就是引擎。只有使用智能算法,计算机才能从数据中提取其所需的信息,使其在企业中得以有效的应用。德国商业应用研究中心在对德语国家的 500 多家企业进行的一项调查研究中发现,正确的战略决策(69%)、对客户的深入了解(52%)和降低运营成本,都可通过大数据分析为企业带来价值创造的效益[21]。

德国信息技术、电信和新媒体协会研究中心和毕马威会计师事务所进行的一项研究也得出了类似的结论,该研究曾对 700 多家德国企业进行了调查询问。在接受调查的企业中,几乎有三分之一的企业使用了大数据技术。在这些大数据用户中，几乎有50%的用户认为大数据技术可以将其企业经营风险最小化，27%的用户感觉到其产品和服务销售量有所增加，19%的用户认为，应用大数据分析降低了企业经营成本。然而，并非所有的受访企业都完全相信所获得的数据质量，进而怀疑其分析结果。还有三分之一的受访者并不清楚使用数据所需的法律框架。大数据分析的积极参与者是能源行业，而化学和制药企业至今仍低于调查结果的平均值，与大数据接触甚少[22]。

大数据算法本身可以提供服务或接受服务。这就是所谓的分析即服务，一般包括诊断和预测服务，这些服务都基于云平台处理特定类型的数据信息（如客户数据、社交媒体数据、互联网数据）、企业流程（控制、客户关系管理、研究与开发），或者特定的行业部门。

目前，大数据分析已经在企业中得到广泛应用[4]。例如，德国蒂森克虏伯电梯业务公司与几个信息技术公司一起研发了一个智能型电梯监控系统。基于互联网的云技术，将电梯中的数千个传感器与该系统连接。该系统可通过一个指标显示屏幕，在全球范围内可视化收集运行数据，如电梯呼叫时间、门的开/关、错误和报警消息等。利用这些运行数据，智能算法可以预测电梯零部件的使用寿命。可以将出现的问题和故障信息实时地转发给维护技术人员。借助这些预测性和预防性措施，可以显著地改善电梯的运行状况，大幅度地延长正常运行的时间。据统计，当前全球已经有大约1200万部电梯，每天使用约70亿次。通过这一新型的应用技术，因电梯停运所造成的损失可以减少一半。如果到2050年，世界上70%以上的人口将居住在城市中，建筑物也将变得越来越高，电梯就成为一种越来越重要的输送工具，这就需要对电梯进行更频繁的定期性维护[23]。

在工业化生产中，曾有一个名为iProdict的研究项目（http://www.iprodict-projekt.de），在其项目框架内开发了一个使用大数据分析的解决方案，并在德国一钢铁企业（Saarstahl AG）投入实际使用。通常，在钢铁生产中，各种内部和外部的影响因素，如材料特性、熔化过程中的温度波动，都可能导致生产的钢铁质量出现偏差。因此，在全世界生产的钢铁中，几乎有三分之一是废品，但其中很大一部分贯穿整个生产过程，直到最终才被识别发现。通过大数据分析技术，可对生产过程进行早期预测，这就意味着，能尽可能地在早期阶段就检测到废品，而不再需要后续的生产步骤，从而节省了企业的运营成本。具体的做法是在钢铁的生产过程中使用各种传感器，采用激光技术对材料进行测量，通过超声波及时检验分析钢材中的夹杂物、质量缺陷、表面特性，以及测量流程温度和机械振动等影响参数。这将连续生成大量的数据信息，每年约为数百太字节（Terrabyte）。可将所采集的数据汇总，并在监控仪表盘上可视化，从而为生产流程控制人员快速决策提供了基础支撑。此外，智能算法可以识别数据中的各种产品模式，依据这些模式，可以预测未来生产过程中可能会出现的偏差。从长远来看，这使及时调整和修改生产流程成为可能[4]。

在与客户打交道时，使用基于数据的分析算法也很有帮助。我们每天都收到大量的信件或电子邮件，或者客户在推特（Twitter）或脸书（Facebook）上直接对产品、服务或公司发表的评论意见。在这里，重要的是要识别不同的看法和观点，尤其是负面的，以便迅速而合理地做出反应。为此，可以使用情感分析方法，调查和评估非结构化文本中的客户观点和潜在情绪。这里有一个示例即一家大型保险公司如何将客户信件进行分类[10]。该保险公司每天都会收到大量的信函（信件或电子邮件），很难人工进行快速分拣。例如，"请发送给我一个报价"这句话，毫无疑问地，保险公司的员工可将它分配到"提供请求"的类别。就这个案例的大数据分析而言，需要一个理想的手动预分类训练数据集，它包含各种文本和标记（又称注解），其目的是训练出智能算法，来解决哪些表达部分可以分配到哪个类别的问题。更广义地讲，合适的算法可以从训练数据中进行学习，建立数据分类模型，然后就可以对新的数据，如尚未预先排序的客户信函，进行大量的数据分类处理。对于保险公司而言，这就节省了大量的信函分类时间：可以迅速过滤、查找和处理带有投诉性质的紧急信件，以尽快答复不满的客户，减少要求退出合约的客户数量。

3.3.2 人工智能和机器人技术作为完全自动化的引擎

自学习型算法可以看作一种特殊形式的算法。它将机器学习与人工智能相结合。这种算法可以进行图像和语音识别并翻译，或者在游戏中与人类对手抗衡，诊断疾病并支持辅助治疗[10]。

德国工业4.0是将当前的信息和通信技术与生产和自动化技术相结合，旨在创造一个新的阶段，在产品和服务的整个生命周期内，组织和控制整个企业的价值链。通过加强客户与企业之间的联网和互动，实现更高的经营透明度、生产灵活性和价值创造的改进，以及产品和服务的个性化[24]。已有10%的企业充分地认识到，使用智能算法对其业务成功至关重要，还有69%的企业决定将在未来五年中引入大数据和智能算法。33%的企业认为，这种经济效益可带来更高的经济收入，还有22%的企业承认个性化的产品将带来更高的客户满意度[25]。

工业中机器学习的一个重要先决条件，就是为工厂配备带有智能传感器的机械设备和系统。认知机器是基于机器学习、自然语言处理、图像识别和云计算，以及物联网和大数据等基础设施的行业特定解决方案，具有了这些新颖的功能，就可以更有意义地描述高层次的认知过程[26]。全球最大的管理咨询公司和技术服务供应商埃森哲（Accenture）预测，使用认知机器可以使生产率提高40%[27]。配备了人工智能的产品，可以不断地优化自身，并从所有用户的经验中受益；产品不再仅由其生产系列决定，而是由软件更新决定。可见其结果为，创造价值的决定性驱动因素是软件，而不再仅仅是硬件。

借助人工智能，员工可以缩短重复性劳动的时间：根据埃森哲的数据，20%的非重复性工作占价值创造总额的80%，而且可以把这类工作完成得更好。此外，人工智能算法也有助于智能自动化，从而有助于流程的改变。通过智能化组合和评估所收集的数据，还会产生额外的附加值[28]。

机器学习也可用于机器人技术。通常，一个机器人在生产过程中精确地执行预定的操作，严格遵循所定义的运动程序。这样，只需对机器人进行一次操作编程，机器人就可在很长的时间内执行重复性的动作，因此费时的编程工作就可得到回报。机器人运动程序的调整既费时又费钱。机器人通常不能独立地去适应生产过程的变化。而借助认知机器人技术，机器人可以更加自主地做出决定和反应。它们能通过其传感器捕获数据并进行处理，然后调整方案，做出实际反应。这使生产型企业能够灵活、经济地面对愈发变短的产品生命周期，并使其产品更加多样化[29]。根据著名商业咨询公司弗若斯特（Frost）/沙利文（Sullivan）的调查研究，到2023年，全球工业智能机器人市场将翻一番，产值达到700亿美元以上[30]。

还可以更柔性化地应用机器人，其中的一个应用领域就是老年人护理。在世界人口逐渐老龄化的背景下，需要越来越多的老年人护理人员，现有的工作人员已经是超负荷的工作状态。在日本，有570万老年人需要健康护理，对此已将护理机器人投入应用。其重点放在痴呆症患者的起身和移动辅助工具、卫生间设施和监控系统。在德国，弗劳恩霍夫工程设计和自动化研究院正在研发智能型护理机器人。例如，机器人 Elevon 是专门为抬起老弱病人而设计的。护理人员可以电子方式请求它帮助，它们就可以独立、自动地行驶到需要它们的地方。它可以从病床上抬起病人，以横躺着和坐着的姿势进行运送。在传感器的帮助下，Elevon 能自动识别病人，它的接收系统可以进行定位，从而简化了整个护理操作[31]。通过使用护理机器人，可以将医疗护理的成本降到最低，并提高服务质量。例如，仅通过节省乘搭电梯运送病人的时间，就节省了许多运送时间，进而减少了大量的财政支出，就可以更好地利用时间，进行实质性的护理工作[32]。

3.3.3　流程数字化作为数字化价值创造的结果

可靠性和信任对于业务流程的数字化至关重要，这通常是在业务合作伙伴之间、客户与供应商之间，以及数字化平台之间。

如今，企业中知识密集型流程通常是由数字化平台提供支持，如将 Slack（https://slack.com/）用于企业通信，将 Asana（https://asana.com/）用于团队项目管理，将 Yammer（https://www.yammer.com/）作为社交网络平台。这些工具提高了企业流程的透明度，改善了跨部门的分工协作，促进建立自发组织的、网络化的企业文化（参见第 7 章），从而使工作更高效。

有一项研究项目调查了丹麦各个行业中可感知的价值创造，这些价值创造形式是通过使用社交媒体、进行企业间业务交流、分工协作和项目管理生产的。对调查结果中定量数据的评估表明（受访企业的数量：114，图 3.2），除其他的影响因素以外，员工之间迅速的交流沟通和有效的知识交流，都可为企业价值创造做出重要贡献。另外，也对这些企业进行过其他的调查采访，其结果几乎类似。很多管理人员还明确地表示，所在企业的生产率得到提高，运作流程更加透明。新员工的入职手续也更加简单化，因为企业事先已将自身的状况和项目内容公布于众，并且如果有不明确的问题，也可以很容易地与企业负责人取得直接联系[33]。

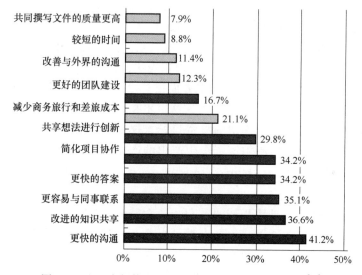

图 3.2 企业内部使用社交媒体来创建价值创造效益[33]

通过节省时间，如及时交流、减少电子邮件、快速找到所需专业人员和节省成本（如降低差旅费用），都可促进企业价值创造，虽然这可能尚未在企业中引起重视。而现有的软件工具都提供了这些简化工作的可能性。例如，可以很容易地确定有多少员工参与了某项企业活动，以及产生了多少工作岗位[33]。

将来，如果能够借助算法更智能地评估所收集的数据和知识，则可以产生进一步的价值创造。这样可以对价值创造效益进行汇总和分类，从而更易于查找。通过数字化，企业员工可以轻松、经济且快速地访问所需要的数据，获取知识帮助。通过度量社交媒体的影响力及其所创造的价值创造效应，就可以更普及且有效地使用这些企业内部的员工社交工具[34]。

农业生产也正在通过数字化来优化流程。如今，许多拖拉机可以自动驾驶。这是由于数字化的应用保证了精确的行驶轨迹，使农用机械能更加精确地进行各种操作，总行驶里程变得更短。还可以减少燃料消耗，并降低劳动成本。农用机械传感器技术、电子设备和软件工具也都可为农业生产创造价值做出重要贡献。例如，传感器可以抽样检查土壤品质，或者确定田间特定区域内的农作物密度。此外，可以参考降水和土壤图来确定该地点的最佳肥料用量。这样可以节省肥料和农药投入，进而减少耕作费用，并使农副产品生长得更均匀[35]。显而易见，农业数字化的最大好处，就是缩短人工劳动时间，合理利用土地资源和节约生产资料，以及大幅提高生产率[36]。

在金融领域，也正在测试通过区块链进行客户之间的交易结算。这将使银行在传统业务模型的经营下难以生存。此外，还将要出现各种新的中介机构，如开发客户交易的平台，即金融科技。一个区块链提供了存储、防伪、不可逆的交易可能性。这都是基于加密技术和构建共识[37]。

金融科技公司创建了一个新兴的金融业，它依靠信息技术来完善金融活动。根据德国联邦财政部所委托进行的一项研究表明，在2015年，德国金融科技公司的总市场规模，在融资和资产管理方面已达22亿欧元。其中，通过众筹平台，共筹集了约2.7亿欧元的资金[38]，这里不是一个银行，而是大量支持者自发地筹集资金，以实现一个确定的投资目标。这种资金既可以作为捐款，也可以以对价的方式提供，如使用该资金生产出的产品。这些资金可借助相应的门户网站转手，如 StartNext（https://www.startnext.com/）。StartNext 的资金来自自愿支付的佣金。

另一个金融科技公司是 Wikifolio（https://www.wikifolio.com），这是一个提供社交交易的平台。在这里，每个人都可以公开地与他人共享其交易想法，其 Wikifolios（股票投资组合）始终可供使用。交易员不需要任何正式培训或资格考试，该平台不受银行监督管理。如果一个股票投资组合能找到足够的支持者，就可以在此基础上创建一个交易所交易证书，任何人都可以通过其银行或在线经纪人进行投资操作。其结果就是可以推出可直接在证券交易所进行交易的金融产品，而在引入由金融科技公司创建的平台之前，这需要大量的财务支出、高昂的费用和漫长的等待时间。这样一个交易平台缩短了交易过程的时间，并且不需要花费任何费用。

Wikifolio 所需要的就是在三个星期内找到十个支持者。有兴趣的投资者可以关注 Wikifolios，并复制其中业绩较好的投资组合。可能的交易风险部分由平台承担。如果一个投资者希望通过该平台进行交易，则需要首先支付一定的费用，才能使用该平台。

保险科技可以作为金融科技的一种特殊形式。这种技术公司正在保险业中开发新型的服务或业务模型。这样做，主要是为了回应客户的各种批评，因为客户经常抱怨保险合同难以理解、不透明，不满意保险公司的服务。根据 InsurTech Radar 的说法，保险科技公司活跃在供应、分销和运营领域，其中 42%为分销商，如比较门户网站[39]。在供应领域，一个很成功的保险科技公司就是德国哈弗里希特海尔德责任保险公司（https://haftpflichthelden.de），该公司在经营业务上与德国 NV-Versicherung 保险公司合作。通过使用一个应用软件工具，就可以快速而轻松地购买一份保险。保险合同文件将通过电子邮件发送。客户随时都可以终止该保险而没有任何问题。损坏报告也可以通过该应用软件工具提交。另外，它还使用了社区理念，当客户将他们的朋友介绍为客户时，他们的保险费就可享受折扣待遇。

法律科技主要是软件和在线服务，以支持初创企业制定其法律程序。使用智能算法来澄清法律案件，从根本上改变了过去的法律工作，并且将律师与客户之间的联系转移到了网络在线平台上。在这里，德国航空乘客权益公司（https://www.flightright.com）就是一个例子。被航班延迟的乘客可以在该平台上登记。通过使用相应的智能算法，可以检查是否有索赔要求，如果存在，有可能赔偿多少。航班数据、当天的天气信息、罢工因素，还有当前已定的法院判决决定，均已被收集入在线平台数据库，并通过相应的预定算法自动检查，计算出可能的赔偿金额。当然，到现在客户还可以决定是否请律师处理此事。通常，这对于律师来说是无利可图的，但如果可以合并几个类似的案件，工作量就会大大减少。

3.4 数字化价值创造的范例：电子健康

在世界范围内，卫生保健行业一直在变化。在线药店正在与医院药房展开激烈的竞争，在医院 4.0 中，患者记录是数字化的，健康科技初创公司正在开发应用软件工具，以提供快速、透明和创新型的医疗系统解决方案。这种数字化转型过程是不可阻挡的。"电子健康"一词概括了具有电子技术辅助支持的工作和系统，这一技术可以收集远距离的患者数据和其他医疗数据，并进行评估，提供卫生保健建议[40]。

例如，德国健康科技初创公司 Klara（www.klara.com）于 2013 年在柏林推出了一个应用软件工具，可以简化医生和患者之间的交流沟通。患者可以拍摄自己皮肤上可疑处的照片，通过该应用软件传递给医生，由他们对其进行观察诊断。通常，仅根据照片就可以确定它是否只是一个无害的痣，或者真的需要找医生就诊。这样就可以节省不必要的预约手续和等待时间、就诊时间及其他费用。该平台经过进一步开发，可以整合患者与医生之间的交流通信。另外，其他的专科医生和实验室都可以与患者沟通，并与患者始终保持在线联系，从而加速对患者的初期诊断和实际治疗。Klara 现在仅在美国使用，因为与德国不同，美国的法律对远程治疗是开放的[41]。

尽管健康产业是德国最大的经济产业之一，但它仍然是数字化程度最低的产业[42]。在医疗保健领域，数字化范围可以从电子医疗卡到远程医疗。假设能够充分利用电子健康的巨大潜力，国际会计师事务所普华永道认为，大约每年有 390 亿欧元的（货币）效率潜力，即 2014 年医疗总费用的 12.2%[43]。

在当今的医学和医疗卫生领域，大多数数据都是以数字形式记录的。这些主要用于病史存档和患者管理，还可用于支持临床诊断决策，如提供检查诊断材料和治疗方案的合理选择。但是，这些数据仍存储在不同的信息系统中，它们之间缺乏数据交换接口并且以非标准化格式存储数据，这使其应用变得更加困难。

为了使医疗健康工作更高效和更具灵活性，应避免多次、重复性的医疗检查，尽可能使患者的整体治疗过程更加透明。这里，一种可能性是将临床治疗流程数字化[44]。在各个临床部门的科室信息系统中，收集有关每个治疗步骤的数据。将这些数据关联到数字化信息处理过程，对其进行辅助性分析评估。图 3.3 所示为一个数字化肝脏移植临床治疗过程和与患者相关的治疗数据[45]。

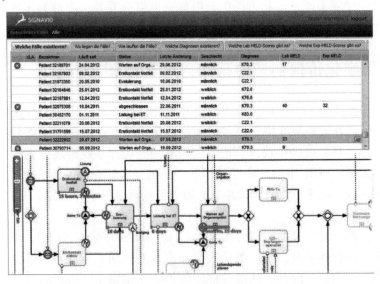

图 3.3 数字化肝脏移植临床治疗过程和与患者相关的治疗数据（www.pige-projekt.de，2014 年，Signavio）

第 3 章
数字化时代新的价值创造形式

这样,整个治疗过程对医生和患者都更加透明:在治疗过程中,可以时刻跟踪了解患者当前的健康情况,制定接下来的治疗方案。图 3.3 中所描述的肝脏移植患者已作为急救情况入院。经过医疗检查评估,在欧洲国家器官储运组织登记,并列为移植对象,目前正在等待肝脏捐赠,下一个治疗步骤将是移植手术。通过持续监控这一典型的治疗过程,就可以避免重复性的医疗检查,并且更好地事先计划更有效的治疗方案。因此,可以缩短患者的住院时间,减少医疗成本。在这一特定的肝脏移植病例中,通过重新组织治疗和检查工作,缩短了潜在肝脏捐赠者一半以上的住院时间[46]。

医学数字化的另一个示例是个性化医疗,它使利用智能软件工具对每个患者制定具有针对性的治疗方案成为可能(图 3.4)。这样一个治疗周期,通常有四个步骤。第一步,根据病人的家族病史、遗传特征、社会经济和生态环境因素,确定该患者的疾病和危险性因素,即进行性化的风险评估。例如,当前所流行的疾病、有关基因学的新知识、环境颗粒物污染,这些都可能在诊断过程中被认作引起病人疾病的危险因素。当关联和评估这些大量且复杂的数据时,智能算法必不可少。治疗周期的第二步是患者个性化的健康状况监测。如今,智能手机每天都可以测量个人步行走路的步数,智能手表还可以确定心跳动和脉搏数据。可以想象,那些医学实验室的测试,将来都可以在智能家居中简单而轻松地完成。视频和语音分析系统可以识别和鉴定患者的心理或神经系统问题。这时,人类要对自己的健康负责。移动应用软件、可为患者提供有关食物营养和健身运动的各种建议,或者及时指示何时需要去看医生。根据德国信息技术、电信和新媒体协会研究中心的研究表明,如今几乎每两个智能手机用户就已经在使用健康应用软件工具(约 45%)。许多受访者也表示,将来会更多地使用这类卫生健康工具[47]。

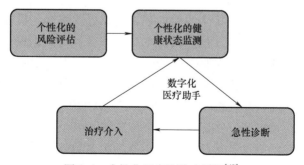

图 3.4 个性化医疗的治疗周期[48]

在治疗周期的第三个步骤中,医生可以使用由移动设备收集的数据,针对其特定病人进行医学诊断,即治疗介入。这时算法提供相应的辅助支持,结合来自移动设备的数据和医生的检查结果，进而就可以识别出疾病模式，进行最终的医疗诊断。在接下来的第四个步骤中，基于汇集的分析结果，数字化医疗助手就可以提出个性化的治疗方案。这可能包括药物治疗和外科手术干预，还包括精神辅导。当然，最终的治疗方案仍需由医生做出决定。数字化医疗助手主要负责数据分析。它可以根据最新的医学和科学现状，对患者数据进行分析评估。除此之外，进行潜在疾病预测分析也是可能的，从收集的大量历史数据，就可以预测未来可能会出现的疾病或身体异常原因。

将来，从电子健康中可挖掘出更多的应用潜力，如改进医疗保健护理，设计更有效的医疗方案[49]。由于患者本身更多地融入了整个治疗过程，提高了新型技术的接受程度，这一点变得尤为重要。只有当一个解决方案被所有参与方都理解和接受时，方案才能发挥其巨大的影响作用，参与各方才能充分受益。除了技术设备的投入成本和可用性之外，还要加强对患者隐私和数据安全的关注，这也是数字化，电子健康方式能够被广大民众所接受的重要因素[50]。

3.5　总结与展望

数字化最重要的特征是人与物之间的联网、产品和流程的虚拟化，以及数据和知识的交换。这就为企业带来了许多新的机遇，如利用来自机器设备和传感器的数据信息，更具有针对性地使用资源，开发个性化的产品，以及与客户建立更紧密的联系。在社会经济的所有行业中创建和实现这些可能性，就会带来附加的新的价值创造方式。因此，除了狭义的价值创造经济概念之外，还可以通过提高产品的生产率，降低运营成本和提高市场灵活性，以创造更多的附加值[51]。

人与机器智能的集成在将来将变得越来越重要。将来，机器不仅会向人类学习，人类也会向机器学习。虽然机器总是能够很好地识别模式，但是还需要人类来评估这些模式，并合理地应用它们。机器在减轻人类的重复性活动方面，会变得越来越好，从而使人们有更多的时间从事更具创造性的工作。在数字化平台的支持下，团队创新思想的联合，可以产生新的价值创造。

未来的智能机器助手，将配备许多个传感器，以便更好地了解使用者的状况，并通过更成熟的算法，评估来自传感器的大量数据。另外，可以通过面部的表情和声音来识别人类的思想情绪，以便将来可以更好地满足客户需求[26]。基于对大量数据的分析，产品可以更准确地满足客户需求，从而产生额外的价值创造。当然，在这种情况下，就道德和社会问题，以及数据保护问题，还需要进行更多的讨论。

参考文献

1. Asche C (2014) Der Untergang des Handy-Riesen – darum ist Nokia gescheitert. Huffington Post, 29.04.2014. http://www.huffingtonpost.de/2014/04/29/nokia-gescheitert_n_5230806.html. Zugegriffen am 14.02.2018
2. Christensen CM, Raynor ME, McDonald R (2015) What is disruptive innovation. Harv Bus Rev 93(12):44–53
3. Seibert G (2015) Wie verändern digitale Plattformen die Automobilwirtschaft. Accenture. http://plattform-maerkte.de/wp-content/uploads/2015/10/Gabriel-Seiberth-Accenture.pdf. Zugegriffen am 14.02.2018
4. Bitkom (Hrsg) (2012) Big Data im Praxiseinsatz – Szenarien, Beispiele, Effekte. Berlin. https://www.bitkom.org/noindex/Publikationen/2012/Leitfaden/Leitfaden-Big-Data-im-Praxiseinsatz-Szenarien-Beispiele-Effekte/BITKOM-LF-big-data-2012-online1.pdf. Zugegriffen am 14.02.2018
5. Dremel C, Wulf J, Herterich MM, Waizmann JC, Brenner W (2017) How AUDI AG established big data analytics in its digital transformation. MIS Q Exec 16(2):81
6. Rutherford BA (1977) Value added as a focus of attention for financial reporting: some conceptual problems. Account Bus Res 7(27):215–220
7. Redlich T, Moritz M (2018) Die Zukunft der Wertschöpfung – dezentral, vernetzt und kollaborativ. In: Interdisziplinäre Perspektiven zur Zukunft der Wertschöpfung. Springer Gabler, Wiesbaden, S 1–6
8. Dean J (2014) Big data, data mining, and machine learning: value creation for business leaders and practitioners. Wiley, Hoboken
9. Manyika J (2018) Technology, jobs, and the future of work. Mc KinseyGlobal Institute. https://www.mckinsey.com/global-themes/employment-and-growth/technology-jobs-and-the-future-of-work, Zugegriffen am 19.02.2018
10. Lemke C, Brenner W, Kirchner K (2017) Einführung in die Wirtschaftsinformatik. Band 2: Gestalten des digitalen Zeitalters. Springer Gabler, Berlin/Heidelberg
11. Porter ME (1998) Competitive advantage. Creating and sustaining superior performance. Free Press, New York
12. Mayer-Schönberger V, Cukier K (2013) Big data: a revolution that will transform how we live, work, and think. John Murray, London
13. Brenner W, Lamberti H-J, Wieske L (2014) Walk like Internet Giants: Konsequenzen für die Forschung und Lehre in der Wirtschaftsinformatik. In: Brenner W, Hess T (Hrsg) Wirtschaftsinformatik in Wissenschaft und Praxis. Springer Gabler, Berlin
14. One to One (2018) Online-Handel wächst 2017 zweistellig. https://onetoone.de/de/artikel/online-handel-wächst-2017-zweistellig. Zugegriffen am 02.03.2018
15. Lemm K (2018) Die Einkaufswelten verschmelzen – wer gewinnt den Kunden? https://www.wired.de/collection/business/kassen-kampf. Zugegriffen am 02.03.2018
16. Menn A (2018) Die Software aus dem Reagenzglas. Wirtschaftswoche 9:18–24
17. Frey CB, Osborne MA (2013) The future of employment. How susceptible are jobs to computerisation? Technol Forecast Soc Chang 114:254–280
18. Arntz M, Gregory T, Zierahn U (2016) The risk of automation for jobs in OECD countries. A comparative analysis. OECD social, employment, and migration working papers (189). OECD Publishing, Paris
19. Rayport JF, Sviokla JL (1994) Managing in the marketplace. Harv Bus Rev 72(6):141–150
20. Lemke C, Brenner W (2015) Einführung in die Wirtschaftsinformatik. Band 1: Verstehen des digitalen Zeitalters. Springer Gabler, Berlin
21. BARC (2015) Big data use cases: getting real on data monetization. https://www.sas.com/content/dam/SAS/bp_de/doc/studie/ba-st-barc-bigdata-use-cases-de-2359583.pdf. Zugegriffen am 15.02.2018

22. Bitkom Research (2017) Mit Daten Werte schaffen. https://home.kpmg.com/de/de/home/themen/2017/05/mit-daten-werte-schaffen%2D%2D-studie-2017.html. Zugegriffen am 04.03.2018
23. thyssenkrupp Elevator (2016) Elevator technology MAX. The game changing predictive maintenance service for elevators. https://max.thyssenkrupp-elevator.com/assets/pdf/TK-Elevator-MAX-Brochure_EN.pdf. Zugegriffen am 04.03.2018
24. Roth A (2016) Einführung und Umsetzung von Industrie 4.0. Grundlagen, Vorgehensmodell und Use Cases aus der Praxis. Springer Gabler, Berlin
25. IoT Analytics (2016) Industrial Analytics 2016/17. The current state of data analytics in industrial companies. https://digital-analytics-association.de/dokumente/Industrial%20Analytics%20Report%202016%202017%20-%20vp-singlepage.pdf. Zugegriffen am 28.02.2018
26. Neef A (2016) Kognitive Maschinen. Wie Künstliche Intelligenz die Wertschöpfung transformiert. http://www.z-punkt.de/de/themen/artikel/wie-kuenstliche-intelligenz-die-wertschoepfung-treibt/503. Zugegriffen am 27.02.2018
27. Purdy M, Daugherty P (2016) Why Artificial intelligence is the future of Growth. Accenture. https://www.accenture.com/lv-en/_acnmedia/PDF-33/Accenture-Why-AI-is-the-Future-of-Growth.pdf. Zugegriffen am 27.02.2018
28. Accenture (2017) Why is artificial intelligence important? https://www.accenture.com/t20170628T011725Z__w__/us-en/_acnmedia/PDF-54/Accenture-Artificial-Intelligence-AI-Overview.pdf#zoom=50. Zugegriffen am 27.02.2018
29. Bauernhansl T, Hägele M, Kraus W, Kuss A (2018) Kognitive Robotik in Produktion und Dienstleistung. In: Neugebauer R (Hrsg) Digitalisierung. Schlüsseltechnologien für Wirtschaft & Gesellschaft. Springer Vieweg, Berlin, S 245–251
30. Frost & Sullivan (2017) The Dawn of artificial intelligence – foreseeing manufactoring in the cognitive era. Report. https://www.researchandmarkets.com/research/b9rfft/the_dawn_of, Zugegriffen am 28.02.2018
31. Wallenfels M (2016) Pflege 4.0. ProCare 21(8):42–45
32. Thiele D (2017) Lean Management in der Praxis: Qualitätsmanagement-Pflege 4.0. Pflegezeitschrift 70(8):15–17
33. Razmerita L, Kirchner K, Nielsen P (2016) The perceived business value of social media at work. In: 5th M-Sphere conference 2016
34. McKinsey (2015) Transforming the business through social tools. https://www.mckinsey.com/industries/high-tech/our-insights/transforming-the-business-through-social-tools. Zugegriffen am 28.02.2018
35. Wolfert S, Ge L, Verdouw C, Bogaardt MJ (2017) Big data in smart farming – a review. Agr Syst 153:69–80
36. Bundesministerium für Ernährung und Landwirtschaft (2017) Digitalpolitik Landwirtschaft – Zukunftsprogramm: Chancen nutzen – Risiken minimieren. http://www.bmel.de/SharedDocs/Downloads/Broschueren/DigitalpolitikLandwirtschaft.pdf;jsessionid=7E17AC91D673C01C722160B014036F76.1_cid367?__blob=publicationFile. Zugegriffen am 28.02.2018
37. Tapscott D, Tapscott A (2016) Blockchain revolution: how the technology behind bitcoin is changing money, business, and the world. Portfolio Penguin, London
38. Dorfleitner G, Hornuf L (2016) FinTechMarkt in Deutschland. Bundesministerium der Finanzen (BMF). http://www.bundesfinanzministerium.de/Content/DE/Standardartikel/Themen/Internationales_Finanzmarkt/2016-11-21-Gutachten-Langfassung.pdf?__blob=publicationFile&v=1. Zugegriffen am 27.02.2018
39. Oliver Wyman und Policen Direkt (2017) Zukunft von InsurTech in Deutschland. Der InsurTech Radar 2017. http://www.oliverwyman.de/content/dam/oliver-wyman/v2-de/publications/2017/dez/InsurTech-Radar2017.pdf. Zugegriffen am 04.03.2018
40. Matusiewicz D, Pittelkau C, Elmer A (2017) Die Digitale Transformation im Gesundheitswesen. Medizinisch-Wissenschaftliche Verlagsgesellschaft, Berlin

41. Caracciolo L (2016) Das sind die heißesten Health-Tech-Startups und spannendsten Trends. t3n digital pioneers, Nr. 42. https://t3n.de/magazin/health-tech-startups-trends-240051/. Zugegriffen am 28.02.2018
42. Bundesministerium für Wirtschaft und Energie (2017) Die Digitalisierung der Gesundheitswirtschaft. Eckpunktepapier. http://www.bmwi.de/Redaktion/DE/Publikationen/Wirtschaft/eckpunkte-digitalisierung-gesundheitswirtschaft.html. Zugegriffen am 28.02.2018
43. Bernnat R, Bauer M, Schmidt H, Bieber N, Heusser N, Schönfeld R (2017) Effizienzpotentiale durch eHealth: Studie im Auftrag des Bundesverbands Gesundheits-IT – bvitg e.V. und der CompuGroup Medical SE. https://www.strategyand.pwc.com/media/file/Effizienzpotentiale-durch-eHealth.pdf. Zugegriffen am 27.02.2018, PwC
44. Kirchner K, Scheuerlein H, Malessa C, Habrecht O, Settmacher U (2012) Klinikpfade in der Chirurgie: Überblick und praktischer Einsatz. Chir Allg Z 13(10):538–541
45. Kirchner K, Herzberg N, Rogge-Solti A, Weske M (2013) Embedding conformance checking in a process intelligence system in hospital environments. In: BPM 2012 joint workshop, ProHealth 2012/KR4HC 2012. Springer, Berlin/Heidelberg, S 126–139
46. Kirchner K, Scheuerlein H, Malessa C, Krumnow S, Herzberg N, Krohn K, Specht M, Settmacher U (2014) Was ein klinischer Pfad im Krankenhaus bringt. Evaluation klinischer Pfade am Uniklinikum Jena am Beispiel des PIGE-Projekts. Chir Allg Z 15(7–8):475–478
47. Bitkom Research (2017) Fast jeder zweite nutzt Gesundheitapps. Repräsentative Umfrage im Auftrag des Digitalverbandes Bitkom. https://www.bitkom.org/Presse/Presseinformation/Fast-jeder-Zweite-nutzt-Gesundheits-Apps.html. Zugegriffen am 27.02.2018
48. Hahn H, Schreiber A (2018) E-Health. In: Neugebauer R (Hrsg) Digitalisierung. Springer Vieweg, Berlin/Heidelberg, S 321–345
49. PwC (2016) Weiterentwicklung der eHealth Strategie. Studie im Auftrag des Bundesministeriums für Gesundheit. https://www.bundesgesundheitsministerium.de/fileadmin/Dateien/3_Downloads/E/eHealth/BMG-Weiterentwicklung_der_eHealth-Strategie-Abschlussfassung.pdf. Zugegriffen am 15.02.2018
50. Lux T et al (2017) Digitalisierung im Gesundheitswesen – zwischen Datenschutz und moderner Medizinversorgung. Wirtschaftsdienst 97(10):687–703. ISSN 1613-978X
51. Zukunftsrat der Bayrischen Wirtschaft (2017) Neue Wertschöpfung durch Digitalisierung. Analyse und Handlungsempfehlungen. https://vbw-zukunftsrat.de/pdf/wertschoepfung/vbw_zukunftsrat_handlungsempfehlung.pdf. Zugegriffen am 15.02.2018

第 2 篇
业务模式的转型

第4章 通过智能型货箱和基于数据的服务建立新型业务模式

塞巴斯蒂安·迈斯纳（Sebastian Meißner），
玛提娜·罗穆尔（Martina Romer）

物联网、数据和服务正在改变产品和服务的市场竞争，也正在影响物流中的货箱行业。产品的模块化和数字化使从根本上改变业务模式成为可能。除此之外，开发与产品相关的服务也显得非常重要，这些服务都是建立在对产品和过程数据进行系统性评估的基础上，可为客户供应链提供重大的流程改进的可能性。

本章将介绍一个由德国联邦经济与能源部（BMWi）资助的研究项目"iSLT. NET"，其研究课题主要涉及模块化特种货箱，在其中使用基本的物联网技术。这是一个跨越企业范围的智能型货箱网络，借助数据和货箱服务商的混合服务，以及云技术，为货箱行业创建新型的业务模式。特别是通过数据平台和信息技术服务，如跨越企业的货箱管理，就可实现不依赖于硬件的经营收益，为货箱生产商提供成本竞争的优势，通过改变其业务模式摆脱劣势地位。产品的数字化满足了货箱使用者的要求和愿望，除此之外，通过智能型传感器提高了货箱流向和货物状态的透明度，这种跨企业的运营商模型，优化和完善了供应链流程，并降低了货箱运营的成本，如按使用付费的方式。

4.1 引言：通过物联网、数据和服务进行物流转型

产品数字化和网络化促进了生产技术改造，也正在引发其价值链的变革，这就让工业产品制造商重新思考其现有的业务模式，包括从产品开发和制造到客户使用和管理他们的[1]。这时，企业的目标不再只是通过流程透明度来提高生产率，而是从根本改变产品的市场，通过服务收入赢得更多的新客户，并且实现其他形式的经营创收。为了实现这种混合式价值创造，跨企业的信息技术平台、基于数据的服务和运营商模型就变得越来越重要。

基于模块化和数字化，具有针对性地进行产品开发，就可以创造出更加智

第 4 章
通过智能型货箱和基于数据的服务建立新型业务模式

能的、可持续性扩展的产品,即"物联网"意义上的产品[2]。这种产品的基本功能,如可全程识别、本地化和分散型网络,都将对物流业产生巨大的影响,物流业的主要工作,就是协调企业内、外的物料流动和必要的信息交流。物流技术本身的进一步发展,以及现实世界与数字世界的镶嵌融合,使物流业集成了跨越系统和企业界线的连接网络,物料活动和库存的透明度,乃至其分散式的控制管理,都在很大程度上优化了整个物流流程[3]。跨越产品和制造商的合作,其实是作为"数据互联网"中的云系统,在数据平台中汇集产品生产期间所生成的各种数据,使创建数字化集成价值创造网络成为可能,而这种意义上的网络,将更完整地映射和实现数字化工厂或者数字化供应链的功能。在数据集成和分析的基础上,可以开发"服务互联网"意义上的新型的客户服务内容。开发这种"服务系统"应从客户的角度出发,并有针对性地进行流程和产品优化。就物流业而言,最重要的是通过全面的流程透明度,取得物流速度和效率优势,迅速地识别物流价值链中的故障中断,进而完善供应链的风险管理。通过自己的混合型产品,不间断地优化价值创造过程,将极大程度地提高制造商的市场地位。使用新的运营商模型,可以接管部分客户的价值链,长期且持续性地维持合作伙伴的关系,巩固自身的市场地位。

从价值链优化到市场颠覆,就业务模型的发展而言,物联网、数据和服务的潜力,在时间上可以概括为以下三个阶段:

- 短期:通过数字化和优化价值链,降低成本费用和经营风险。
- 中期:通过新型产品和服务项目增加企业经营销售额。
- 长期:通过吸引更多的新客户提高盈利能力,进入新的竞争市场。

图 4.1 所示为物联网、数据和服务的实施领域和目标。

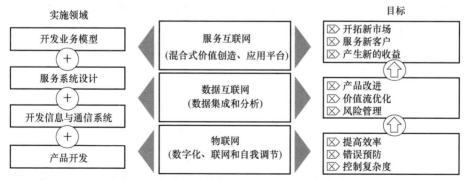

图 4.1 物联网、数据和服务的实施领域和目标

下面将以物流行业中的特种货箱(容器)为例,说明如何开发基于产品数字化的新型业务模式。由于产品日益"商品化",且全球市场角逐加剧,货箱制造商面临着越来越大的竞争压力,因此,他们将越来越多的核心价值创造过程,

逐渐地转移到低劳动力成本的国家和地区。首先模块化货箱的结构，增加可重新配置性，货箱制造商和用户再通过物联网技术，改变现有的企业业务模式，这些都为双方未来的价值创造，开辟了一条新的途径。这里所介绍的结果，只是由德国联邦经济与能源部资助的研究项目"iSLT. NET"的一部分，该项目的主要合作伙伴是 GEBHARDT Logistic Solutions 股份有限公司、宝马集团、德科斯米尔集团、慕尼黑工业大学传输和物流技术教研室、弗劳恩霍夫协会供应链服务研究小组、兰茨胡特应用科学大学 TZ PULS 工作小组。前面所提到的研究项目"iSLT. NET"，针对于如何设计和跨越企业使用模块化和智能化的特种货箱，提出了若干解决方案，考察分析了所有项目参与者在物流货箱和数据服务方面的现有潜力，最终，确定了一个共同可行的业务模式，作为原型去实现该运营商模型。

4.2 当今汽车工业供应链中对物流货箱管理的挑战

根据 DIN 30781 的规定，货箱是一种用于运输物料的容器，将物料汇集在一个承载单元内。在价值创造网络中，它们是零部件、产品和货物的运输，是处理和存储的核心辅助工具。如今，如果没有货箱，几乎没有任何一个零部件或者货物可以在物流中移动。随着对产品质量及其零部件质量的要求不断提高，货箱结构设计的重要性也日益增加，以便于在物流过程中持续保护物料免受外部损坏和污染。此外，要确保货箱在所需要的场合便于搬运，在安放时满足人机工程学的要求。这就导致要求越来越多地使用按照物料定制的承载容器，即特种货箱。这特别用于几何形状复杂或敏感的零部件，如汽车的中控台或车门外壳。为此，这些货箱通常针对各自的应用情况，以最少量制造。在上面所提及的项目中，这种货箱主干由一个框架组成，框架由钢结构件焊接制成，而其内部结构，部分由人工材料制成（图 4.2）。

通常，特种货箱的实际使用周期很短，跨越企业的操作流程复杂，对所有涉及的企业而言，特种货箱的管理需要支付高昂的成本费用[4]。在汽车工业中，这一挑战尤为突出，因为其产品频繁地更新且采用敏感脆弱的即时物流。汽车行业的产品变化将带来许多新的发展趋势，如改变零部件的几何形状，重新设计企业的供应链，修改在装配线上对零部件供应和安放方式的要求。其结果是，当前物流业务模式中的特种货箱，在大多数情况下，已不再适应新型的业务模式，并且在其使用期后（平均仅为每四到六年）便被淘汰，因为其特殊的设计和制造方式使得货箱的改装非常困难而且昂贵。因此，在设计新的汽车模型的过程中，对于所涉及的零部件，其特种货箱也必须并行开发设计，并在大批量生产以前，及时进行采购。这就需要大量的工作，要求在所有合作伙伴之间达成一致，保持互相协调。这主要是货箱制造商、所属的供应商、运输服务商和

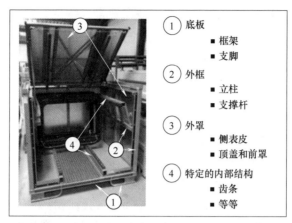

图 4.2　示例：特种货箱的结构（由© Martina Romer & Gebhardt Logistic Solutions GmbH，2018 年提供。保留其所有权利）

汽车制造生产商。它们都与许多耗时修改的周期有关，这可能危及或拖延批量生产的启动。

在当今的工业环境中，控制和监视供应链中的货箱流动，也面临着许多新型的挑战。因此，在愈发趋于异构形式的价值链中，物流业仍缺乏合适的信息技术和通信基础设施，以透明和跨越企业的方式，了解和掌控物料动向和库存现状。例如，企业员工要花费很大的精力和时间去统计货箱的库存情况，人工进行物料存储和出库记录，再通过电子邮件与供应链中的供应商进行核对。由于货箱遗失和损坏导致的企业持续性的费用支出，不能按照原因分配。在物流过程中，缺乏物料库存和运输方面信息的透明度，这一方面会造成库存过多，货物积压，另一方面，会导致货箱本身的实际利用率很低。这可能引发供应链故障，如货物包装不合规格、延迟交货，在最坏的情况下，甚至会导致生产过程中断。

4.3　从产品变更到新型业务模式

为了应对日益增长的物流货箱管理的挑战和要求，必须将物联网技术集成到货箱的运营过程中[5]。在物联网、数据和服务的意义上，这种特殊货箱的进一步发展使得制造商通过分析获得货箱数据信息，持续性地推进货箱结构模块化，完善这种基于积木原理，提供伴随产品生产的相关服务，实施这一新型的业务模式。

货箱制造商可为客户的产品提供所需货箱的解决方案，并进行设计和生产制造。这就创建了一个新的跨越企业的运营商模型，即物流货箱池，并在各自的情况下付诸实现[6]。货箱结构的模块化和可拆装性，可跨越行业范畴进行重新配置，这种可重复使用性能够使企业的资源支出减少到最小[7]。这保证了货箱使用的高度可扩展性，提高了其实际使用数量。特别是由于货箱的使用周期缩短，双方均可以很快地从中受益，且客户无须为此再次投入大量资金。

物流货箱的数字化，特别是借助智能型传感器和通信技术，使制造商能够远不止于当前的成绩，进一步发展其业务模式，并通过提供产品配套服务，扩展其产品的经营范围。在一个"货箱服务"的运营商模型下，货箱制造商可以以平台运营商的方式运作，为它的产品提供更高端的功能、服务和数据信息[8]。通过持续性地采集和评估货箱数据，跟踪物料在供应链中的移动状态，就可以及早地发现物流中可能会出现的各种故障，使客户供应链的风险管理得到明显的改善。此外，基于所获得的物流透明度，可以动态地优化客户端货箱的物料库存和进出流程。为了实现这样一个物流货箱服务系统，货箱制造商的业务模型必须进行全面的转型，要从单纯的投资销售转变到提供智能产品以及与产品相关的服务。

图4.3概括性地描述了模块化货箱、数字化和服务系统之间的相互作用。以下各节将详细介绍这一新型业务模式中的三个核心组成部分。

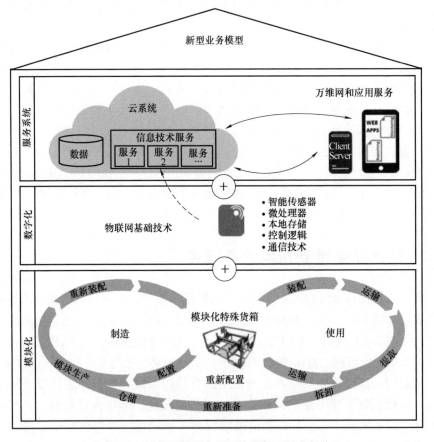

图4.3 智能型特种货箱网络的核心组成部分

4.4 模块化：模块化货箱实现重复使用和可扩展性

常规的特种货箱主要由多个钢制部件焊接在一起，形成一个承载整体。货箱在使用寿命结束后，大多数情况下无法再进行结构改造，用于新的用途。为了克服这一缺点，近年来，一些用户企业研究了若干可持续性的货箱方案，即模块化特种货箱（MLT），它可以在一个使用周期结束后进行拆卸，然后在一个新的用途中，重新进行模块组合，这种货箱就具有可配置性和可重复使用性[4]。例如，这种货箱的模块可以通过螺钉连接进行各种组装。在使用之后，可重新拆卸出模块，并且在下一个应用中，重新进行结构组合。这样，单个模块的使用寿命就与先前采用的整体式货箱的使用寿命相脱离[7]。

这种模块化特种货箱在其构造上基于儿童积木玩具的原理。图 4.4 中展示

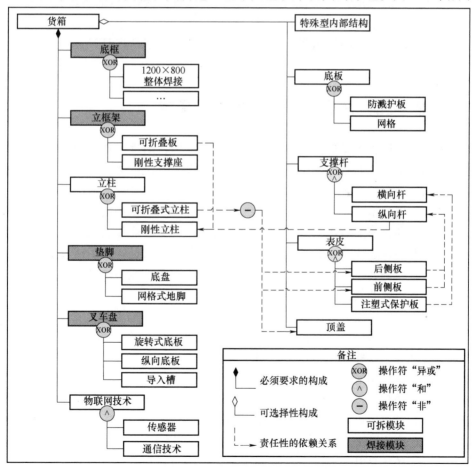

图 4.4　可配置式模块化货箱系统 iSLT

了这种模块化式，即智能型特殊用途货箱（iSLT），它主要由各种不同的，但已标准化的模块组成。可以根据客户要求进行配置和组装。其中每个模块都还有多个不同的变体。其基本模块是积木式的结构，主要由一些子组件组成：底板框架、支撑框架、支脚和叉车盘，以及可拆卸或可折叠的立柱。可以选择性地配置地板、面板和箱盖，以及传感器等远程通信技术部件。在进行具体配置时，重要的是应注意各种模块之间装配组合的依赖关系。最后，选择或开发特需的内部结构，出于物料和货物安全及保护性原因，在需要时应将其集成到货箱的外部框架中。

通过采用这些跨越或不依赖于用户的模块化系统的标准化模块，在采购和制造环节中，货箱制造商可获得大规模经济模式的效益。尽管在模块层面上进行了标准化，但借助模块的灵活组合，货箱制造商仍可为其客户提供零部件和产品物流方面的灵活性。同时，货箱制造商可以确保其模块的高度可用性，因为在早期，它经常要预先生产所需要的模块。此外，在多个使用周期内，重复性地使用模块，可提高货箱利用的可持续性，并为制造商本身和客户节省成本费用[6]。

4.5　数字化：从智能型货箱到透明流程

如果将传统货箱配备上某些基本的物联网技术，则货箱就可以进一步发展为网络物理系统。通常，集成到货箱内部的物联网模块包括硬件（如传感器和微处理器）、软件（如控制逻辑）和通信技术（如无线电技术、接口和天线）。借助智能传感技术和与其他通信系统，货箱就成为物联网中的一员，具有可识别、可定位和自激活的功能[5]。智能型货箱可以独立地采集供应链的状态和环境数据，并通过无线技术和物流设备对数据信息进行过滤，然后提供给信息技术处理系统。例如，在运输过程中，确定货箱和货物可能会出现的损坏，并随之启动基于规则的物流安全保证流程。

根据不同的用途，可以将不同的传感器设备安装在货箱上。图 4.5 概述了各种可能的传感器模块，及其能为货箱提供的各种功能。作为上述"iSLT.NET"项目的一部分，这样一个模块传感器系统已经成型。在第一个原型实现的过程中，首先收集货箱的地理位置和温度数据。

这种智能型货箱可进行数据采集，进行选择过滤并在所定义的时间段内进行本地化存储，也可使用基于规则的无线电通信技术，如低功率广域网络（LP-WAN）、低功耗蓝牙（Bluetooth LE）或超高频（UHF）等，通过适当的网关，传输到其他的信息技术系统。在云系统中，这些信息与其他物流对象的数据流合并。然后，按照不同的信息技术服务要求，进行数据处理、分析和存储，并

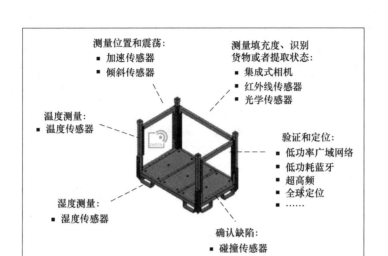

图 4.5 示例：备有传感器设备的智能型货箱

通过万维网和应用服务器，传输提供给用户，或者传递给其他信息技术系统（如企业资源规划系统或者供应链管理系统）。在货箱管理中，最终将使物理世界和虚拟世界融合在一起，创建一个信息物理系统。货箱获得了一个尽可能完整的数字孪生代，其中包含了各个模块的使用情况和状态记录。

这里特别要指出的是，通过物联网技术采集的数据，可以用于多种形式的监视、控制和优化供应链服务[8]。

4.6 服务系统：通过数据集成到服务平台

如上所述，货箱运输和供应链状态已经愈发透明化，这就可以通过基于云的服务系统，为客户提供各种新型的服务[8]。通过将货箱的功能与"软件服务"连接在一起，可以带来全新的经营收益。

在特种货箱研究项目中，iSLT 网络运营商在建立服务系统的过程中起着核心作用。通过集成的产品平台，它不仅提供物理意义上的 iSLT，还提供与产品相关的服务及信息技术服务。在数字化市场中，客户可以以模块化的方式订购各种混合式方案。客户可以通过万维网和信息技术界面，查询和了解这种特种货箱所提供的信息技术服务。

图 4.6 所示为 iSLT 可提供的各种数据信息服务。这些远远超出了传统货箱行业的服务范畴，即维修、改装、维护和清洁。因此，特别是基于物联网技术，人们还可以针对行业特性，开发新型的、基于大数据的金融服务。

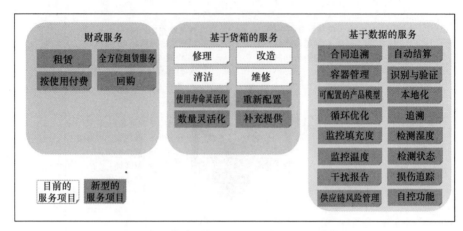

图 4.6 iSLT 网络可提供的各种数据信息服务

在这里，金融服务机构允许运营商使用不同的结算和收费模式：除了传统的融资模式，即购买货箱，这些模式还包括可能回购、租借和全方位服务型租赁。在后者的情况下，在约定的期限内，货箱将保留给客户，其目的是由过去的企业投资购买货箱的方式，转换为租金或租赁利息的方式，这样，在货箱使用结束后，货箱的剩余价值在总体上可以很低。此外，在按使用付费的支付方式下，仅向客户收取实际使用的相关费用，而不是一个预先固定的金额，如在汽车制造商和其供应商之间，这种收费方法是根据货箱的实际周转数量进行的。

除了不同的融资模式之外，服务系统还包括为货箱本身提供服务，这主要是可重新配置性和模块标准化的要求所致。在此，主要目的是根据具体要求，提供最为合适的货箱，并确保其适应相应的工作条件和满足所需的功能。

通过"配置模块"，就可根据客户要求进行组装和交付。在使用周期内，可能会基于必要的"重新配置"，更换若干模块。这些不同的服务为客户提供了灵活的货箱循环使用的可能性，也就是说，"时间和数量的灵活性"满足了对货箱所提出的使用要求。例如，在合同终止之前就可以退还不再需要的货箱。如果出于某些意外，所需要的货箱数量超出预定值，则客户可以通过临时交付服务，在很短的时间内就获得所需数量的货箱。为此，对于这类特殊或某些个别情况，经营工作人员必须要有思想准备，以便能够及时满足这类客户的特殊要求。

作为预防性的措施，要定期地进行货箱维护，掌握和监控货箱的实际状况，进行适当的调整和检修操作，如更换或添加折叠组件的摩擦润滑油。这都可以通过云系统，有针对性地跟踪和监控货箱状态，必要时进行计划调整。在使用过程中，如果检测到货箱的损坏，则可以通过修理服务进行补救。在模块化设计的支持下，可以有目的的、更快捷地订购备用件，以便于简单快速地更换故障模块。

其他服务项目原则上都是基于数据评估，这些数据是在货箱的生命周期内收集的。借助一个数字产品配置器，可以帮助规划人员进行货箱的设计。通过基于万维网的产品配置器，货箱模块将按儿童搭积木的原理组装在一起，作为"可配置产品模型"提供给客户。这就大大地简化并加速了货箱的开发过程。从货箱要求到实际生产制造，再到最终交付，客户可自始至终地跟踪订单的实时状态，此外，还可以获得订单进度的透明度，如已生产出的货箱数量。

采用这种"货箱管理"方式，可实现跨越企业的货箱生命周期监控，优化管理货箱库存。通过自动预订服务，还可以自动收集并记录物流数据，监控企业内部的物流活动，并取代过去需要使用专用系统进行大量人工操作的方式。通过优化货箱运营周期，可以预先，自动地确定和规划货箱需求，这样就可以应对补充采购或提前退货，避免了运营过程中的瓶颈，即货箱短缺或者过剩的问题。

除了需要对每个货箱进行"识别和验证"之外，还可以在生产场所对货箱的具体位置进行定位。这取决于所采用的技术，"本地化"可以将移动中的货箱在几米的范围内准确定位，并通过"可追溯性"服务对货箱的使用情况进行评估和分析。采用"湿度或温度监控"服务技术，用户可以获得有关货物所处的环境数据。在此，用户可根据物流过程，设置各种极限值，并通过实时的"故障报告"获得操作偏差。如果在货箱流动期间测量到的数据超出预定的极限值（如温度），则会给货箱用户自动发出一个"供应链事件"通知，以便于用户尽可能直接和有效地应对突发问题。

"填充度监测"，顾名思义，指连续地测量货箱内货物的填充程度。这里的服务项目"状态监视"，就是采集和记录货箱运营中的状态数据，在预定的时间段内，对这些数据进行各种分析评估。通过安装在货箱内的传感器，可以连续地测量货箱的倾斜度、振动或碰撞状态。如果出现货箱损坏，用户就会收到相关的数据信息。利用这种"故障报告"机制，可以启动相应的质量保证措施。上述"状态监视"功能与"损坏跟踪"服务紧密相关。在此，可以获得货箱的损失图像，有计划地进行跟踪，启动维修方案或者更改模块配置。

此外，可以在供应链风险管理模块中创建和定义货箱的运营规则，但这可能会停止物料运输，甚至重新启动订单，以降低供应链出现故障的可能性和中断的风险。通过"自我调节"服务，可将客户特定的数据信息存储在货箱标签内，如实现智能货箱之间的分散性通信，提供物流过程控制所需的各种数据信息。

4.7 通过建立合作伙伴网络进行业务模式的转型

从一个单纯的工业产品供应商到一个货箱服务运营商的转变，对货箱制造商的竞争能力提出了许多新的要求和挑战。除了其本身的产品"货箱"以外，还包括掌握信息技术基础架构，开发和运营软件服务，这些都是运营商所需的格外重要的关键能力。建立一个业务网络，并发展长期性的合作伙伴关系，是今后企业经营成功不可缺少的前提，因为当前的货箱制造商基本上不具备这些能力。图 4.7 所示为在实现 iSLT 项目中所必需的各种网络伙伴。

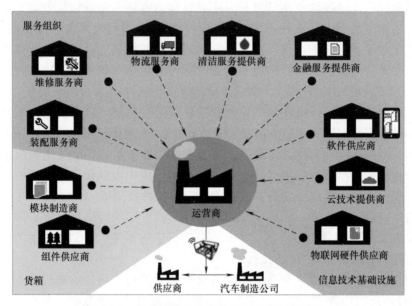

图 4.7 智能模块化特殊载流子网络生态系统

货箱运营商可将其合作伙伴的能力捆绑在一起，如信息技术基础框架、货箱制造商和货运服务商。对货箱本身的生产而言，模块供应商应提供适当的模块，如零部件供应商提供塑料和钢制零部件，如果有需要，附加特定产品的内部结构。装配服务提供商负责根据具体的客户订单，拆卸货箱和重新组装各个模块。物流服务提供商负责模块的存储，以及承运人与客户之间货箱的来往运输。金融服务商提供各种不同的结算和计费模型。物联网硬件供应商负责开发和制造各种传感器模块，提供用户运营供应链中的信息和通信基础设施。基于软件提供商提供的软件工具，云技术服务商根据拟定的网络访问权限，提供数据库、信息技术服务和应用程序，并确保运营数据的安全性。

在货箱的使用期间，还需要维修和清洁服务提供商。在这种情况下，大客户可能是生产地点固定的客户,而小客户可能是临时的、移动的。例如,对于不可重复使用的模块、有缺陷的物联网硬件,或者受到严重损坏的货箱,出于经济原因不再值得修理,运营商就会委托报废处理服务商进行最终回收。

4.8 结论:通过货箱互联网实现市场的可持续性变化

物联网、数据和服务改变了企业的业务模式。一方面,这是一个巨大的挑战,特别是对于传统的工业产品制造商,如物流货箱;另一方面,这也带来了难得的机遇。客户订单不再仅仅是实物产品的开发和生产,还包括为具有不同核心能力的合作伙伴,实现和提供网络服务。图4.8总结了在"货箱互联网"的意义上,基于智能型货箱,物流行业业务模式的转型。

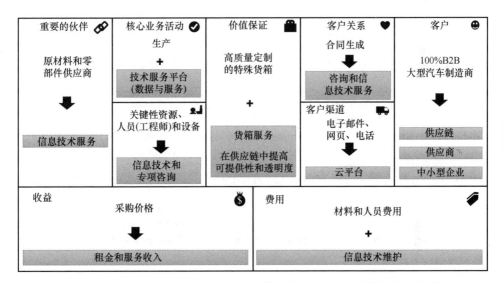

图4.8 通过iSLT进行业务模式转型(作者自己的插图,结构依据于[9],另外请查阅www.strategyzer.com)

新型业务模式带来的企业经营收入,不再由货箱的出售价格确定,而是通过选择性的融资模式,如按使用收费产生销售效益。尤其是这里借助数据平台和信息技术服务争取客户的长期忠诚度,再通过与硬件无关的销售,摆脱由于工业产品"商品化"造成的成本竞争,从企业经营效益螺旋式下降的状况中解脱出来。在这里,客户关系从纯粹的订单生产转变为流程咨询,再到客户特定的信息技术服务设计。这种新型业务模式的核心,就是尽可能地适应和满足客户的价值创造愿望。以上述智能型特种货箱为例,它不仅包括高质量的货箱本身,而且增加了其可提供性,以及供应链中货物运动和状态的透明度。

货箱服务运营商模型允许使用特种货箱,无须高昂的初始投资,即可进行智能型货箱管理,不需要面临过多的困难障碍。这就对中小型企业特别有吸引力,因为这类企业通常不愿对特种货箱进行投资。基于实际使用的服务计费,还使跨越企业的合作项目更加容易实施。例如,对于具有共同经营行动的客户,可以避免各自分别进行单独投资,从成本收益共享的角度来看,供应链中的合作伙伴可以根据今后各自的收益,分别负担相应的投资。这给货箱制造商带来了巨大的机遇,可以显著地扩大其产品市场,并从其他相关领域赢得更多的新客户,还可以从长远角度确保他们在全球竞争中的未来。

参考文献

1. Porter M, Heppelmann J (2015) How smart, connected products are transforming companies. Harv Bus Rev 2015:96–112
2. Mattern F (2005) Die technische Basis für das Internet der Dinge. In: Fleisch E, Mattern F (Hrsg) Das Internet der Dinge. Ubiquitous Computing und RFID in der Praxis: Visionen, Technologien, Anwendungen, Handlungsanleitungen. Springer, Berlin, S 39–66
3. Günthner W, ten Hompel M (2010) Internet der Dinge in der Intralogistik. Springer, Berlin/Heidelberg
4. Meißner S (2015) Adaptive Materialflusstechnik: modulare Transportwagen und Sonderladungsträger für die Materialbereitstellung. 24. Deutscher Materialfluss-Kongress, VDI-Berichte 2234, Düsseldorf
5. Zeiler J et al (2018) Entwicklung des Sonderladungsträgers der Zukunft. ZWF 113(1–2):37–40
6. Kampker A et al (2012) Geschäftsmodell für den Betrieb von Pools modularer Sonderladungsträger. ZWF 107(12):932–936
7. Attig P (2010) Komplexitätsreduktion in der Logistik durch modulare Sonderladungsträger. Apprimus-Verlag, Aachen
8. Romer M, Meißner S (2018) Das Internet der Behälter. Der intelligente Sonderladungsträger und dessen cloudbasiertes Service-System. Industrie 4.0 Management 37(3). (submitted)
9. Osterwalder A et al (2015) Value proposition design. Campus, Frankfurt am Main

第5章　信息驱动的物联网业务模式的益处和框架条件

多米尼克·施耐德（Dominik Schneider），弗朗克·魏瑟林克（Frank Wisselink），克里斯蒂安·切阿内科基（Christian Czarnecki）

在数字化日益发展的背景下，物联网被视为一种技术驱动力，它可以在不同参与者之间建立一种全新的业务模式。这里，可确定的主要参与者包括传统的工业企业、市政管理当局和电信公司。后者，通过提供网络连通性，确保了各种带有蓄电池的小型设备几乎无所不在地直接连接到互联网。目前，市场上已经有许多物联网的案例，可以简化最终用户工作，如荷兰飞利浦公司的智能开关。除了基于网络连接的业务模式之外，信息驱动的业务模式还有一个很大的潜力，就是支持企业继续开发和改进现有的业务模式。例如，德国电信公司的物联网应用示例"停车与快乐（Park and Joy）"，使用传感器将城市内的停车位联网，并向汽车驾驶员实时通告仍然空闲的车位。信息驱动的业务模式可以使用物联网应用中生成的数据。例如，一家电信公司就可以借此营利和创造增值效益，本质上，它是从数据中推导出的与决策相关的信息，即见解，用于提高决策敏捷性。此外，好的见解可以货币化。只有谨慎地行事并考虑决策所需的框架条件，才能将见解货币化持续地进行下去。在本章中，将讲解信息驱动的业务模式的概念，并通过具体的案例"停车与快乐"，进一步给予详细的说明。此外，还讨论了与此相关的经济收益、风险和框架条件。

5.1　物联网作为数字化转型的技术驱动力

目前，在数字化转型这一主题下，在理论和实践中，都在讨论这种破坏性技术引发的商业、社会和个人生活的根本变化[1-3]。数字化转型的挑战是战略、组织和文化问题的结合，这些问题远远超出了技术本身的作用范围[4,5]。目标必须是深刻地理解创新技术与数字业务模式之间的联系，以及所引发的企业组织、价值链和产品市场的变化[6-8]。

在这种情况下，物联网被认为是一种很有前途的颠覆性技术[9]，因为与以前的许多创新和技术进步相比,它的发展速度快了 2~3 倍[10]。国际电信联盟(ITU)已将物联网定义为全球性信息社会中的基础设施,它在现有的信息技术基础上,连接物理和虚拟事物,提供更高级别的服务,不断地发展可互动的信息和通信技术[11]。

仅推出短短几年后,物联网在 2016 年就形成了一个由大约 64 亿个硬件设备组成的网络[12]。相比之下,2016 年在全球范围内,只有约 39 亿台智能手机[13]、34 亿互联网用户[14]和 16 亿台家庭电视[15]。由此可见,物联网似乎并非美国高德纳咨询公司在 2011 年所归类的炒作对象[16]。当时,物联网与机器对机器通信(M2M)第一次出现在高德纳咨询公司的炒作周期内[16]。物联网的发展经历了四个阶段(图 5.1)[17]。第一阶段为机器对机器,在当时,仅包括机械或电子设备的简单联网,以及设备之间的自动交换[18,19]。这导致了下一个阶段的发展,即物联网 1.0,它额外增加了传感器的联网和监控,使用仪表板进行设备管理。在随后的物联网 2.0 中,就可以物联网设备之间进行数据交换,并基于该数据进行初步分析。从那时起,物联网不再仅仅是设备联网的推动者,而是作为一个中间件,介入到应用软件中。如今,物联网正面临着更大的突破,升级到物联网 3.0。这将带来全面的生态系统、新型的行业服务以及具有更高级分析功能的服务平台。

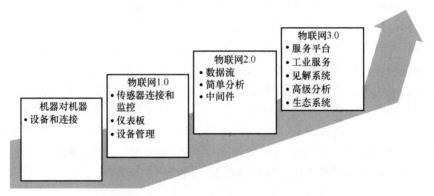

图 5.1 从机器对机器到物联网的演化[17]

从物联网 2.0 到物联网 3.0 的突破,起到推进作用的是低功耗广域网络(LPWA)技术。这种通信技术的主要特征就是高能效和长距离传输,同时成本低。低功耗广域网络技术的一个示例就是窄频物联网(NB-IoT)。窄频物联网在 2016 年实现了标准化,使设备能够高效节能地直接通过移动网络联网并连接到互联网[20]。这使设备可以在远距离范围内独立地进行通信。截至 2017 年 10 月,全球已经有 21 个商用窄频物联网[21]。

借助窄频物联网技术,物联网具备了更大的收益潜力[41],因为这增加了可互相连接设备的数量,以及实现设备之间数据交换的可行性[20]。设备数量的强劲增长,创建了大量的数据信息,尽管每个单独设备通过窄频物联网传输的数据并不多。物联网3.0的高级分析功能有助于从物联网数据中提取出决策信息,即见解,可以提供决策的敏捷性。因此,在数字化转型的背景下,物联网被视为一个技术驱动力,通过这种方式,新型的业务模式可以出现在不同参与者的互动过程中[2,20]。这里的参与者主要是传统的工业企业、城市市政当局和电信公司[22]。后者通过提供网络连通性,使带有微型蓄电池的小型设备几乎可以在任何地方直接连接到互联网。除此之外,工业企业正在开发带有更长寿命电池的硬件设备。

例如,NOWI公司与荷兰的T-Mobile公司合作开发的一种传感器,利用了一种从4G网络进行发电的技术[23]。这种技术称为能量收集,如它具有从通信信号中提取少量能量的可能性。另外,能量收集还可以利用来自光、振动和热的能量。尽管所获得的能量非常有限,但是窄频物联网的功耗很低,可以使传感器长期持续工作[24]。这就为某些实际应用创建了技术基础,而这在以前是不可能的。例如,道路中的温度传感器,可以永久地嵌入在路面、混凝土板或瓷砖中,以测量其表面温度[24]。当前,荷兰铁路基础设施(ProRail)公司正在荷兰的代尔夫特(Delft)测试这种应用,他们使用NOWI公司的无电源传感器,将它们嵌入到车站站台的瓷砖之间,以测量站台的表面温度[25]。当温度接近冰点时,传感器就会发送提醒信号。这样,他们可以有针对性地解决车站站台结冰,造成的行人打滑问题,在适当的时间播撒盐沙化冰。将来,通过使用节能通信技术,这种寿命几乎无限的传感器将可以用于消费市场。荷兰飞利浦公司已经推出了一种触摸开关,它利用了按下按钮时产生的动能,因此不再需要电池[26]。在住宅和公寓中,这种触摸开关可用作遥控器,如一次性关闭室内所有的照明灯[26]。在电子产品消费市场中,这种无须电池的无线传感器可以是智能手表或健身手环等[24,27]。

这些示例充分说明了物联网技术与实际应用之间的紧密联系,就业务模式的创新潜力,以及在新型结构化价值链中的具体实现而言,数据信息的收集和处理非常重要。在上述案例中,物联网的附加值主要来自于其连通性和提供与决策相关的信息的组合。在这种情况下,可以通过不同的方法在各个执行者之间划分责任。因此,从工业企业的角度来看,一个可行的建议应该是围绕工业企业设计生态系统[28]。如果要通过公共电信网络(如移动网络)实现连接,则电信公司的参与必不可少。本章从电信公司的角度,讨论不同参与者共同设计的物联网案例。在这里,要区别以下两种情况:①电信公司将仅提供连通性服务。②在前面的基础上,电信公司还提供其他服务,这些服务都是通过洞察力(见解)营销来实现的,以下称为信息驱动的业务模式。以此作为基础,5.2节中，将以 ProRail 公司和 NOWI 公司为例，更详细地讨论这其中的价值创造。随后，以德国电信公司（Deutsche Telekom AG）的"停车与快乐"为例，5.3 节中介绍新型信息驱动的业务模式，未来，这将与许多的物联网应用密切相关。这里，还特别讨论了信息驱动业务模式的经济效益、风险和框架条件（第 5.4 节）。第 5.5 节进行了总结和展望。

5.2 物联网的新型应用示例：从见解中获得价值创造

当今的信息技术市场上，已经存在了许多物联网应用示例，它们简化了对终端客户的服务，为社会创造了新的经济价值[41]。自 2016 年窄频物联网标准化以来，窄频物联网的应用变得越来越重要[30]，因为它们进入到了物联网的第三个发展阶段，即物联网 3.0。那么，为什么窄频物联网对于新型的物联网应用如此重要呢？

许多物联网应用都要求其相应设备的尺寸要尽可能的小。但是，小型的物联网设备需要配备合适的小型电池。因此，物联网设备就依靠节能型的通信技术，来从较长的电池使用寿命中受益[24]。某些实际应用，如跟踪，都是面向移动应用程序的，且以无线通信的物联网设备作为技术前提。而对于智能电表之类的应用，因为这类物联网设备要安装在深层地下室内，就需要一个具有高穿透能力的通信技术[20]。其设备和连通性的成本都要低。窄频物联网可以满足所有这些要求，因此被视为新型物联网应用的一个先驱。下面，将详细说明第 5.1 节提及的 NOWI 公司和 ProRail 公司的示例，即在通信技术或物理逻辑上，物联网是如何构建的，并探讨不同的合作伙伴在互动中可挖掘的潜力。这一节的重点是强调电信公司在现有的物联网应用中所扮演的重要角色及其业务模式。因此，这些示例的重点就是在不同设备之间提供物联网连接。

如前所述，窄频物联网支持 NOWI 公司和 ProRail 公司的共同应用项目，即在荷兰代尔夫特火车站的站台上安装和使用无电源温度传感器，以防止出现表面低温结冰、行人打滑的现象[25]。在实现这一实际应用的过程中，将多个温度传感器接入窄频物联网，当温度低于某一特定值时，传感器就会发送一个警告信号。传感器通过窄频物联网将所测得的温度数据传输到云中。图 5.2 基于某些假设和以往项目积累的经验，简单地说明了实现这一应用可能性。历史和当前的数据信息可以存储在云中，如传感器识别码、传感器具体位置、测量的时间和日期以及所测量的温度值。借助一些简单的分析方法，可以从现有的数据中获取更多的决策信息，以保证行人和乘客安全。对于 ProRail 公司的项目而言，最重要的数据信息是站台上准确位置处的表面温度以及相关信息，即在什么时间、在站台上的哪个具体位置可能会出现结冰的危险。如果这些传感器可以提供足够的数据信息，则通过简单的数据分析，ProRail 公司就可以迅速且更有针对性地启动相应的预防措施。决策敏捷性应运而生。由于 ProRail 公司始终掌握着站台表面的温度情况，可以在必要时，在准确的时间、正确的站台位置撒盐沙解冻。可见，当重要的数据信息导致了决策行动的敏捷性时，还产成了附加值[20]。在此应用中，主要为 ProRail 公司和荷兰国家铁路公司创造了附加值。一方面，这避免了站台结冰打滑，结冰打滑对乘客和工作人员可能是非常危险的。另一方面，ProRail 公司可以采取更加有效的措施（撒盐），以节省运营成本。避免火车站台结冰打滑，还意味着乘客可以更快地上、下火车，以避免可能会发生的其他意外事故。最终，这可以提高冬季火车运营的准点率。这些复杂的利益关系可看作物联网应用的典型示例，通常出现在不同参与者之间的互动中。

下面，仍以 ProRail 公司的项目为例，讨论不同参与者之间互动的实施方案。图 5.2 不仅清楚地说明了如何实现，而且以简化的方式，将具体的实施细分到了技术或逻辑层面。就物理实现而言，就是在站台表面安装传感器。传感器代表了设备层，该设备层还包括其他的硬件组件，如执行器。传感器由 NOWI 公司与荷兰的 T-Mobile 公司共同开发和提供[24]。在设备层上面是访问网络服务。因为窄频物联网是一个移动通信标准，通常由电信公司，如荷兰的 T-Mobile，提供网络连接服务。中间层描述了横向服务，它并不依赖于底层设备和数据传输技术。这一层包括云服务，这种云服务通常由硬件或软件服务供应商提供，如国际商用机器公司（IBM）、微软（Microsoft）或思爱普（SAP）提供[42]。但是，Dual Inventive 这样的硬件制造商[31]和德国电信公司（Deutsche Telekom AG）也提供这种云服务，用于控制和监控物联网设备[32]。在智能数据分析层，更多的相关信息来自现有数据，用于更高层次的敏捷行动和决策。通常，智能数据分析是一个集成在横向服务中的组件，但也由不同的提供商单独提供。NOWI 公司和 ProRail 公司的横向服务和智能数据分析均由相应的服务提供商提供。

这里所描述的窄频物联网应用案例及其框架结构（图 5.2）可以视为大量现有应用案例的示例。这些应用程序的重点都是实现连通性，在具体示例中，重点是与平台上大量传感器的连接。可相对容易地对所收集到的数据进行分析，如监控 ProRail 公司项目中站台表面的温度。根据上述层次体系结构进行具体的责任分工。例如，电信公司主要负责物联网的物理层，即网络连接和设备配置，具体来讲，仅涉及物联网的连通性，可能还提供传感器。在这种类型的应用程序中，数据主权通常属于从自己的角度分析所收集的数据的参与者。电信公司并不对来自不同数据源的数据进行汇总，也不对数据按需求进行解释。在这方面，除了提供物联网的连通性之外，电信公司还有很大的经营潜力，为端到端（End-to-End）价值链的其他部分做出贡献。

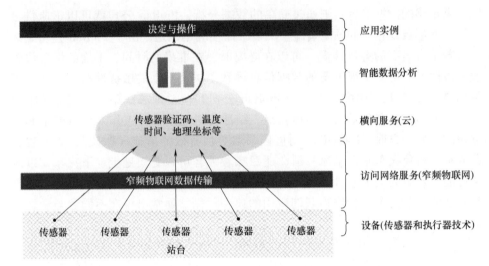

图 5.2 温度传感器将数据通过窄频物联网发送到云进行分析

其中一种可能性是信息驱动的业务模式，该模式构建在上述三个技术和逻辑层次之上（图 5.2）。对电信企业来讲，仅仅基于物联网连通性的业务模式正面临着越来越大的经营效益压力，因为相对于电信公司的总收入，物联网连通性的收入所占的份额较低，但从长远来看，提供物联网的连通性仍将是其核心业务。因此，电信公司需要通过新型的信息驱动的业务模式，来支持和扩展自己传统的业务模式内容，以在物联网市场中发挥其核心作用。在 5.3 节中，将详细地说明如何通过信息驱动的业务模式，进一步开发和扩展现有的物联网应用。

5.3 决策的敏捷性和独特性决定了物联网的价值创造

除了提供物联网的连通性之外，物联网的应用还为电信公司开拓了其他业务经营的可能性，借助信息驱动的业务模式进行更多的价值创造。因此，电信公司也应关注自身信息驱动的业务模式的开发，以支持和发展现有的业务模式。借助信息驱动的业务模式，通常谋求以下目标：从所收集的数据中获取更多的重要信息（见解），并使用它来提高经营决策的敏捷性，由此实现企业经营的价值创造。要从大量结构化或非结构化的数据中快速提取见解性的信息，就需要相应的高级算法以及大数据分析[20]。从见解中可以产生经济效益，即从数据分析业务中创造额外的增值。信息驱动的业务模式建立在数据的基础上，这些数据是从物联网的实际应用中不断生成的。此外，这些见解由其他的数据源给予信息补充，如社交媒体、客户关系管理系统或生产系统，都可以融入大数据分析中，并按照具体意义进行组合。

第 5 章
信息驱动的物联网业务模式的益处和框架条件

在物联网应用中，引入信息驱动业务模式的另一个示例，就是德国电信公司的"停车与快乐"项目，即使用传感器将停车位的信息联网，并通过相应的应用软件，实时地向汽车驾车者通告可用的停车位信息。另外，这一应用还允许用户直接通过应用软件预订车位和支付停车费用[29]。这涵盖了整个停车过程，从查找停车位到预订和停车再到最后的付款[33]。从技术角度讲，停车与快乐通过传感器检测停车位的状态，即某个停车位是空闲的还是被占用的[33]。通过窄频物联网，传感器将采集的数据发送到德国电信公司的一个安全云端[33]，该云端充当数据分析的数据源。分析结果在应用软件中实时提供，给出某一城市中某一地段可用停车位的概况[33]。

诸如"停车与快乐"之类的应用案例，与上述 ProRail 公司的项目一样，通常都是由图 5.2 所示的技术和逻辑层组成的。但是，参与者的责任分工各有不同。在信息驱动的业务模式中，电信公司仅充当一个中介机构的角色。除了提供传感器和网络连接之外，它还提供横向服务（如自身的云技术）、智能数据分析方法以及应用软件（App）。因此，在这些应用中，电信公司在端到端的价值创造中占有非常重要的份额。那么，在基于信息驱动的业务模式中，物联网端到端应用的价值创造是什么？

为了分析物联网应用中端到端价值创造的效果，已经在一些准备工作中开发了不同的实验模型。

德国业务分析师施耐德（Schneider）等人提出了一种分析方法[20]，其核心要素是调查企业的业务关系，尤其是物联网合作伙伴之间的数据和信息流。分析这种模型的价值创造过程，表明要实现物联网应用，就需要一个新型的合作伙伴模式[20]。此外，只有明确地考虑了最终客户的利益，并且始终关注着客户本身的价值[34]，实际的应用案例才能实现价值。对于大多数应用而言，使用大数据分析物联网数据就可以为最终用户生成各种效益。根据魏瑟林克等人的模型，大数据分析为企业创造价值[35]，只需从大量结构化和非结构化的数据中提取更有价值的信息（见解），且将这些信息用于运营决策和敏捷行动（图 5.3）[35]。

德国联邦信息技术、电信和新媒体协会（Bitkom）的一份报告[36]描写了如何从大量的数据中得出对决策非常重要的自动化决策。如同在"停车与快乐"项目中，自动化决策是一个关键的组成部分，使用算法从数据中迅速、实时地生成决策方案，并进行评估和实施（如选择空闲或被占用的停车位）[36]。通过算法对这些备选方案进行评估，从中推导出相应决策的效果越好，其项目应用的价值创造就越大[36]。

在智能停车应用方面，如"停车与快乐"等模型的实际应用表明，特别是电信公司、市政当局和终端客户，是实现这类项目的关键性合作伙伴。通过将

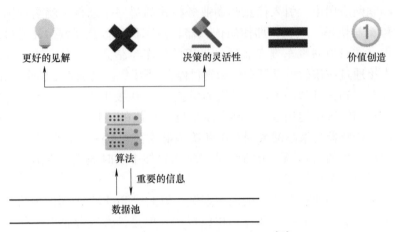

图 5.3　通过数据和算法创造价值[36]

停车位网络化,从所收集的数据中提取数据信息,敏捷地做出相应的决策,可以为所有的合作伙伴带来价值创造效益。这里,要始终着眼于终端客户的利益,这些附加值是参与者通过实际应用生成的。在"停车与快乐"项目的具体应用中,由市政当局和电信公司合作,通过移动应用软件为终端客户提供与决策相关的信息。通过了解哪些停车位可用或已被占用,汽车驾驶员可以更容易地找到具体的停车位。这使驾驶员可以更加敏捷地行动,直接行驶到选定的空闲车位。作为一种价值创造形式,这可以节省寻找车位的时间,并降低总体费用,因为无须寻找停车位,减少了燃油消耗和车辆磨损。在这类应用软件中,逐分钟地记录和显示停车时间,使终端客户能够及时地延长停车时间。而且这样做的附加价值在于,终端客户不必购买超长时间的停车票,避免了可能超时停车的情况,以及因超时而需支付罚款单的风险。

对市政当局或维持公共秩序的部门而言,通过掌握实时的停车场信息,监督和管理任务变得愈发有效。通过获得更多的相关信息,维持公共秩序的部门随时可以了解哪个停车位已被占用,以及汽车驾驶员是否对使用过的车位支付了停车费用。因为可以对停车位逐个进行检查,所以能够更好地提高监督部门的决策准确性,如某一个停车位被占用但使用者并未对其交纳费用。市政当局的价值创造效益体现在通过优化监督和控制方案,更有效地利用和发挥监管人员的作用,并最大程度减少闲置的停车位数量。此外,停车付费数字化,意味着不再需要经营、维护和管理停车记录收费桩,不再需要打印停车票据,因此市政当局可以减少财政开支。对于电信公司而言,主要通过提供窄频物联网的连通性和停车传感器获得相应的经济效益;通过应用软件工具,市政当局向终端客户收取停车费,电信公司可以从中提取部分佣金。

第 5 章
信息驱动的物联网业务模式的益处和框架条件

并非直接地、仅出于具体应用的目的，而是基于可以从案例数据中产生洞察力的分析业务，为市政当局和电信公司创造附加值。从大量的停车数据信息中，如停车场位置、开始停车的时间、停车的时长和所停靠的车辆类型等，可以生成车辆统计数据。利用这些统计数据，市政当局可以在任意的时间了解特定时间更为详细的城市车辆交通信息。例如，这意味着可以对城市交通信号灯和数字化路牌进行灵活的调整，尽可能减少交通拥堵。由此，市政当局可以提高环保效益，如二氧化碳排放量减少，城市和社区将更具吸引力，交通事故也会相对减少。电信公司可以利用上述的统计数据，为市政管理部门提供相应的咨询服务和有针对性的业务指导。此外，可以从这种停车理念中继续推进货币化，以发现和产生更多的附加值。

在上述智能停车的应用案例中，所使用的业务模式说明了如何从见解或洞察力中获得极大的决策敏捷性，以及为合作伙伴创造附加值。由此可见，信息驱动的业务模式具有其独特的性质，在应用示例中，这不仅是端到端的价值创造，还有其本身的业务分析和改进完善。在此，电信公司仅充当一个中介，可以以多种方式应用所生成的知识见解。这与基于纯粹提供连通性的示例的简单分析完全不同。

图 5.4 所示的业务模式形象地说明了基于信息驱动的业务模式的应用，即

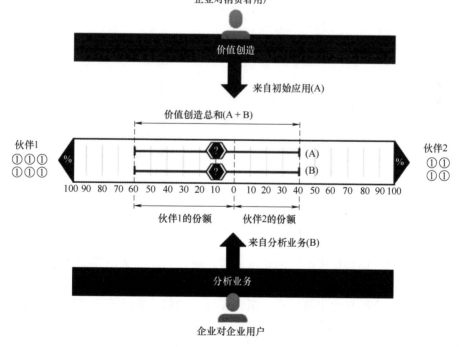

图 5.4 通过初始应用和业务分析价值创造

如何实现端到端的价值创造。该物联网应用模型假设仅有两个合作伙伴。在智能停车应用案例中，这两个合作伙伴分别是电信公司和市政当局，它们在停车场中安装传感器，将其接入物联网，并提供一个停车应用软件。通过这一物联网应用，合作伙伴为其共同的客户，以企业对消费者（B2C）的形式进行价值创造。就两个合作伙伴本身的价值创造而言，其前提是它们共同的客户准备为可能获得的利益支付费用，或者提供其必要的个人数据信息，且从这些数据中，两个合作伙伴仍可继续产生价值创造。在具体的智能停车应用中，客户（亦称消费者）接受和使用停车服务，发布其停车数据信息，并通过应用软件工具为服务付费，从而生成了免费和付费的价值创造。而信息驱动的业务模式的一个特征，就是在其分析业务中继续进行价值创造。对此，合作伙伴可以根据应用过程中生成的数据继续进行分析，生成见解，并将其提供给另一个终端客户，即企业对企业（B2B）客户。如果一个B2B客户能够参考和利用这些见解，提高自身的决策敏捷性，就可以进一步进行价值创造，将这些见解继续货币化。一般来讲，为了能够进一步营利，所需要的不仅是与决策相关的信息和反应的敏捷性，其经营方式也要独树一帜。这是因为只有在其竞争对手根本无法提供，或者其产品和服务质量不高的情况下，这些见解才有其真正的经济价值和社会价值[37]。因此，对于图5.3中的价值创造模型，必须补充上"独树一帜"这一特性，以考虑到其市场效应和影响力（图5.5）。

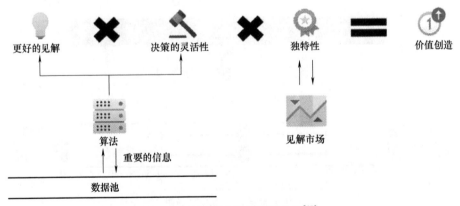

图 5.5　见解货币化的独特表现[37]

从供应商（即合作伙伴）的角度来看，重要的是要考虑到价值创造的收支平衡只能是正数，即在经济上要有所收益，也就是说，见解的独特性产生的价值要大于生成见解及应用风险或货币化风险的费用之和。为了可持续地将见解货币化，还必须遵守某些框架条件，这将在5.4节中详细说明。如果两个合作伙伴利用分析业务本身的见解来优化自己的业务，也能产生价值创造。这样，初始应用案例的价值创造,以及后续分析业务的价值创造,就可以为两个合作伙伴带来总的价值创造。通常,价值创造总和的分配取决于具体的应用情况,一般通过合作方谈判和所订立的合同给予确定。在合作伙伴之间,初始应用和后续分析业务产生的价值创造,其具体分配不必相同。

5.4 在信息驱动的业务模式中分析业务的框架条件

只有采取谨慎的行动并满足相应的框架条件,见解的货币化才有可能可持续地发展[36]。在本节中,将详细说明电信行业将见解货币化的关键框架条件。与某个行业中的领军供应商相比,建立客户的信任对电信公司而言是一个具有特殊意义的特征[38]。它必须始终一致地维护客户的信任[39]。为了确保长期获得客户的信赖,信息驱动的业务模式需要明确定义其道德原则和准则。对此,当前的一个示例就是德国电信公司的经营指南[40]。除其他规定事项外,这个指南就是要确保德国电信公司以可持续的方式经营。从电信提供商的角度考虑,图 5.6 所示的模型描述了可持续性见解货币化的基本原理[37]。在接受智能停车等服务之前,客户必须同意向服务商提供相关的个人数据。这时,客户将会权衡所提供的服务与其预期的费用支出(见图 5.6 中的第 1 点)。因此,提供商必须提供具有吸引力的服务项目,使其价值创造高于所预期的成本费用。一旦客户同意提供商使用他的数据信息,电信公司就可以从中产生见解性方案,并可持续地将其货币化(见图 5.6 中的第 2 点)。

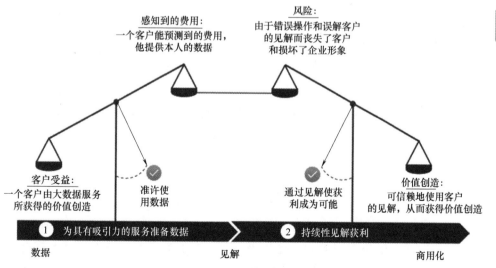

图 5.6 均衡方案:利用大数据为客户提供服务[37]

这里始终要考虑的是，见解的货币化是一个非常敏感的问题，其中涉及了许多风险。对于电信公司而言，客户的信赖非常重要。失去客户的信赖将会直接影响企业的总销售额，因此应将此类风险降低到最低，确保可持续地创造价值。只有在这种情况下，见解货币化才可以为电信公司和客户双方创造价值，这是一个双赢的局面[37]。反之，如果价值创造与风险之间的平衡倾斜，提供给客户的预期服务成本就会增加，就会导致双输的局面[37]。

智能停车应用中的业务模式如图 5.7 所示，假设此应用中仅有一个电信公司和其相应的合作伙伴，如市政当局。可以预料，在"停车与快乐"（Park and Joy）之类的智能停车应用中，给客户带来的利益将会很大，而预期中获得数据的成本很低。这应该归因于颇有吸引力的服务内容和客户对电信公司的信赖，客户同意电信公司使用其个人数据，企业从停车数据中生成见解，这两个前提条件都得以满足。由于停车数据是在电信公司内部使用和进行处理的，因此丧失客户和形象的风险很低。这样的智能停车应用模式在当今市场上具有独特性，所以可以产生很高的价值创造。只要能维持客户的信赖，预期的运作成本就可以很低，因此见解就能够以可持续的方式货币化。

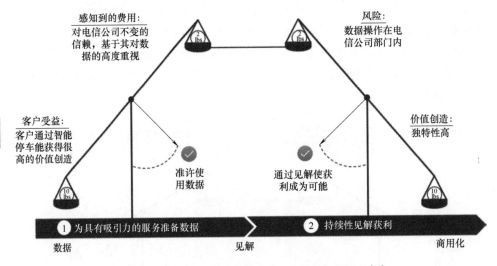

图 5.7　电信公司的智能停车应用将其见解货币化[37]

在图 5.8 所示的智能停车应用案例中，其业务模式看起来与前者有所不同，因为这里不仅有电信公司和合作伙伴，还有另一个参与者，如一个行业中的领军企业（Over The Top）。假设希望实现与一个行业领军企业合作，将物联网应用建立在它的地图数据上，如谷歌地图（Google Maps）。如果提供一个更具吸引力的智能停车服务，客户的收益可能仍会高于其自身的感知成本，这就是为什

第 5 章
信息驱动的物联网业务模式的益处和框架条件

么客户通常会同意电信企业使用其个人数据。但是，预计的费用可能会比没有行业领军企业参与时的方案高，因为领军企业的直接可信赖度较低，并且仅仅是从电信公司转移而来。在这样一个合作模式中，数据主要不在电信服务商的范围内使用，而是由领军企业处理数据，因此对于电信公司而言，存在着很高的经营风险。领军企业的数据保护问题会转移给电信公司，这可能会直接导致电信公司丧失客户，损害企业形象。同时，由于行业领军企业也可以从数据中生成见解，则见解的独特性也随之消失。这样，可持续的货币化是不可能了，因为一方面不能提供见解的独特性；另一方面，高风险也可能会影响到预期的费用。如果客户的收益低于预期支付的费用，则可能客户不再同意，或者撤销服务提供方对其数据的使用权力。

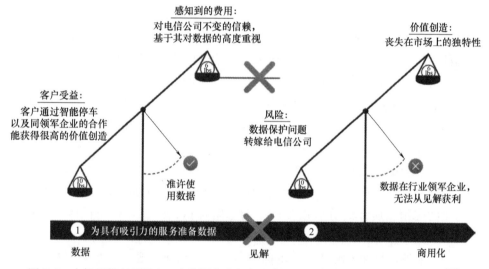

图 5.8　在智能停车项目中，电信服务商与行业领军企业合作所产生的见解货币化[37]

如果客户失去了对电信服务商的信任，当客户迁移时，电信服务商不仅见解的货币化会遭受损失，其核心业务也将会受创[37]。根据德国电信国际咨询公司的估计，电信服务商大约有 90% 的销售额来自核心业务，而最多只有 10% 来自信息驱动的业务模式[37]。这意味着在采用信息驱动的业务模式时，电信公司必须非常谨慎且确保可持续性，信息驱动的业务模式仅应在具备客户的信赖以及明确的指导原则下进行。

5.5　总结

在颠覆性信息技术的推动下，目前，在理论研究和生活实践中都在讨论由此所导致的巨大变革，这涉及工商业、社会组织和个人生活的方方面面，也被称为数字化转型。在这当中，物联网是一个非常重要的技术驱动力。由于物联网的日益普及，尤其是得益于窄频物联网技术实施的可能性，可以让不同的参与者之间进行交流互动，进而产生许多新型的业务模型。当前，最主要的参与者还是传统的工业企业、市政当局和电信公司。而在当今的众多物联网应用中，电信公司所做出的主要贡献，仍可以说仅仅提供了物联网的连通性。虽然电信公司并不支持整个的端到端（End-to-End）价值链，但这当中仍然蕴藏着巨大的潜力。除了提供物联网的连通性之外，电信公司还应该参与和支持价值创造的其他组成部分，借助信息驱动的业务模式来拓展其本身的传统业务模式。因此，本章提出了信息驱动的业务模式的概念，并讨论了其经济效益、经营风险和所需的框架条件。

谈到信息驱动的业务模式，其宗旨在于从所收集的数据中获取重要的见解性信息，并利用它们来提高决策的敏捷性，进而产生价值创造。较为简单的物联网应用仅需两个合作伙伴就可以实现，为共同的企业对消费者（B2C）客户创造附加值。实现初始的物联网应用，对合作双方而言，只是生成了一种免费形式的附加值，这是因为 B2C 客户已准备支付费用，并提供自身的数据信息。从来自实际应用的原始数据，可以提炼出见解性的信息，并将其进一步货币化。进而，将这些见解提供给一个企业对企业（B2B）客户。如果这个 B2B 客户能够利用这些见解，提高其决策的敏捷性，就又生成了附加值，继续实现盈利。从初始的应用和后续的分析业务产生的总附加值，必须在合作伙伴之间协商分配。

为了能够从总体上将见解（也称洞察力）货币化，要求见解必须具有其独特性。也就是说，见解只有在其他的提供商无法提供，或者不能保证应有的质量情况下，才有其真正的经营价值。在将见解货币化时，必须始终记住这是一个非常敏感的问题，还将涉及许多经营风险。例如，见解货币化有可能会使客户丧失对企业经营的信任，进而影响企业的总销售额，因此导致客户流失。这不仅会造成见解货币化的经营损失，还会使其核心业务受到影响。因此，应将这种风险降至最低，以确保持续性地推进货币化。对此，就需要明确的道德原则和行为指南。

本章的内容首先是基于对一个物联网实际应用的分析和评估。接着是尝试对该应用进行修改完善，如可以参考多个实际项目，或者通过咨询调查。具体设计这种价值创造网络，以实现窄频物联网的商业应用，在将来仍是需要进一步研究和探讨的问题。

第 5 章
信息驱动的物联网业务模式的益处和框架条件

参考文献

1. Fitzgerald M, Kruschwitz N, Bonnet D, Welch M (2013) Embracing digital technology. MIT Sloan Manag Rev (Research Report), 3–12
2. Urbach N, Ahlemann F (2017) Die IT-Organisation im Wandel: Implikationen der Digitalisierung für das IT-Management. HMD Praxis Wirtschaftsinform 54:300–312. https://doi.org/10.1365/s40702-017-0313-6
3. Cole T (2017) Digitale Transformation: warum die deutsche Wirtschaft gerade die digitale Zukunft verschläft und was jetzt getan werden muss!
4. Bensberg F, Buscher G (2016) Digitale Transformation und IT-Zukunftsthemen im Spiegel des Arbeitsmarkts für IT-Berater – Ergebnisse einer explorativen Stellenanzeigenanalyse. In: Tagungsband zur Multikonferenz Wirtschaftsinformatik (MKWI) 2016. Technische Universität Ilmenau, Ilmenau, S 1007–1018
5. Jung R, Lehrer C (2017) Guidelines for education in business and information systems engineering at tertiary institutions. Bus Inf Syst Eng 59:189–203. https://doi.org/10.1007/s12599-017-0473-5
6. Kreutzer R, Neugebauer T, Pattloch A (2017) Digital business leadership: digitale Transformation – Geschäftsmodell-Innovation – agile Organisation – Change-Management. Springer Gabler, Wiesbaden
7. Legner C, Eymann T, Hess T et al (2017) Digitalization: Opportunity and Challenge for the Business and Information Systems Engineering Community. Bus Inf Sys Eng 59:301–308. https://doi.org/10.1007/s12599-017-0484-2
8. Morakanyane R, Grace A, O'Reilly P (2017) Conceptualizing digital transformation in business organizations: a systematic review of literature. In: BLED 2017 proceedings, Bled
9. Bensberg F, Buscher G (2017) Treiber der Digitalisierung – Transformationale Informationstechnologien im Spiegel des Arbeitsmarkts. Anwend Konzepte Wirtschaftsinform 6:76–85
10. International Business Machines Corporation (2004) Global innovation outlook. International Business Machines Corporation, New York, S 6
11. International Telecommunication Union (2012) Internet of things global standards initiative (ITU-T Y.2060). https://www.itu.int/en/ITU-T/gsi/iot/Pages/default.aspx. Zugegriffen am 02.01.2018
12. Gartner, Inc. (2017) Gartner Says 8.4 Billion connected things will be in use in 2017, up 31 percent from 2016. https://www.gartner.com/newsroom/id/3598917. Zugegriffen am 02.01.2018
13. GSMA Intelligence (2016) The mobile ecomony 2016: smartphones expanding beyond the developed world. GSMA Head Office, London, S 14–15
14. Internet Live Stats (2016) Number of internet users. http://www.internetlivestats.com/internet-users/. Zugegriffen am 02.01.2018
15. Digital TV Research Ltd. (2017) Press release 12th June 2017: Global TV households by platform. S 2
16. Gartner, Inc. (2011) Gartner's 2011 hype cycle special report evaluates the maturity of 1900 technologies. https://www.gartner.com/newsroom/id/1763814. Zugegriffen am 04.01.2018
17. IBM (2014) Two worlds of technology are converging. https://sgforum.impress.co.jp/article/312?page=0%2C3. Zugegriffen am 12.02.2018
18. Knoll T, Lautz A, Deuß N (2016) Machine-to-Machine communication: from data to intelligence. In: Vogel-Heuser B, Bauernhansl T, ten Hompel M (Hrsg) Handbuch Industrie 4.0: Produktion, Automatisierung und Logistik. Springer, Berlin/Heidelberg, S 347–356
19. Czarnecki C, Dietze C (2017) Reference architecture for the telecommunications industry: transformation of strategy, organization, processes, data, and applications. Springer, Berlin.
20. Schneider D, Wisselink F, Czarnecki C (2017) Qualitative Wertschöpfungsanalyse von Anwen-

dungsfällen des Narrowband Internet of Things. In: Barton T, Herrmann F, Meister V, Müller C, Seel C (Hrsg) Angewandte Forschung in der Wirtschaftsinformatik: Prozesse, Technologie, Anwendungen, Systeme und Management. Aschaffenburg, S 184–193

21. Huawei Technologies Co., Ltd. (2017) NB-IoT commercial premier use case library. https://www.gsma.com/iot/nb-iot-commercial-premier-use-case-library/. Zugegriffen am 04.01.2018
22. Schneider D, Wisselink F, Czarnecki C (2017) Transformation von Wertschöpfungsketten durch das Internet der Dinge – Bewertungsrahmen und Fallstudie. In: Eibl M, Gaedke M (Hrsg) Lecture Notes in Informatics (LNI) – proceedings, Bd P-275. Chemnitz, S 2081–2094
23. BTG (2017) Nooit meer batterijen: IoT – sensoren van NOWI halen stroom uit 4G. https://www.btg.org/2017/08/09/nooit-meer-batterijen-iot-sensoren-nowi-halen-stroom-4g/. Zugegriffen am 17.01.2018
24. Weber D, Schilling C, Wisselink F (2018) Low power wide area networks – the game changer for internet of things. In: Krüssel P (Hrsg) Future Telco: successful positioning of network operators in the digital age. Springer International Publishing, Cham, S 183–193
25. ProRail (2017) Gericht strooien door slimme perrontegels. https://www.prorail.nl/nieuws/gericht-strooien-door-slimme-tegels. Zugegriffen am 18.01.2018
26. Philips (2018) Hue Tippschalter. https://www.philips.de/c-p/8718696498026/hue-tippschalter/ubersicht. Zugegriffen am 02.02.2018
27. Fellmann M, Lambusch F, Waller A, Pieper L, Hellweg T (2017) Auf dem Weg zum stresssensitiven Prozessmanagement. In: Eibl M, Gaedke M (Hrsg) INFORMATIK 2017. Gesellschaft für Informatik, Bonn, S 863–869
28. Terrenghi N, Schwarz J, Legner C (2017) Representing business models in primarily physical industries: an ecosystem perspective. In: Maedche A, vom Brocke J, Hevner AR (Hrsg) Designing the digital transformation. DESRIST 2017 research in progress proceedings, Karlsruhe, S 146–153
29. Deutsche Telekom AG (2017) Hamburg macht Parken einfach – Mit der Telekom freie Parkplätze finden, buchen und bezahlen. https://www.telekom.com/de/medien/medieninformationen/detail/hamburg-macht-parken-einfach-488342. Zugegriffen am 27.09.2017
30. Statista (2017) Number of cellular Internet of Things (M2M and NB-ioT) connections worldwide from 2015 to 2021. https://www.statista.com/statistics/671216/global-m2m-and-nb-iot-connections-forecast/. Zugegriffen am 22.01.2018
31. Dual Inventive (2018) Services and products that serve to make working on railway infrastructure safer. https://www.dualinventive.eu/en/services. Zugegriffen am 24.01.2018
32. Deutsche Telekom AG (2018) Zentrale Plattform zur Steuerung und Überwachung. https://m2m.telekom.com/de/unser-angebot/cloud-der-dinge/cloud-der-dinge-details/. Zugegriffen am 24.01.2018
33. Park and Joy (2018) Einfach parken. Einfach Zahlen. https://www.parkandjoy.de/. Zugegriffen am 05.02.2018
34. Arnold HM (2015) Zum Geleit: Datability und Digitalisierung. In: Linnhoff-Popien C, Zaddach M, Grahl A (Hrsg) Marktplätze im Umbruch. Springer, Berlin/Heidelberg, S 705–712
35. Wisselink F, Horn T, Meinberg R, Obeloer J, Ujhelyiová D (2016) The value of big data for a telco: treasure trove or pandora's box? In: Detecon International GmbH (Hrsg) Future telco reloaded: strategies for successful positioning in competition. Detecon International GmbH, Köln, S 151–161
36. Bitkom (2017) Entscheidungsunterstützung mit Künstlicher Intelligenz – Wirtschaftliche Bedeutung, gesellschaftliche Herausforderungen, menschliche Verantwortung. Bitkom, Berlin, S 66–77
37. Wisselink F, Schneider D (2018) The Artificial Intelligence Challenge: How Telcos can obtain a Grand Prix for Insights Monetization. In: Krüssel P (Hrsg) Future Telco: successful positioning

of network operators in the digital age. Springer International Publishing, Cham, S 337–345
38. Institut für Demoskopie Allensbach (2016) Sicherheitsreport Bevölkerung 2016. Deutsche Telekom/T-Systems, Bonn
39. Wisselink F, Meinberg R, Obeloer J (2016) Vertrauensvoll Mehrwert für Kunden schaffen. In: Hauk J, Padberg J (Hrsg) Der Kunde im Fokus der digitalen Transformation. Detecon International GmbH, Köln, S 74–79
40. Deutsche Telekom AG (2018) Die neuen Leitlinien der Telekom zum Einsatz von künstlicher Intelligenz. https://www.telekom.com/de/konzern/digitale-verantwortung/details/ki-leitlinien-der-telekom-523904. Zugegriffen am 07.06.2018
41. Nölle N, Wisselink F (2018) Pushing the right buttons: how the internet of things simplifies the customer journey. In: Krüssel P (Hrsg) Future Telco: successful positioning of network operators in the digital age. Springer International Publishing, Cham, S 327–336
42. Evans B (2017) The top 5 cloud-computing vendors. https://www.forbes.com/sites/bobevans1/2017/11/07/the-top-5-cloud-computing-vendors-1-microsoft-2-amazon-3-ibm-4-salesforce-5-sap/#41e2b6666f2e. Zugegriffen am 21.02.2018

第 6 章 创新型业务模式样本和信息技术影响范围之间的匹配

评估信息技术作为数字化业务模式创新的推动力

格博里埃尔·容特-迪特里希（Gabriele Roth-Dietrich），
米夏埃尔·格略舍尔（Michael Gröschel）

在数字化转型的压力下，企业需要不断地修改或重塑他们的业务模式。如同许多示例所表明的那样，在红海徘徊过久，其后果就是危及生存。但是在企业管理中，业务模型创新也会遇到各种困难和障碍，而这些可以借鉴某些企业已成功的方法来解决，如圣加仑商业模式导航器的结构化方法。这一商业模式的方法收集了 55 种已成熟的业务模式样本，为重新设计企业业务模式提供了参考。

通过对企业现有经营模式的调查研究，就可推导出 12 种具有代表性的样本，这里简称为一个商业模式基因。本章探讨了这一商业模式基因与各种信息技术作用范畴之间的相互关系，这些信息技术作用范畴包括各种信息技术（如云或内存计算）和应用软件工具（如流程挖掘或区块链）、通过数字化访问的数据源（如物联网或社交媒体数据）、数字客户访问的类型（如通过多边市场或智能服务）。基于与商业模式基因的集群模式组合有关的具体示例，本章研究和确定了在数字化转型中，信息技术的四个影响领域。

可见，模式的组合对信息技术部门提出了不同的要求。所要做的工作就是概括业务模式与信息技术部门之间的相互依赖关系。一方面，它回答了哪些商业模式基因需要在哪些活动领域中给予特别关注，并指出企业必须关注哪些信息技术领域的哪种模式组合。另一方面，从技术的角度研究它们，为更有效地实现模式或模式的组合提供可能性。这有助于企业为数字化转型选择合适的战略，并选择和发展合适的信息技术基础。

6.1 数字化转型

"数字化转型"一词概括了当前的整个社会，尤其是企业的根本性、持续性变革,这一变革主要是由数字化和网络化所驱动,对企业而言,设计数字化转型是当今的一个重要挑战[1]。这几乎涉及所有的行业,它要求已成熟的企业自身进行根本性的改革调整,重新进行定位,在这些行业中,传统的价值创造链日益断裂,新颖的网络流程进入企业运营。初创型企业正尝试以创新的业务模式,在全球范围内快速地渗透细分市场,而这所造成的威胁则是超越和取代传统的市场占有者[2]。

数字化转型具有革命性的特征,并正加入到当今的工业革命行列[3]。

- 第一次工业革命始于 18 世纪中叶。20 世纪初,蒸汽机的发明被用于驱动机械设备。一方面,这改善和丰富了人类的基本食物和服装供应,另一方面,就业机会从手工业和农业转移到了工业生产。
- 从 19 世纪中叶开始,借助应用电力、大规模生产分工以及亨利·福特(Henry Ford)引入的流水线作业,促进了化工、电气、汽车以及机械制造工业的发展,即第二次工业革命。
- 20 世纪 60 年代初,德国的经济奇迹可以说是第三次工业革命,在微电子、信息和通信技术发展的带动下,企业能够使其生产过程合理化和自动化。从那时起,越来越少的人直接参与生产性劳动,而越来越多的人进入服务行业。

第四次工业革命是第一次,仍还不被承认的工业革命。经济与科学研究联盟、德国联邦政府高科技战略中的一个项目创建了"工业 4.0"一词,以强调现代信息技术渗透进入工业生产的事实。工业 4.0 制定了以下的明确目标:在产品生命周期的各个阶段中,在最大程度上自行组织生产,促进人类行为和机器设备之间的沟通与合作,实现企业价值创造链的进一步优化[4]。

这一变革过程的真正动力来自于几种科学技术发展的组合。首先,信息技术和系统性能正以指数函数的形式增长。根据著名的摩尔定律,芯片的计算能力每两年翻一番。随着通信网络的普及和扩展、各种硬件设施和用户设备的完善,互联网使用的可能性正在不断地提高[5]。

数字化正在进入越来越多的人类生活领域。传感器将日常物体转换成具有计算机功能的装置,即万物联网,可持续性地提供数据信息并进行交互通信。现在的模式识别算法会过滤数据流,并将其转变成为知识性见解,以做出更有意义的决策。人们可以借助智能语音、手势或面部表情作为交互界面,与机器设备进行通信。这些技术发展的融合为企业开辟了新型的业务领域,也迫使企业对其业务模式进行调整,以促进它们创建创新型的产品、服务和流程[5]。

新型的信息技术具有颠覆性的作用,创新性的产品、服务和业务模式将动摇整个行业。在大多数情况下,新的竞争者会更令人意外地以创新的报价、方案和关系出现在市场,因为它们通常还不属于自己的行业,因此,当其崛起被发现时,常为时已晚。即便是欠发达或者特殊性的细分服务,也可以在很短的时间内，迅速地占据和主导市场份额。根据数字化或非物质化产品的零边际成本理论，在创建产品的第一份副本后，数字产品和服务的生产成本将完全消除，即第一份副本成本效应，因为，这类产品可以低成本地复制。通常，在使用互联网服务、采用统一费率的情况下没有交付成本[6]。创业公司将借助其物理资源来提供各种服务项目，这些服务正在经历快速的增长和向全球扩张，由于新的市场参与者并不依赖自己的资金投入，但是通过网络化，其他价值创造合作伙伴的生产设备可以供自己使用。这是当今平台式公司的一个主要特征，但它对现有的提供商构成了非常大的威胁[7]。

6.2 业务模式创新和基于样本的业务模式设计

企业数字化转型正在深刻地改变客户的期望、竞争格局、数据现状、价值创造及创新应对，从而成为影响企业战略和业务模式的重要因素[8]。

业务模式描述了一个企业如何创建、交流和收集价值，对客户和合作伙伴有哪些好处，以及如何以收益形式回流企业本身。一个业务模式的中心部分是其目标客户，它所针对的业务实体提供特定的客户细分、客户渠道和关系等详细信息。其他的部分构成了对客户的价值承诺，这是通过提供产品和服务给予实现；还有价值链，它解释了如何在资源、功能、流程以及合作伙伴、合作渠道及关系的帮助下，创建业务的过程；以及收入机制，显示财务中的销售和成本[9]。在业务模式文档中，一个较为流行的模板是商业模式画布，它将业务模式在维度上概括为九个模块，并清晰地、可视化地给予了描述[10]。

企业业务模式的数字化转型可以仅限于重新设计单一的业务模式，或者从根本上改变其所有价值链和参与者的业务模型[11]。如果涉及以下四个业务模型维度"谁、什么、如何、何等价值"中的至少两个，则就可称为一个业务模式创新[12]。

对此，瑞士圣加仑商业模式导航器提供了一种业务模式创新的设计方法。通过对企业实践中的业务模式进行广泛地分析，得出了一个基本见解，即90%的新型业务模式都可以追溯并归纳为55个基本样本，而企业"仅仅"需要集成新的模式。因此，所需要的不是重新发明轮子，而是进行创造性的模仿。从成功榜样的启示中，进行富有想象力的模仿，重新组合其基本要素，创建出一个新型的业务模型[12]。

许多这种业务模式样本中，一个典型例子就是剃须刀和刀片理念，其核心理念是提供廉价，甚至免费的基本产品，如剃须刀刀架。但是，通过进一步提供所需的且必不可少的后期消耗材料，如刀片，就可持续性地实现高利润。除吉列（Gilette）公司以外，还有惠普（Hewlett-Packard）公司的喷墨式打印机和墨盒，或者雀巢公司出售的意大利咖啡机和咖啡胶囊，这都是上述剃须刀和刀

第 6 章
创新型业务模式样本和信息技术影响范围之间的匹配

片理念的翻版[12]。

为了从这些已知样本中生成新的经营理念，企业可以根据不同的基本策略进行[12]。

- 将已经在其他行业取得成功的业务模式样本转移到自己的行业中，有助于避免重犯前人的错误，所谓前车之覆，后车之鉴。进而使自己的企业成为所属行业中的创新领导者，但必须还要确保不是简单地采用一对一的复制模式，而是要考虑其样本的适用范围。

- 如果企业希望实施更加复杂的规划和转型流程，则可以将两个甚至三个业务模式样本组合在一起，以增强每个组成要素的影响效果。而且，这种新颖的组合也使竞争对手难以模仿。

- 一方面，尝试重复在另一个产品领域取得成功的业务模型，意味着可以在变革和稳定性之间取得某些平衡；另一方面，企业可以利用现有的经验和协同效益，使可能的风险得以控制。

通常，业务模型创新的障碍，举例来讲，来自企业主导性的经营逻辑思维，在这种情况下，高级管理层经常面对五个行业分析方向的指导，倾向于继续留在竞争激烈的红海中，而在寻找可开发的新型的细分市场时，很少大胆地投入创新预算。在一些典型的问题上仍存在着心理障碍，即其行业的特殊性限制、业务流程的复杂性、客户的期望和实际接受程度。另外，只要公司仍能实现其利润，管理层就会对任何改变提出质疑[12]。管理层通常拒绝来自外部的新型想法，而只是希望自身内部产生的冲动，患有非此处发明的综合征。

其他障碍也使企业停滞不前，陷入一种僵局，希望出现某些神话，即使事实并非如此。因此，高级管理层仍在坚信，只有前人没有过的创意，才能带来业务经营上的成功，尽管在实践中已经得到证明，将一个行业的业务模型转移到另一个行业往往是能够成功的，即首次登顶神话。开阔思维的神话只适用于全新的业务模型创新，而现实中也知道要进行增量型的业务模式调整，如开通一个新的销售渠道。技术神话要求有引人入胜的新型发明创造，这是推出新产品的先决条件，其实，创造性的飞跃使很多技术通过创新应用得以实际利用之前，很多技术就已经存在了。而随机性的神话，使人怀疑是否企业真正地在系统地规划其业务模式创新，并为此积极投入和努力工作，认为其成功，只是一种巧合的结果。此外，还有爱因斯坦神话，不相信跨越学科、部门的团队能够获得灵感和获得成功，并且一直希望能寻找一个富有创造力的天才。管理层还认为需要大量的企业本身资源，而忽略了许多来自外部的创新业务模式，即规模型神话，并且仅仅认为，只有自己的研发部门有责任和能够提供新型的创新动力，而不是将其责任作为一种基本任务，交到所有的员工手中，即自主研发神话[12]。

6.3 具有颠覆性特征的数字化转型的信息技术作用范围

数字化转型由四个杠杆驱动,这些杠杆都对应一定的信息技术环境。这些杠杆的影响领域正将信息技术作为推动力,推出了各种新型的产品[13]。根据所考虑的企业部门不同,其影响范畴具有不同的优先级(图6.1)。外圆中的内容应该被理解为,可以根据需要,进行任意扩展的示例。

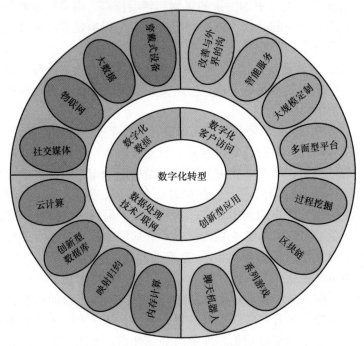

图6.1 数字化转型中的信息技术影响领域

6.3.1 数据处理技术联网

数字型数据、创新应用软件和多客户访问的基础是所有参与者的移动或有线网络,以及可扩展的数据存储空间和计算能力的可用性。例如,企业使用云计算技术,诸如软件、平台和基础框架即服务,以可预知的成本,灵活地访问数据和应用软件,敏捷地应对各种发生的变化。

混合式模型将公共和私有云区域结合在一起,可以满足对安全性、可靠性和个人隐私的要求[14]。除了传统的关系数据库之外,企业还可使用 NoSQL 数据库技术,补充性地进行数据操作,允许更灵活的数据格式,可以自发地进行数据查找请求,进而快速地在数据库中查询,搜索和检索预定义索引之外的数据字段，并且可以处理不同类型和大小的数据集[15]。

内存计算方法提高了计算和评估速度，这种方法首先在主存储器中执行数据的管理和持久存储，以及使用多核处理器[16]。一些内存数据库完全不进行更新，从而加速了新添加入的数据元组的处理过程，并将它们标记为当前仍然有效，即仅插入模式[17]。通过基于列的数据布局，可以进一步提高计算性能，在这种情况下，数据库将数据逐列地映射到内存区域，以更快的速度访问这些数据内容，而不是逐行对所有字段进行查询。

针对数据集中空缺或基数较低的字段，可使用数据压缩的方法，进一步提高数据处理速度[17,16]。而映射汇约方法是在一个由商品硬件构成的聚类中，对大规模数据进行分布式搜索和评估的方法。通过分割、映射、改组和归约层次，从所有的聚类节点构成数据搜索的最终结果[18]。

对上述业务模式样本而言，在这些和其他数据处理技术以及联网可能性中，还没有直接对应的内容。但是，许多业务模式仍需信息技术，或通过信息技术的发展来促进自身的完善。

6.3.2 数据化数据

大数据的含义可以形象地由四个以"V"开头的英语单词来表示，即体积（Volume）、速度（Velocity）、变量（Variety）和准确性（Veracity），表示可以利用的数据量不断持续性地增长，并以更快的速度流入企业，企业要处理的数据类型和格式愈发多样化，并且必须评估这些数据的可信度[19]。现在，分析性应用软件工具正在越来越多地从现实世界收集大量的数据信息，且在数据意义上进行数字化评估[15]。物联网连接物理和虚拟对象，使任何现实对象都可寻址和控制，来推动新型的业务模式[20]。社交媒体在人类交互以及信息、身份和关系管理中，创造了一种新异的人际交流空间，使大数据世界可以访问客户的能力、兴趣、偏好、关系、经验、观点、经验和情绪，以及从中创建的多媒体内容和专业知识[21]。可穿戴设备可以洞察到个人的生活世界，从而补充了大数据分析的可能性，并根据社会或个人对系统性评价的要求，进行自我检验，借以改善自身的生活[22]。

全面性的采集、处理、存储和评估数字型数据都是以客户为中心的前提，这正如同许多业务模式样本所宣传和提倡的，数据使明智的决策和预测成为可能。例如，业务模式样本客户忠诚度提供了一种确保长期客户忠诚度的激励机制，这主要是通过客户消费卡的奖励计划，记录客户所有已购买的商品，并据此计算出奖励待遇。奖励系统收集大量的客户消费数据，并近乎完整地记录单个客户的购买行为。对所收集到的客户资料进行分析评估，企业以此来优化其产品和服务，提高其广告措施的有效性，以增加其销售量，当然，前提是客户在同一家公司利用其奖励机制[12]。

还有这一业务模式样本，即客户数据影响力，它通过全面性地收集和处理客户数据，将其作为一种有前途的企业资源，这种市场竞争优势的获得方式主要通过识别潜在的资源节省潜力、及时性的市场分析和有针对性的宣传广告，并且为完善自身的战略决策提供了基础[12]。

还有其他业务模式样本，如数字化，它明确地提出了其座右铭为传感器即服务，即使用传感器装备补充各种产品，这些产品将现实世界扩展到能够具有数字化的功能。企业实时性地与客户保持联系，向最有效的客户学习，并学习他们使用产品的方式。这不仅增强了客户体验，还使业务模式本身的效果可以根据大量记录的数据进行度量[12]。

6.3.3 创新型应用

大量现有的数据可在新型的应用中派上用场，而这些应用正是希望使用各种各样的数据源，并以各自的方式对其进行加工处理。可以将所谓的过程挖掘理解为，如何通过访问数据信息，更加完整地描绘企业业务的运行情况，维护应用系统的运营，生成可逆的实际过程模型，包括异常和故障处理。它们可以详细地记录和显示哪个具体的流程通过了哪个流程路径，以及需要多少时间，在哪个流程被跳过，或者多次地执行，以及哪些流程发生了偏差。从运行的历史记录中，可以预测当前流程的下一个步骤，主动地识别截止日期或与理想目标的偏差[23]。区块链结合了诸如加密机制和点对点的网络技术，用于分布式和安全性的数据存储，并且不再需要中介机构。智能合约使用区块链技术，对商业合约进行数字化映射及自动化处理，在这当中，合约条款有时可以自我实施或者强制性执行，从而为参与双方提高了交易的安全性，并降低了结算成本[24]。游戏化利用趣味性因素来获得客户信赖，也可为员工设计趣味性的工作和学习过程。而企业中的严肃性游戏则是应该用来改善业务流程，这有助于知识的传递和吸收，甚至可以影响员工的行为举止[25]。而聊天机器人旨在实现人与计算机之间的自然语言交流。它是基于文本的对话系统，使用数据库作为知识库，进行语言模式识别和应答，并且它本身能够以人工智能的方式，不断地进行自我学习。总体而言，它们的发展方向是作为智能化的个人助理，提供交流对话和服务[26]。

许多业务模式样本或多或少地都依赖于创新型应用，如电子商务样本，它完全或者说部分地基于电子销售和交易。业务合作伙伴在互联网上交流业务信息，建立商业关系，并进行交易业务。除了购买或出售商品和服务外，还可以以电子方式提供或者接受各种服务项目[12]。进行电子销售的商店系统承担建立产品目录，并采用多媒体的方式，为客户显示其产品和交易过程的数据。一个电子商务购买过程还包括其他一些步骤，如在线购物车，以及产品订单、付款和交付[27]。但是，电子商务应用程序现在如此广泛，以至于很难再罗列出新的应用了。

还有业务模式样本，如拍卖，在业务过程中，它控制和监督参与方的价格确定。这尤其应用在实时性的拍卖过程中，在线广告市场上，进行拍卖竞价时，在几分之一秒的时间，就可拍卖给最高的出价者。营销公司以此优化利用播出时间，以满足广告投入者的支付意愿，避免出现空白的广告位[12]。

而业务模式样本，如用户设计，将客户本身解释为创新型的企业家。企业仅扮演一个创业项目支持者的角色，并且为客户提供产品开发、技术设施和设计方案的实施工具。它还负责产品的营销，并通过公司自己的在线商店进行销售[12]。

6.3.4　数字化客户访问

对最终客户而言，数据信息、网络连接、信息技术和应用工具，这些技术之间的相互作用提高了市场的透明度，客户只需简单地比较报价，参考其他消费者的建议和经验，将这些纳入自己的购买决策。产品或者服务的买家正在通过越来越多的渠道和信息设备进行交流互动，并希望从最初的兴趣表达到交付，计费计算和客户服务，都能获得一个完整的购物体验，即全渠道感受。

围绕产品的智能服务充实了购买过程，如收集相关产品和服务的数据信息，为用户提供分析。数字化客户访问降低了产品实物所有权的重要性，即使消费者将其作为共享模型中的服务进行使用时，实物产品也能发挥其实际意义。具有个性化体验和优惠的大规模定制解决了个性化和易变性偏好客户不断增长的需求，同时，产品配置和生产趋于自动化，因此，尽管产品个性化程度提高，但成本费用仍可以控制。在最好的情况下，企业希望能够预知客户期望的变化以及需求的波动[14]。

在数字化转型的过程中，参与价值创造和使用的各方直接、实时地进行交流互动。在许多行业中，多边平台正在取代迄今为止的流水线式模型，即从供应商到客户的线性价值链。平台是一种价值网络，这其中涉及人员、机器和资源，将所有的这些有机地组织起来，并以灵活的方式相互反应。许多颠覆性的创新企业将现有的价值链分解，直到最小的组成部分，然后以新的经营方式，将它们重新组合在一起。在整个过程中，这些企业仅参与最小的价值创造步骤，因此只需很少的资本投入，即可进行经营管理。如果用户群不断扩大，那么网络效应就会出现，如网络收益的增长与参与者人数的平方成正比，即梅特卡夫定律[13]。

梅特卡夫定律所提及的许多方面，都可在具体的业务模式样本中得以体现。因此，大规模定制样本就描述了一种基于模块化结构的产品体系，但有其不拘一格的个性。模块式组合提供了更多的产品多样性，这些模块本身已经标准化，能够实现可与批量生产相媲美的低成本优势。在选择过程中，客户会体验到一种"自己亲自来做"的经历，并在情感上更加依恋产品和其公司。大规模定制可以促进销售，尤其是采用客户奖励个性化方案时，一般特别有效。与此同时，还可以使价值创造过程更加智能和自动化[12]。

平台方法可以在双向市场的业务模式样本中找到，这是一个第三方平台，它将两个不同的参与者聚集在一起。这样一个平台能否成功，取决于它是否成功地利用了间接网络效应，即通过增加某一方参与者的数量，来增加双方的经营效益。推出这种平台，必须首先解决"鸡和蛋的问题"，通过适当的激励措施，使该平台对其中一个或者两个参与群体具有吸引力，从而帮助其迅速地推广和传播[12]。

订购样本类似于订阅，在这里，如果用户在事先预定的次数和期限内获得服务，那么他们就可以提前或定期付款。客户通常还会享受到折扣待遇，因为正是他们的规律性消费，才保证了服务提供商获得相应的回报。此外，用户还可以从缩短购物时间中受益，这保证了其所需商品或者服务的持续可提供性，并降低了采购风险[12]。

6.4 匹配信息技术和商业模式基因

6.4.1 商业模式基因

最初，基因一词来自生物学，指生物遗传信息的载体。这里至关重要的是，可以通过几个基本结构构成和描述更加复杂的结构。因此，基因的基本思想是将复杂的对象分解为核心元素，从而更易于解释和进行设计。但在管理学文献中，基因本身也随其上下文的不同，可用来表达价值、目标、策略、竞争优势、绩效承诺等术语。因为人们认为，这样就可以相对轻松地解释一个企业的本质。同时，该术语的不同用法也会造成某些思维混乱（示例见参考文献［28］）。

商业模式基因的概念，正如瑞士圣加仑大学伯姆（Böhm）教授等人所述，它是遵循了一个经验性的方法[29]。伯姆等人采用数据挖掘对方法，对约180家企业，主要是初创型企业进行了归纳分类，其中包括许多成功的公司企业，以及31个失败的企业。从中可以确定出12个业务模式的聚类。同一个聚类内的业务模式具有相似的商业模式基因，这些业务模式应用了瑞士圣加仑大学科学技术管理学教授伽斯曼（Gassmann）等人提出的业务模式样本，并按照所确定的特征进行组合。一个单一的样板可以被应用或不被应用，用数学的语言讲，这就产生了一个包含55个布尔元素的向量，它最终代表了商业模式基因。此外，它还可以确定和预测每种样板的增长，成功的可能性一般超过80%。

第 6 章
创新型业务模式样本和信息技术影响范围之间的匹配

这一方法也适用于其他未受到调查的企业,这有助于回答迄今为止尚未解决的研究问题,即哪些因素使成功和可持续性的创业成为可能。表6.1列出了这些聚类和相对应的业务模式样本,其中一个聚类可以由两个到四个业务模式样本组合而成。

表 6.1 商业模式基因和业务模式样本

聚类(基因)	业务模式样本 1	业务模式样本 2	业务模式样本 3	业务模式样本 4
免费的价值创造模式平台	免费的价值创造模式	平台	—	
体验众包参与者	销售体验	众包	利用客户数据	—
长尾效应订购	长尾效应	订购	—	
附属市场	合气道	附属	平台	
大规模定制配置	大规模定制	层次操作	配置	双向市场
创新平台	合气道	双向市场	配置	收益共享
电子商务	电子商务	直销	—	
电子商务利用客户数据	电子商务	附属	长尾效应	—
定制层	附加	层次操作	订购	
众包平台	合气道	众包	客户	忠实度平台
定制层	订购	大规模定制		
隐性收入市场	隐性收入	双向市场	附属	长尾效应

注:平台包括一个或者多个样本,即协调器、双向市场或长尾。

确定企业业务模式的基本要素具有实际意义,其目的是作为业务模式创新的一部分,批判性地审查和继续开发这些业务模式。如果可以将信息技术领域的各种新颖技术或产品分配给这些企业,构成基本要素,将会为企业各个层次所需的数字化转型提供良好的机遇[30]。因此,现在企业业务模式已成为商业信息学研究的中心主题[31]。业务模式可用于分析和区分各种企业经营模式,但是从更为实际的角度来看,最重要的还是"企业创意性菜单"[32]。

伯姆等人确定了表6.1中所示的聚类,并根据其增长和生存概率,估算了其不同的成功机会,虽然这些仅在有限的意义上。几乎所有聚类都包含数字化这一样本,这在总体上表明了数字化的重要性,一方面,说明了为何会涌现出许多初创企业,另一方面,也揭示了现有企业转型需求的必要性。否则,这些样本将不显示均匀分布。与此相反,还有许多样本没有列在格斯曼等人的样本目录中,但这并不等于这些样本不重要。

这些聚类在发展和生存前景方面差异很大。例如，电子商务聚类，由于市场日趋饱和且价格竞争加剧，进入市场愈发困难，这同一二十年前的情况完全不同。因此，这种聚类方式是否是长久，似乎值得怀疑。此示例还显示，基于创新的聚类多是一种瞬间的快照，随着时间的推移，今后的结果可能会大相径庭。此外，在这种调查中，还缺少创造性的认识商机的过程，以及不同业务模式样本团队的巧妙组合。同样，团队作为社会单位的重要性也能对企业的成功产生重大影响[33]。因此，我们将商业模式基因的价值更多地视为一种工具，用在高于样本的级别上，对业务模式进行粗略的分类，并将其作为使自己的企业更有希望获得成功的起点。

6.4.2　匹配流程

如果经济信息学要为企业业务模式的进一步发展做出些重大贡献，它就必须提供一种方法和一个进程模型，以评估其相关的技术和信息技术的发展，检验它们是否支持一个特定的业务模式样本，甚至使之成为可能。对上述信息技术领域的具体应用进行使用评估是有意义的。但是，技术本身和应用的可能性都正在迅速地发展并不断地发生变化，这样评估就必须一次又一次地重新进行，并且要充分地考虑到，所获得的结果仅具有短期价值。因此，这些方法必须是通用的，同时也是简单的，以便相关人员尽可能地进行有效应用。

同时，开发过程模型和方法来支持企业的数字化转型。除了格斯曼等人的方法以外，另一个例子是 Digitrans 方法框架[34]，它在方法上借鉴了设计思维。Digitrans 将该进程分为创新和转型两个主要阶段，两者间也可以进行迭代，并补充许多其他较为成熟的方法和工具。在第一个阶段，即创新，它分为两个分阶段：其中分析过程着重于基于当前的思想状态；而设计过程，选择可能的解决方案，生成和评估相应的原型。在这一阶段中，其任务是针对一个业务模式或者业务模式样本，选择合适的创新技术。创新阶段的结果是，一个得以扩展或者完全崭新的业务模式，在随后的转型阶段由企业引入。对商业模式的建立还包括若干检查清单，它们对于开发业务模式也很有帮助[35]。

对于上述信息技术影响领域所选择的创新型信息技术，我们将解释其结果，并指出何处的样本和技术能和谐融合。例如，第一步，将是进一步丰富和完善格斯曼等人所推荐的样本[12]。为了能够在业务模式中使用这些新技术，进行数字化转型的员工必须首先认识和了解这些技术，然后才能够理解和评估这些技术[36]。但可能会发现，这里还存在某些差距，因此，匹配信息技术影响区域及其组件和业务模式样本，就显得非常重要。在此，匹配尝试回答纳格尔（Nagl）和博茨姆（Bozem）的业务构想开发清单中所提出的若干问题，以及有关服务和产品范围的发展问题：哪些发展趋势和技术，能首先使实现商业创意成为可能？

第 6 章
创新型业务模式样本和信息技术影响范围之间的匹配

哪些趋势和技术正在威胁着业务经营构思？产品和服务的生产都需要哪些技术？[35]。

最后，为了便于在各个业务模式中使用，我们建议，将以下问题作为评估特定技术和方案的起点：

- 哪些发展趋势和技术，可以使业务模式样本的应用成为可能，变得更加容易或者更经济性？
- 哪些技术和方案，会威胁某一个业务模式样本，或者整个业务模式？
- 具体实现一个特定的产品或服务，都需要哪些技术和方案？
- 如果采用了嵌入式技术和方案之后，创建或者提供产品或服务的价值链细节是什么样子？[35]。

这些问题从两个不同的观察角度描述了匹配过程（图 6.2）。技术既可以威胁样本，也可以支持样本。相反，使用单个样本可能需要某些技术，并以此为前提。正如一个业务模式可以由多种样本组成一样（也可能仅部分使用一种样本），一个业务模式的可操作性，就要求在特定的应用场景中应用该技术。尽早处理这些问题很重要，以便能够及时地发现经营潜力，并在短期内投入市场，加以利用；所谓"在新参与者进入市场之前，您必须采取积极的行动"[37]。技术潜力有着不同的形式。虽然可以较为有效地实施某些样本，但其他负面作用也会出现[38]。

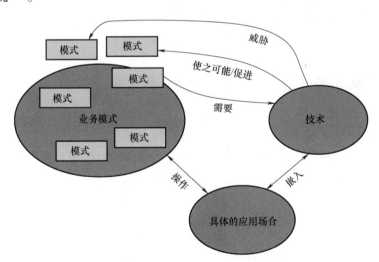

图 6.2　以不同的观察角度评估样本或业务模式与技术之间的关系

这里所建议的匹配过程（图 6.3）可以双向应用：

- 对于已经采用的业务模式样本，企业仍可以采用某些技术来加强样本的效果。如果一个企业打算采用一个业务模式样本，匹配过程就要指出在具体实施中，应该考虑哪些技术和所涉及的新技术影响区域。

- 相反，如果有快速和低成本的信息技术可供使用，比如它已经在企业的其他部门得以成功地使用，或者是合作伙伴可以给予提供，这样的话，现有的业务模式就可以通过一个更具成功性的模式来丰富补充。由于信息技术也可能会危及某些业务模式样本，它的广泛可用性会对企业构成一个具体的威胁，故对此必须尽早地识别，以做出相应的响应。

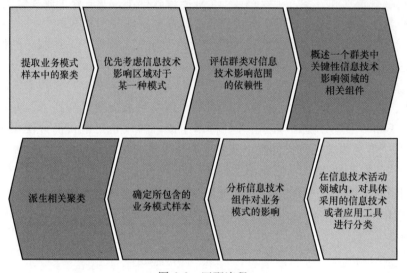

图 6.3　匹配流程

6.4.3　将商业模式基因植入信息技术作用范围

表 6.2 总结了各种商业模式基因的聚类，它们的样本和信息技术影响领域，优先考虑的信息技术影响领域，样本的有效性和成功性，以及对每个聚类的样本评分。作为示例，我们从样本或者业务模式的角度，说明其中三个聚类的详细内容。但应该指出的是，这些都是主观性的评估，根据某一聚类的特定性质，或者所重点考虑的业务模式，还可能会得出其他的评估结果。

表 6.2　信息技术影响范围对业务模式样本和聚类的意义

聚　　类	模式（样本）	数字化数据	数据处理技术/联网	创新型应用	数字化客户访问
免费的价值创造模式平台	免费的价值创造模式	+	○	+	+
	平台	++	++	+	++
	总和	++	+	+	++

第 6 章
创新型业务模式样本和信息技术影响范围之间的匹配

（续）

聚　　类	模式（样本）	数字化数据	数据处理技术/联网	创新型应用	数字化客户访问
体验众包使用者	体验销售	+	+	+	+
	群体合作	○	○	○	+
	利用客户数据	++	++	+	++
	总和	+	+	○	++
长尾理论订购	长尾理论订购	++	+	++	++
		○	○	++	+
	总和	+	+	○	++
隶属关系市场	合气道	+	○	+	++
	隶属关系	+	○	+	++
	平台	++	++	+	++
	总和	++	○	+	++
大规模定制配置器	大规模定制	++	+	+	++
	分层发放	○	○	++	+
	配置器	○	++	+	○
	双向市场	++	++	+	+
	总和	+	++	+	+
创新平台	合气道	+	○	+	++
	双向市场	++	++	+	++
	配置器	○	++	+	+
	收益共享	○	○	+	+
	总和	+	+	+	+
电子商务	电子商务	+	○	○	+
	直销	++	○	+	++
	总和	++	○	○	++
电子商务隶属关系	电子商务	+	○	○	+
	隶属关系	+	○	+	++
	长尾理论	++	+	++	++
	总和	+	○	+	++

（续）

聚类	模式（样本）	数字化数据	数据处理技术/联网	创新型应用	数字化客户访问
附加层次	附加	+	++	++	+
	分层发放	○	○	++	+
	订购	○	○	++	+
	总和	**○**	**○**	**++**	**+**
众包平台	合气道	+	○	+	++
	众包	○	○	○	+
	客户忠实度	++	+	+	+
	平台	++	++	+	++
	总和	**+**	**+**	**+**	**++**
定制层	订购	+	○	+	++
	大规模定制	++			
	总和	**++**	**○**	**+**	**++**
隐性收入市场	隐性收入	++	++	+	○
	双向市场	++	++	+	+
	订购	+	○	+	++
	长尾理论	++	+	++	++
	总和	**++**	**+**	**+**	**+**

聚类电子商务将电子商务和直销模式结合在一起，产品或服务是通过互联网进行的，必要时，也可以直接提供或租借。这种与直销相结合的模式相当保守，已被证明，当市场出现饱时就会出现经营困难。如果产品或服务没有其独特的亮点，则至少电子商务流程本身必须运行良好。这里区别运行好坏的重要特征就是客户对企业的长期忠诚性。适当的数字客户的访问，全面地采集客户数据和评估客户资料，对于积极地识别客户的敏感度和兴趣变化而言至关重要。

聚类隐性收入市场主要是将隐性收入模式与双向市场模式结合在一起。通常，其中一方可以免费获得合约，而另一方必须付费使用。长尾模式表示采用不同产品进行的大规模交易，因为市场参与者只能通过大量的小规模销售，才能获取足够的收入，即薄利多销。事实证明，无论所选择的样本如何，所有的信息技术作用范围都会受到影响，也就是说，一个聚类需要全面地考虑所有信息技术的可能性。长尾模式更需要详细地了解用户期望，因此，数字客户访问至关重要。只有基于全面的数字化和自动化（信息技术作用范围、数据处理技术、网络），高效地处理才能成功。创新型应用的作用范围可以使长尾模式在竞争中处于领先地位。

聚类众包平台是基于平台思想，用不同的模式，如编配器、双向市场、长尾或者这些模式的组合来建立。众包社区的组成部分应与平台尽可能紧密地联系在一起。建立全面的数字客户访问和定制配置，对于使用客户忠诚度模式至关重要。通过创新的应用程序和全面的数字客户访问，对合气道模式中的自身弱点和相对优势，都有着不同凡响的影响。

如果进一步地观察其他平台，就会发现有几种趋势：通过提供平台，许多聚类的重点都是尽可能地扩大用户群。企业自己提供的集成服务和价值创造，不如通过合作伙伴收获更多。创新型服务的增长来源于不同服务要素的组合，因此，核心竞争力包括理想的客户服务，客户服务需要大量的数字化和特征定制。而这种特征定制更是基于广泛的客户访问和客户参与[37]。创新的业务模式不仅仅是新产品或新技术，而是与客户相关的服务，"我们相信，将会有一个重要的见解：数字化转型不仅涉及产品和技术。在互联的世界中，大多数物理产品已经是商品，人们可以在互联网上快速地找到竞争对手，而市场优势应该来自于改变商业模式，使其适应新型客户所提出的定制服务，而不是新的物理产品"[39]。

6.4.4　示例：信息技术作用范围和业务模式样本之间的匹配

本节一方面着眼于样本与业务模式之间的关系，另一方面是信息技术和作用区域，如图 6.2 和图 6.3 所示，从具体的技术角度来看，对样本或者样本组合有不同的作用方式（有关各个业务模式样本的详细信息，见参考文献［12］）。列出的主题都可以视为示例。但这些示例都表明，企业形式的发展常常会放弃或者启用多个模式。

6.4.4.1　聊天机器人

聊天机器人是一种可与人对话的通信系统，通常，在该系统中，用户以人类自然语言编写的文本与一个信息技术系统进行语言交流。聊天机器人利用快速的在线搜索，尝试实现人的感觉，如同人与人之间的对话。语音识别和文本识别现在已经成熟，在许多场合具有实用价值。但是，这种技术尚未在市场上建立牢固的地位，因为，这一基础技术的提供者本身仍处在不断更新改进过程中，并且在聊天机器人的生态系统中，其合作伙伴的成熟度还较低[26]。

聊天机器人非常适合补充数字客户访问的范围，因此可以影响客户访问的模式。客户对话完全能够自动化地进行，可以精确地、个性化地定制与客户对话的内容，以便在长尾模式的框架内为客户提供服务。从对话获得的丰富的客户信息，可以用来显示广告，或者达到其他隐性收入目的，推动附属模式，或者从事直销和交叉销售。更具目标性的收集客户数据，可以促进利用客户数据模式。如果能将聊天机器人开发为合格的服务人员，则还可以将它作为附加模式中的组件。

聊天机器人主要是对现有客户服务工作的一个补充，承担服务人员的工作，或减轻他们的劳动负担。当前，在具体情况下使用该技术时（图6.2），应该认真权衡利弊，包括技术的早期阶段，此时的生态系统尚不成熟且缺乏实际经验，以及早期采用者的优势。

6.4.4.2 区块链

这是一项从加密货币，尤其是比特币，引发出来的基本技术，名为区块链，它允许通过智能组合已成熟的技术，如加密和点对点网络，关闭取缔中介机构，但这种中介机构在目前被视为可信赖的合作伙伴来作为交易中常见的业务模型，它成本费用高且耗时[40]。

区块链的分布式、可信赖的数据管理方式，可以影响所有的业务模式和样本，但这要建立在不同参与者合作的基础上。正是由于其值得信赖的可追溯性，区块链就提供了这种可能性，通过动态变化和新加入的合作伙伴创造附加值。例如，为简化版的配置和拍卖提供选择。对于通过众包提供的服务，可以将所获得的效益收入，按各自的贡献进行分配，如聚类众包平台。这同样适用于众筹和所属的平台。一般而言，使用数字化的业务模式都会产生进一步的积极影响。通过使用区块链，部分所有权模式的用户可以从经过简化的处理和计费流程中受益，就像是样本，将较少地关注产品销售，更多地关注使用情况的计费，如租赁而不是购买模式、基于绩效的合同或者按使用量付费模式。

而智能合约中更广泛的想法，就是要进行合约结算的自动"程序化"，以支持和加速结算业务流程。智能合约以数字方式签署，并自动对其进行检查。同样，还可以针对一个合同进行协商或其他处理。因此，合约条款可以部分地自行实施或强制性地贯彻，与传统的合同相比，这可以保证缔约双方在降低交易成本的同时，更具有安全性[24]。

同时，区块链技术通常会威胁基于平台的业务模型，而对于平台式的业务模型，其强大的市场地位只是取决于他们值得信赖的中介服务。将来，这些平台公司将不得不更多地关注为客户带来的收益，因为区块链淘汰了纯粹意义的中介特征和锁定模式。非常明显地，金融业正在经历这种变化，因为，就他们的业务模式而言，主要是基于数字化数据和相对简单的数字化服务[41]。因此，金融服务公司正受到所谓的金融科技公司的压力，金融科技公司拥有接受新技术的特殊能力，并可以使用分层发放的模式。

尽管区块链有很多颇具意义的应用领域，可高效率地运行，但仍有许多方面的发展需要考虑，详细讨论区块链对自身业务模式的影响仍然是很有意义的，因为这一发展影响了许多业务模式样本。除了自身流程的效率问题外,这一新型技术还提供了全新的发展机会,但同时也蕴藏着某些潜在的威胁。

6.4.4.3 3D 打印

3D 打印过程使用一种或多种材料,以叠加的方式逐步地构建三维产品。通常,3D 打印的发展被划分为四个阶段。早期,3D 打印仅仅用于制作原型,即快速原型制作。随着其技术成熟度的提高和制造成本的降低,又用于生产工具,即快速工具。在 21 世纪的第一个十年即将结束时,其生产成本急剧下降,但质量大大提高,可采用的材料更加广泛,进而 3D 打印可以用来直接地生产最终产品,即直接制造。至少从那时开始,3D 打印就成为制造企业业务模式的一个组成部分。3D 打印技术普及的下一步就是直接在用户或最终用户处进行生产,即家庭制造。最终,就可以完全数字化地向最终用户提供产品,只需要相应的设备和材料,就可在客户现场进行产品生产[38]。

从第三阶段以后,即直接制造,就会对企业业务模式产生颠覆性的影响。显然,3D 打印可能会导致企业的价值链发生变化。在大规模定制的意义上,个性化产品就可以在可控的成本范围内给予实现。利用更靠近客户的直销模式,还可以挖掘出这种定制模式的潜力。在传统生产中,所采用的是众所周知的大规模经济模式,而 3D 打印提供了生产细分产品的可能性。这实际上直接对应长尾模式[39]。通过众包的平台,客户可以按用户设计的模式将自己的想法以 3D 模型(计算机辅助设计)的形式表达出来。在多变市场中,供应商既可以从产品模型受益,即专业化的 3D 打印服务,还可作为最终产品的用户。对于高端,且仍很昂贵的 3D 打印机,分层发放的模式很有潜力。随着这项技术的不断普及,使最终用户也将有能力使用 3D 打印机,在附加模式的意义上,用户可以使用自助服务模式在本地生产产品。在从推到拉的模式的意义上,这可以将客户更紧密地整合到价值链中,直至进入开放的商业模式。如果知识产权保护变得越来越重要,则可以考虑使用许可模式。以建立深厚的客户关系为目标,3D 打印也可为客户忠诚度模式服务。

通常,3D 打印会威胁其他的市场参与者简化或加速生产过程的所有业务模式,从而潜在地取代价值链中的某些部分。例如,集成模式受到影响。

6.5 总结

在数字化转型时代,企业需要重新考虑其业务模式,以适应新的挑战。必须以结构化的方式来支持这一转型过程。为此,商业模式基因提供了一种方法,它基于经验研究,从中提取实践中已取得成功的业务模式,并以将其汇总为业务模式样本。事实证明,许多业务模式样本都与信息技术的创新密切相关,并由其发展作为技术推动力。另一方面，新的信息技术或应用正威胁着现有的传统业务模式，使许多市场参与者淘汰出局，而将众多的行业外的新生力量引入市场。一方面，要分析信息技术组件与影响领域之间的联系，另一方面，现有的业务模式样本以及模式聚类，使企业能够可视化并理解这两者之间的依赖关系，用以支持他们改造自己的业务模式。正如一句谚语所言：当风吹来的时候，有的人筑墙，有的人造风车。从这个意义上讲，信息技术和业务模式样本之间的匹配应该对此有所帮助，也就是企业通过相应的信息技术，以最佳的方式支持其业务模式，协助其取得经营成功，除此之外，它们可以最大程度利用信息技术创新，将其集成到企业创新的过程中。

参考文献

1. Lemke C, Brenner W, Kirchner K (2017) Einführung in die Wirtschaftsinformatik, Bd 2. Gestalten des digitalen Zeitalters, Heidelberg
2. Müller SC, Böhm M, Schröer M, Bahkirev A, Baiasu B-C, Krcmar H, Welpe IM (2016) Geschäftsmodelle in der digitalen Wirtschaft, Vollstudie, Studien zum deutschen Innovationssystem, Expertenkommission Forschung und Innovation (EFI) – Commission of Experts for Research and Innovation, No. 13-2016, Berlin. ISSN 1613-4338
3. Bauernhansl T (2017) Die Vierte Industrielle Revolution – Der Weg in ein wertschaffendes Produktionsparadigma. In: Vogel-Heuser B, Bauernhansel T, ten Hompel M (Hrsg) Handbuch Industrie 4.0, Bd 4. Allgemeine Grundlagen, Berlin, S 1–32
4. Bundesministerium für Bildung und Forschung, Zukunftsprojekt Industrie 4.0. https://www.bmbf.de/de/zukunftsprojekt-industrie-4-0-848.html. Zugegriffen am 26.02.2018
5. Kreutzer RT, Neugebauer T, Pattloch A (2017) Digital business leadership. Springer Gabler, Wiesbaden
6. Rikfin J (2014) Die Null Grenzkosten Gesellschaft. Fischer, Frankfurt am Main
7. Parker GG, Van Alstyne MW, Choudary SP (2017) Die Plattform-Revolution. mitp, Frechen
8. Rogers DL (2017) Digitale Transformation: Das Playbook. mitp, Frechen
9. Schallmo D (2013) Geschäftsmodelle erfolgreich entwickeln und implementieren. Springer Gabler, Wiesbaden
10. Osterwalder A, Pigneur Y (2011) Business model generation. Campus, Frankfurt am Main
11. Schallmo D, Rusnjak A (2017) Roadmap zur Digitalen Transformation von Geschäftsmodellen. In: Schallmo D et al (Hrsg) Digitale Transformation von Geschäftsmodellen. Springer Gabler, Wiesbaden, S 1–32
12. Gassmann O et al (2013) Geschäftsmodelle entwickeln. Hanser, München
13. Bloching B et al (Roland Berger Strategy Consultants) (2015) Die digitale Transformation der Industrie, Studie im Auftrag des BDI. https://bdi.eu/media/user_upload/Digitale_Transformation.pdf. Zugegriffen am 08.09.2018
14. Châlons C, Dufft N (2016) Die Rolle der IT als Enabler für Digitalisierung. In: Abolhassan F (Hrsg) Was treibt die Digitalisierung? Springer Gabler, Wiesbaden, S 27–39
15. Mayer-Schönberger V, Cukier K (2013) Big Data – Die Revolution, die unser Leben verändern wird, 2. Aufl. Redline, München
16. Plattner H, Zeier A (2012) In-Memory Data Management: ein Wendepunkt für Unternehmensanwendungen. Springer Gabler, Wiesbaden
17. Plattner H (2013) Lehrbuch in-memory data management. Springer Gabler, Wiesbaden
18. Freiknecht J (2014) Big Data in der Praxis. Hanser, München

19. Giel L (2013) Veracity – Sinnhaftigkeit und Vertrauenswürdigkeit von Big Data als Kernherausforderung im Informationszeitalter. http://blog.eoda.de/2013/10/10/veracity-sinnhaftigkeit-und-vertrauenswuerdigkeit-von-bigdata-als-kernherausforderung-im-informationszeitalter/. Zugegriffen am 31.01.2018
20. Tiemeyer E (2017) IT-Management: Einordnung, Handlungsfelder, Rollenkonzepte. In: Tiemeyer E (Hrsg) Handbuch IT-Management, 6. Aufl. Hanser, München
21. Schmitt J-H (2013) Social media. Springer, Wiesbaden
22. Wikipedia (2017) Wearable computing. https://de.wikipedia.org/wiki/Wearable_Computing. Zugegriffen am 31.01.2018
23. van der Aalst W (2016) Process mining: data science in action, 2. Aufl. Springer, Heidelberg
24. Schlatt V et al (2016) Projektgruppe Wirtschaftsinformatik des Fraunhofer-Instituts für Angewandte Informationstechnik FIT. Grundlagen, Anwendungen und Potenziale, Blockchain. https://www.fit.fraunhofer.de/content/dam/fit/de/documents/Blockchain_WhitePaper_Grundlagen-Anwendungen-Potentiale.pdf. Zugegriffen am 31.01.2018
25. Stieglitz S (2017) Enterprise Gamification – Vorgehen und Anwendung. In: Strahringer S, Leyh C (Hrsg) Gamification und Serious Games. Wiesbaden, S 3–14
26. Gabler Wirtschaftslexikon, Chatbot. http://wirtschaftslexikon.gabler.de/Definition/chatbot.html. Zugegriffen am 26.02.2018
27. Kollmann T (2016) E-Business, 6. Aufl. Springer Gabler, Wiesbaden
28. King R (2017) Business model canvas: a good tool with bad instructions? https://de.slideshare.net/RodKing/a-business-dna-map-of-the-business-model-canvas. Zugegriffen am 26.02.2018
29. Böhm M, Weking J, Fortunat F, Müller S, Welpe I, Krcmar H (2017) The business model DNA: towards an spproach for predicting business model success. In: Leimeister JM, Brenner W (Hrsg) Proceedings der 13. Internationalen Tagung Wirtschaftsinformatik (WI 2017), St. Gallen, S 1006–1020. https://www.wi2017.ch/images/tagungsband_wi_2017.pdf. Zugegriffen 08.09.2018
30. Roth-Dietrich G, Gröschel M (2018) Digitale Transformation: Herausforderung für das Geschäftsmodell und Rolle der IT. In: Lang M (Hrsg) IT-Management: Best Practices für CIOs. de Gruyter, Berlin, S 141–166
31. Veit D, Clemons E, Benlian A et al (2014) Geschäftsmodelle: eine Forschungsagenda für die Wirtschaftsinformatik. Wirtschaftsinformatik 56(1):55–64. https://doi.org/10.1007/s11576-013-0400-4
32. Baden-Fuller C, Morgan MS (2010) Business models as models. Long Range Plan 43(2–3):156–171. https://doi.org/10.1016/j.lrp.2010.02.005. ISSN 0024-6301. http://www.sciencedirect.com/science/article/pii/S0024630110000117. Zugegriffen am 26.02.2018
33. Spiegel O, Abbassi P, Zylka MP, Schlagwein D, Fischbach K, Schoder D (2016) Business model development, founders' social capital and the success of early stage internet start-ups: a mixed-method study. Bd. 26, 5. Aufl., S 421–449. http://onlinelibrary.wiley.com/doi/10.1111/isj.12073/full. Zugegriffen am 26.02.2018
34. Digitrans Method Framework. http://www.interreg-danube.eu/approved-projects/digitrans/section/digitrans-method-framework. Zugegriffen am 26.02.2018
35. Nagl A, Bozem K (2018) Geschäftsmodelle 4.0 – Business Model Building mit Checklisten und Fallbeispielen. Springer Gabler, Berlin/Heidelberg. http://www.springer.com/de/book/9783658188412. Zugegriffen am 26.02.2018
36. Schlotmann R (2018) Digitalisierung auf mittelständisch – Die Methode „Digitales Wirkungsmanagement". Springer Vieweg, Berlin/Heidelberg, S 47-50. https://doi.org/10.1007/978-3-662-55737-2
37. BMI Lab, BMI and digital transformation, 08.05.2017. https://www.bmilab.com/blog/2017/3/28/bmi-and-digital-transformation-1. Zugegriffen am 26.02.2018
38. Rayna T, Striukova L (2016) From rapid prototyping to home fabrication: how 3D printing is changing business model innovation. Technol Forecast Soc Chang 102:214–224. https://doi.org/10.1016/j.techfore.2015.07.023. ISSN 0040-1625

39. BMI Lab, How does digital transformation and business model innovation interlink, 28.07.2017. https://www.bmilab.com/blog/2017/7/28/how-does-digital-transformation-and-business-model-innovation-interlink. Zugegriffen am 26.02.2018
40. Giese P, Kops M, Wagenknecht S, de Boer D, Preuss M (BTC-ECHO) (2016) Die Blockchain Bibel: DNA einer revolutionären Technologie. CreateSpace Independent Publishing Platform, Kleve
41. Holotiuk F, Pisani F, Moormann J (2017) The impact of blockchain technology on business models in the payments industry. In: Leimeister JM, Brenner W (Hrsg) Proceedings der 13. Internationalen, Tagung Wirtschaftsinformatik (WI 2017), St. Gallen, S 912–926. https://www.wi2017.ch/images/tagungsband_wi_2017.pdf. Zugegriffen 08.09.2018

第3篇
流程和项目管理的新方法

第 7 章 通过机器人流程自动化实现流程数字化

克里斯蒂安·切阿内科基（Christian Czarnecki），顾纳尔·奥瑟（Gunnar Auth）

作为数字化转型的一部分，创新型技术概念，如物联网和云计算等，被视为可推动组织和业务模式发展，使其发生深远变化的巨大驱动力。在这种情况下，机器人流程自动化是一种非常新颖的流程自动化方法，其中，人工工作和劳动可通过软件机器人进行学习，并自动化地给予执行。在现有的表现层上，软件机器人可以模拟人工输入，因此无须更改现有的应用系统。在此，创新的最基本想法，就是将现有流程的执行从人工操作转换为数字式，这就是机器人流程自动化与传统的业务流程管理的根本区别，如在业务逻辑层次上对传统的业务流程管理进行流程驱动的调整。目前，市场上已经有各种机器人流程自动化的解决方案，并作为软件产品提供。特别是在不同的实际应用系统中，对于重复性处理的操作流程，机器人流程自动化已经产生了良好的运行结果，如西班牙电信公司 Telefónica 35% 的后台流程已经实现自动化。由于机器人流程自动化实施的工作量相对较低，并且具有很高的自动化潜力，因此，在实践中，很多行业领域对机器人流程自动化有着非常浓厚的兴趣，如银行、电信和能源供应。本章将具体讨论机器人流程自动化作为流程数字化的创新方法，并为实际操作提出某些具体的建议。为此，要区分模型驱动的方法和自学习方法。在机器人流程自动化系统的通用体系结构的基础上，还将讨论其实际的应用场合，以及它们的自动化潜力和技术局限性。随后，对所选取的一些机器人流程自动化产品，本章还将给出一个较为结构化的产品市场概述。最后，利用三个具体示例，进一步说明机器人流程自动化在实践中的应用。

7.1 流程数字化的基础

目前，针对市场和价值链的数字化，以及与其相关的数字化转型，无论是在理论研究，还是在社会实践中，正受到广泛的重视和深入的讨论[6,29,37]。创新

第 7 章
通过机器人流程自动化实现流程数字化

型技术和应用,如物联网、人工智能、云计算和社交媒体,都被认为是可以引发商业世界、社会组织和私人生活等发生根本性变化的催化剂[17,52]。对于数字化本身和数字转型的概念,目前仍然没有明确的定义[45],甚至术语学家对其现有概念的分界也是有争议的[33]。但是我们可以看到一个共识,数字化转型的实质是通过创新型技术,对商业模式和组织进行改革[20,23,26,38]。例如,谷歌(Google)、脸书(Facebook)、优步(Uber)和爱彼迎(Airbnb)等企业就正在质疑和挑战传统的商业模式[29]。

如果将颠覆性的数字化技术视为推动性因素,那么数字化转型也不再是一个技术问题,而是企业战略、社会组织和文化三者挑战的结合[3,27]。因此,需要使企业的实际流程和业务流程管理方法适应数字化的要求[10,42],这些都被概括为流程数字化[12,33,35,36,45]。瑞士圣加仑大学信息系统研究所每年都发表一个数字成熟度与转型报告[4],这是一项针对452家企业的实证研究,将流程数字化视为数字化转型的九个维度之一,并将其定义为所有企业,转型过渡到具有最高自动化水平的数字化结构的方向。其真实的目标是使企业流程更加灵活地、快速地适应新型技术,以支持数字化的业务模式(图7.1)。即使在许多方面可以将流程数字化和流程自动化理解为是同义词,但实现这一数字化转型的过程,还将会面临许多具体的挑战,如新的协作模式和创新伙伴关系[52]、定位网络组织和数字生态系统[29],对此要以客户为中心,始终如一地关注客户的期望[24],以及以面向协作和敏捷为导向的领导方法[39]。

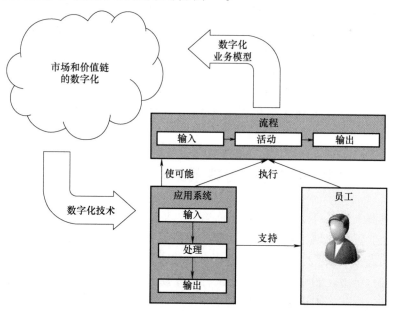

图 7.1 数字化转型与流程数字化之间的关系

使企业流程适应技术进步并不是一个新的想法，而是经济信息学的一个核心主题，几十年来，出于企业成本、产品和服务质量以及创新观点的原因，其重要性一直在被讨论[22,41]。通常，企业流程通过其经营活动实现，定义了所能提供的服务，但一个应用系统对信息技术处理提供支持，可以是（1）完全接管流程的执行，或者（2）仅协助人员的操作[2,32]。第一种情况代表了整个过程的自动化，而第二种情况仅是单一过程的自动化。在工业化生产中，自动化最基本的好处是节省运行成本，提高设备可用性，缩短产品交货时间，以及提高产品的可靠性和过程透明度[15]。另外，某些过程也只能通过应用系统才能实现。早在20世纪90年代，在业务流程再造的背景下，人们就曾经讨论过流程和技术之间的相互作用，以及可带来的创新潜力[9,22]。但在当时的企业实践中，与生产率潜力相比，它所受到的关注较少[28]。

原则上，实现流程自动化可以采用两种方法，以下统称为流程自动化的传统方法：

- 使用应用系统中的实施流程，如企业资源计划（ERP）或者客户关系管理（CRM）：由于现有的实际企业流程与应用系统的功能之间通常都存在着差异[16]，因此需要使应用系统适应与实际过程的要求，或者调整实际过程，使之适应应用系统现有的功能。基于传统的业务流程管理方法，创建对应当前状况和目标方案的模型[43,51]，然后在技术上和组织上实施。
- 通过业务流程管理系统（BPMS）实现自动化：在这里，临时性工作流程系统、生产工作流程系统和案例处理系统之间是有区别的[11]。流程模型一般是逐步执行的，因此可以通过与其他应用系统的接口，集成其他的业务逻辑[11]。而其基础通常是一个过程模型，其活动是逐步执行的。

通常，这两种方法都与广泛的实施项目相关联。尤其是对于较为复杂的应用系统架构，专业性要求和技术实施之间的协调可能就是一个挑战。在这种情况下，机器人流程自动化提供了一种创新的方法，将在下一节中详细地进行讨论。

7.2 机器人流程自动化的体系结构和应用场景

就机器人流程自动化的出发点而言，人们观察到，尽管使用了各种信息技术，如企业资源计划、客户关系管理和业务流程管理系统，但仍需要对流程进行额外的人工干预[46]。在机器人流程自动化方法中，这些人工活动将由软件机器人来进行学习，然后实现自动化操作。系统输入只是在现有的表现层上进行模拟仿真，因此无须更改现有的应用系统。

机器人流程自动化，这一术语类似于有形机器人，如作为生产流程自动化

第 7 章
通过机器人流程自动化实现流程数字化

中的工业机器人[40]，或者用于服务流程中的交互[53]，但机器人流程自动化完全基于软件系统。就像有形的机器人可以执行人类的动作一样，在机器人流程自动化中，人类活动由软件机器人接管[1,7]。该软件机器人的行为与人类完全一样，它会自动地执行各种操作。因此，与应用系统的交互仅通过用户界面就可以实现。现有的企业应用系统保持不变。这就将机器人流程自动化与传统的流程自动化方法（请参阅第 7.1 节）区分开来，但后者通常需要在技术或组织上进行一定的调整。

就机器人流程自动化可使用的标准软件而言，即使其特定特征和功能可能有所不同（请参见第 7.3 节）[47]，但都是基于图 7.2 所示的框架结构。其基本原理是用户输入的自动化，它在技术上基于现有方法，如屏幕抓取，即从计算机屏幕或网站摘取文本的方法[13]、宏[50]和脚本[49]。从专业的角度来看，机器人流程自动化提供了更广泛的功能来自动化整个过程。这里很重要的一个方面，就是机器人流程自动化的实现不需要任何技术知识，如脚本编程[54]。因此，具体操作可以由信息技术专业部门来实现。机器人流程自动化系统通过配置规则，或观察人的活动来进行学习。由于软件机器人通过其表现层与底层系统进行通信，所以每次交互都需要在相应的应用系统中进行登录。因此，从业务逻辑的角度来看，存在不同的软件机器人，各自作为机器人流程自动化系统的代表，在各自的使用系统中用自己的用户验证码进行登录。因此，在服务器上修改所准许的客户查询数量，就可以控制和调整机器人流程自动化系统的可伸缩性[1]。此外，访问数据的管理是一个与安全性相关的主题。

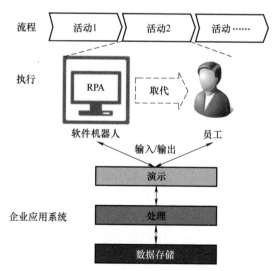

图 7.2　机器人流程自动化的基本框架[7]

与传统的流程自动化方法相比,机器人流程自动化有更少的实施性工作,因为机器人流程自动化系统的管理无须适应现有的应用系统。由此就可以产生很高的企业经营利润,这在许多不同的项目示例中都有所记录,投资回报率的范围在 200% 到 800% 之间[54]。由于可以将机器人流程自动化简单地集成到现有的应用系统中,因此,自动化项目可以由信息技术专业部门来具体实施。与传统的流程自动化方法相比,这消除了技术条件和技术要求之间必要的协调。考虑到数字化转型的挑战,这种灵活性和实施速度是非常有利的。但是,应该指出的是,所描述的这些优点仅涉及实际流程中人工活动的自动化。在此,重新设计流程不是目标,这只在一个狭小的框架内才有可能。重点是使用不同的非集成应用系统,执行简单且重复的操作[1]。

机器人流程自动化的应用可能性,取决于自动化的过程的复杂性。这可以是以下几个复杂程度[7]:

1)常规性任务,复制或组合来自不同应用系统的数据。

2)基于规则的决策性,且结构化的任务,采用来自不同应用系统的数据,并根据预定的规则进行评估。

3)非结构化的任务和决策,除了现有的数据和规则外,还需要有运行经验和知识。

关于前两个级别的复杂性,在不同行业的项目中,已经有机器人流程自动化系统应用的成功实例,如西班牙电讯 Telefonica O2 的 15 个核心流程的自动化[30],英国伯明翰大学医学中心和俄罗斯天然气工业股份公司对机器人流程自动化[54]的使用,以及德国电信对机器人流程自动化广泛应用,进行流程数字化[48],以上都属于非结构化的任务和决策,需要将机器人流程自动化与人工智能方法相结合[46]。

上面所提及的第一类工作,通常是简单和重复的,仅要求工作人员在不同的应用系统上输入其所需的数据。英国伦敦政治经济学院威尔考科斯(Willcocks)教授等人,将这种工作概括描述为"转椅过程",并以人力资源部门的一个例子,给予了详细的说明[54],即一个新员工的雇用过程:为他创建新的电子邮件地址,分配电话号码,登录企业运营系统,制作公司身份证,以及创建和打印个人名片。通常,这些数据必须人工输入并复制到不同的应用系统中。如果这种日常任务是可以描述的,则可以由软件机器人自动化进行,接管人工输入[46]。从经济的角度来看,将适当的过程执行频率作为标准是有意义的。可以设想,在上面的示例中,软件机器人自己登录到企业的人事管理系统,从新雇员的姓氏和名字,创建一个合适的电子邮件地址。然后,将该电子邮件地址与其他数据合并,如电话号码、职务、所在科室等,就可以填写出相应的职工名片订购单,然后发送给印刷部门。按照这种工作逻辑,软件机器人可以接管所有这些例行任务，接管新员工雇用的初期流程。假设一个企业每年雇用几千名新员工，这将大大减小这类工作的人工负担[54]。

基本上，这类例行任务都是些重复性的、结构化的简单劳动，但是需要使用不同的、非集成的应用系统[1]。这些简单的工作，既可以在主要的支持流程中，如在信息技术管理中创建新用户，也可以位于核心价值创建流程中，如将客货订单从呼叫中心转发至生产部门。机器人流程自动化系统可以执行的典型工作可以是[46]：

- 在现有的应用系统中注册。
- 填写表格。
- 提取数据。
- 在机器人流程自动化系统中执行。
- 执行计算。

某些基于规则的决策，可以看作一种简单的例行任务的扩展。例如商务出差申请，这里可根据企业差旅政策的明确规则（如果是超过 8 个小时的飞行时间，可选择商务舱，否则为经济舱）做出各种决定（如选择最便宜的航班）和进行费用结算（整个旅程的总费用）[46]。原则上，所有结构化的流程都可以自动化，前提是可以通过清晰的业务规则，来描述将要做出的决策。通过区分不同的初始情况，可以是可自动化的标准案例，或者是具有人工参与的特殊案例，就可以扩展那些有可能的应用场合（第 7.4.3 小节）。比较典型的示例可以是处理客货信用查询、按需订单处理以及技术问题分类。在此背景下，机器人流程自动化系统可承担的任务还可以包括[46]：

- 汇总和评估不同来源的数据。
- 生成报告。
- 打开和处理电子邮件。
- 执行 ERP 系统中基于规则的功能。

如今，大多数记录在案的机器人流程自动化应用，都是简单的日常任务和基于规则进行决策的混合体[30,48,54]。下一步的发展，将是机器人流程自动化与人工智能方法的结合，目前，正在开发面向更具市场成熟性的机器人流程自动化系统（截至 2017 年底）[46,47]。有望为承接自动化非结构化任务和决策提供可能，如在与客户直接对话中发现问题，或从者销售数据中得出优化措施，引出战略性建议[46]。但还应该注意，对机器人流程自动化系统的实施而言，其资源费用将要增加，具体运作更为复杂。但是，能简单的给予实现，也被认为是机器人流程自动化成功的一个重要因素。因此，结合具体的项目，对机器人流程自动化和人工智能的组合进行评估，将是未来研究的目标。表 7.1 总结了几种机器人流程自动化应用方案，它们都取决于流程和决策复杂性。

表 7.1　机器人流程自动化应用场合概述

流程复杂性	决策复杂性	实施工作的开支	示　　例
简单的例行任务	没有决策	低	在不同的系统中创建新用户
结构化任务	基于规则的决策	低	信用查询处理
非结构化任务	需要经验知识	高	客户服务中的自然语言对话

7.3　选择机器人流程自动化的标准软件

如今，对实现机器人流程自动化，信息技术市场上已提供了许多（标准的）软件系统，以下都简称为 RPA 系统。然而，这些系统在结构和功能上有着很大的不同。其共同点可以总结为以下几个特征[1,54]：

- 在 RPA 系统中，流程的具体实现是通过基于规则的配置或者观察来进行的，也称为 RPA 系统培训。
- 自动化主要基于模仿现有的人工操作过程。
- RPA 系统仅通过用户界面与现有应用系统进行集成。

除了标准软件工具外，专业化的 RPA 服务范围也在不断扩大，这是对一个特定机器人流程自动化产品的内容补充，这种服务独立于特定的产品，或者与服务提供商的专有软件组件相结合。例如，源讯 Atos 公司的 Cognitive Robotics Automation Consulting、Conduent 公司的 Automation Suite、Weissenberg Solutions 公司的 Roboticsourcing。最后，传统的业务流程管理系统提供商已经意识到并整合了 RPA 的潜力，在他们的产品中，如 Scheer 公司的 BPaaS，与 RPA 对应，进行越来越多的扩展应用。然而，下面将不进一步考虑产品服务组合，以及扩展型的业务流程管理产品，本文的重点仅限于特定的 RPA 系统。

表 7.2 列出了十种从三个商业市场研究[14,18,19]中选择的示例产品。这些产品在所有上述三个研究中均具有代表性，并根据其服务范围和普及程度，被认为是该技术领域的领导者。

表 7.2　若干机器人流程自动化系统（按供应商英文名字字母顺序排列）

供　应　商	产　　品	版　　本
Automation Anywhere	Automation Anywhere Enterprise	11
Blue Prism	Blue Prism	6
Kofax	Kofax Kapow	10.2
Kryon Systems	Leo	k. A.

(续)

供 应 商	产 品	版 本
NICE	NICE Robotic Automation	2017
Pegasystems	Pega platform	7
Redwood Robotics	Redwood Robotics	2018
Softomotive	Process Robot	k. A.
UiPath	UiPath	2018
WorkFusion	Smart Process Automation	2017

美国福雷斯特研究公司在其2017年的研究报告中称，市场上可以提供的机器人流程自动化系统的数量为38个，并预测还会进一步增加。由于能提供的机器人流程自动化产品的数量繁多，它们之间的功能也存在着巨大差异，所以，对于特定的企业或者应用场合，选择最为合适的系统并非易事。在选择其他标准软件时，如企业资源规划、客户关系管理[25,34,44]，采用基于规范标准的系统性评估方法，可以防止或避免某些错误决策。

在这一过程中，要确定将被采用的RPA系统（评估对象）的实际价值，是基于评估和判断其是否能够满足预定义的统一性比较标准。无论是标准定义本身，还是评估对象的满足程度，评估目标都必须是要明确确定的。反过来讲，这些目标来自于对所选取的RPA系统，或者一个特定企业，所期望的后期目标。通常，评估标准是从评估对象的属性和特征得出的。为了对所评估的对象进行具体分析，以问题为导向分解对象，可以根据迄今为止的RPA系统的运行特征，构建出一个如表7.3所示的RPA系统形态表。

表7.3 确定机器人流程自动化系统的特性

特征	表现				
部门重点	没有	银行/保险	健康	电信	能源	其他
应用重点	没有	客户互动	财务/付款	采购/采购	信息技术	其他
自动化焦点	没有	常规任务		结构化任务	非结构化任务	
目标系统重点	没有	桌面		Web	后端	
训练方法	标准			观察		
人工智能功能	没有	文本/数据/流程挖掘	识别问题	解决问题	学习/自我适应	其他
用户界面集成	屏幕			语音处理	聊天机器人	

本质上，机器人流程自动化技术是行业和应用场合中立的，也就是说，它

可以用于任何一个应用领域的业务过程。不过，出于差异化的目的，提供商有时会重点强调某些行业，从供应商的角度来看，这可能会使它的产品更具特殊潜力；或者集中关注某一具体行业的客户，即确定行业重点。同样，也有将重点放在企业中的特定部门，如通过预定义的流程（以应用为重点），而这就涉及自动化任务的具体类型（以自动化为重点），或者典型的目标系统所在的运营环境（所谓以目标系统为重点）。在机器人流程自动化系统的训练过程中，基本上可以区分出两种方式，即规则设置和手动流程执行，通常，这两者都可以由图形过程模型给予辅助支持。对于未来的机器人流程自动化发展而言，人工智能技术被认为更具潜力。但是，具有人工智能的这一类商业系统仍处于开发的初始阶段，大多是将来自于商业智能和数据分析的流程和技术，夸大性地冠以人工智能的标签。机器人流程自动化的最新研发主要是针对自学习型软件机器人，该类机器人在流程动态性和自主决策能力方面，都具有强大的鲁棒性和灵活性。

7.3.1 程序步骤

通过系统性的方法，可以将选择决策的成本保持在一个较为合理和可预测的范围内。此外，选择决策质量的提高，还要通过严格审查有关产品的制造商信息，并根据需要，对它们提出需要补充的更多信息，在产品信息尽可能充分的前提下，来评估各个可选方案[21,34]。最后，系统性的方法可以提高选择决策的透明度、可追溯性和客观实际性。图 7.3 所示为选择机器人流程自动化系统的阶段性过程（内容基于参考文献 [5, 21]）。

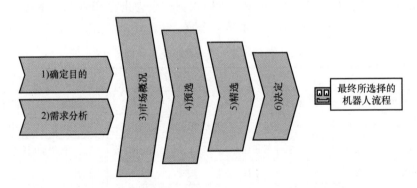

图 7.3 选择机器人流程自动化系统的阶段性过程

该过程从目标设定开始，从具体的业务角度，定义对机器人流程自动化的基本收益期望，以及相关的经营目标。为此，建议进行全面性地分析，不仅要考虑生产率，而且还要考虑流程自动化在增加销售、能源消耗、改善客户体验方面存在的潜力。在这里，高德纳咨询公司[19]将此称为制定企业自动化路线图。

要从技术和信息技术的角度，对自动化潜力进行需求分析。从调查结果中，可以得出评估标准产品的统一标准，并根据所指定的不同目标，考虑其优先度等级，对其进行定量加权。在创建机器人流程自动化软件市场概况时，首要任务是为最终的选择过程，确定尽可能多的候选方案。通过研究互联网所提供的信息资源、专业出版物、白皮书/技术报告等，可以快速地创建相应的软件产品列表。如有必要，可以通过行业展会与竞争对手、合作伙伴、供应商等的交流来给予补充。

将所有基本符合条件的 RPA 系统进行初步预选，可创建一个简短扼要的列表。为此，要定义淘汰标准（也称为 K.O. 标准），这是所有产品在最低程度上，至少必须要满足的条件。这些可以是最基本和最为重要的功能标准。但是，此阶段将首先采用更通用的技术标准，如定位所使用的模型（云技术与内部部署计算）或者许可证模型（如开源产品）。

有了一定明确性数量的可选产品，即可进行最终的详细选择。特别是在此阶段，必须以批判性的眼光，质疑那些表现得乐观和颇有许诺的制造商，并对照检查自己企业的独特情况。比较合适的做法是要求供应商按照客户的要求，演示其软件产品，再对照自己的产品，进行产品测试，甚至是试点性项目，当然，这将需要更多的时间和财务支出。在某些情况下，可以使用供应商提供的免费产品，如演示版本或入门版本（如 UiPath Community Edition、WorkFusion RPA Express）。

在理想情况下，从较为详细的信息中就可以得出候选产品的清晰排名，因此，仅需要确定一个首选产品。如果上述的详细选择结果仍不明朗，则需进行更深入的产品分析，在资金方面，可与供应商们再次进行价格谈判，这些都有助于澄清情况，做出正确的选择。

7.3.2 选择标准

如同选择标准软件，即使是机器人流程自动化系统，也要从业务角度来看，将它们的经济效益和目标实现作为比较的基本标准。

机器人流程自动化系统必须要针对自身企业的具体情况和特殊性，有明确目的地进行选择。对与此无关的部门领域，可以参考选择标准软件的经验和方法。就质量标准而言，可采用 ISO 软件标准 250xx 系列（系统和软件质量要求和评估标准），将其作为一个基础准则。除了机器人流程自动化软件产品本身的属性外，在选择过程中还应考虑提供商在系统引入、使用和进一步开发中的协助作用。例如，针对软件产品供应商，可以考察以下几个方面，如客户为导向、实施能力（如经营业绩）、雇员能力和可用性，以及公司发展动向。

最后，必须制定系统的功能标准，以便从企业运行的角度进行评估，预测经营目标实现的程度，这可以从流程需求分析过程描述的示例中派生出来。功能标准还应面向产品的典型功能，如机器人开发、训练和部署、机器人控制（通常通过控制室）、系统管理、报告、分析、数据保护和安全性[18]。在流程自动化应用领域，通常会提供一些功能用于填写表格、执行机器人流程自动化系统、执行相应的计算以及打开和处理电子邮件[46]。

7.4 应用实例

在本章中，通过机器人流程自动化实现企业经营流程自动化的过程，将以三个实际项目示例，给予进一步介绍。第1个示例（见7.4.1小节）描述了在雷雨期间，主动进行通信故障管理，通过机器人流程自动化，将故障处理集成到不同的应用系统中。第2个示例（见7.4.2小节）是服务记账自动化，其背景在于，尽管存在工作流管理系统，但仍需要各种人工输入的操作。第3个示例（见7.4.3小节）阐明了一个退货业务的过账流程，区分了标准和特殊情况。在标准情况下，可以通过机器人流程自动化实现自动化。这些应用示例基于真实的项目，所提及的数据主要来自研究工作和观察。演示文稿以匿名和汇总的形式进行。

7.4.1 示例1：雷雨天气的主动故障管理

本应用示例的对象是一家市场领先的电信公司[48]。通常，在雷雨情况下，如果网络基础设施发生故障，则客户无法使用通信服务，例如电话。为了主动地应对此类情况，该公司开发了一个三步应急流程：

1）雷暴天气前，与客户主动沟通：提供必要的数据信息作为天气预报。必须对可能受到影响的客户进行分类、分析和评估，以便通过短信及时地通知他们。

2）对受雷暴影响的网络基础设施进行故障分析和重置：雷雨过后，通过分析来识别网络基础结构中受到破坏和影响的设备，重置后，启动这些设备，尝试排除所出现的故障，同时，通过短消息通知客户。

3）检查网络基础结构，并在必要时，派遣服务技术人员进行故障排除：设备重置后，再次检查网络基础设施。如果故障仍然存在，则将通知服务技术人员立即进行故障排除。同样，在这种情况下，也要通过短信通知客户。

上述各个故障处理活动都有其相应的应用系统。数据库可以提供天气预报、网络区域和其地理位置，可以通过分析工具对它们进行定性评估。通过客户关系管理系统，可以访问客户数据，进行与客户的沟通。运营支持系统的诊断工具可进行网络基础结构中的设备分析和重置[8]。劳动力管理系统可支持技术服务人员的规划和派遣。但是，这些单独的系统尚没有集成，因此必须手动进行复制、输入和输出操作。确切地讲，这是由机器人流程自动化系统承担的。企业经营活动、应用系统和机器人流程自动化三者之间的关系如图 7.4 所示。

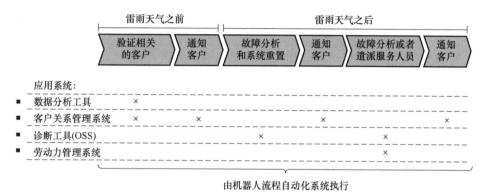

图 7.4　项目示例：雷雨期间的主动故障管理

7.4.2　示例 2：技术服务记账

这里的应用示例是另一家公司，它向私人客户提供技术服务，如远程维护。为此，其制订了若干不同的收费标准，每个收费标准都对应一定的服务内容。通过一个呼叫中心，向客户提供各种不同级别的服务项目。工作人员由一个工作流管理系统给予辅助支持，每个员工都有一个工作清单，即具体任务的工作内容、客户信息、时间期限等。与客户的互动是通过订单预订（所谓的票证）具体实施的。在提供服务期间，可能还需要收取其他的服务费用。这可以发生在过程中的任何时候、任何技术要求层次上。在现有的工作流管理系统中，此类额外的服务活动，可如下描述：

1）创建一个新的服务订单，以便于后期的结账。这需要人工输入客户编号和电话号码。

2）此外，人工输入还是有必要的，这在当前的业务案例中总是相同的。

3）收费标准可以是笼统的，也可按分钟计算。在后一种情况下，必须人工输入时间信息。

4）服务订单被转发到财务部门，在中央订单系统中，必须人工记录订单号。

尽管使用了一个工作流管理系统，但由于记账过程在财务管理中通常被视为一种附加订单，因此还需要人工输入。另外，这一过程很容易出错，这是出于流程可追溯性的要求，因为可追溯性的前提，就是正确地记录所有的过程数据。据统计，这样一个操作流程平均需要7min，每月大约有900个这类业务。可见，在这种情况下，既要操作不同的应用系统，而且还要大量重复地输入标准性工作。通过使用机器人流程自动化系统，就可带来过程的有效改进，如图7.5所示。

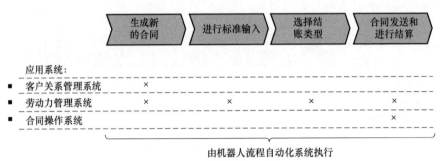

图 7.5　项目示例：技术服务活动记账

7.4.3　示例3：退货

这里的应用示例是一家货运贸易公司。该应用案例涉及退货的操作流程，简称退货。该公司采用一个集成式的客户关系管理系统，可以处理所有业务中与客户的交互来往。对于退货操作，必须采取不同的工作步骤：

1）通过客户编号，对客户身份进行验证，提交给系统内部处理。
2）查询客户订单历史记录，识别并根据订单编号，调出相关的订单文件。
3）检查客户订单中的各项条款内容，确定退货的完整性。
4）创建退货订单，并将其与原始订单相连接。
5）在退货单中补充商业标准条款。
6）完成退货订单，并启动转账程序。

事实上，整个退货过程都可以映射到客户关系管理系统中，但是还需要对不同的表格进行大量的手动输入。如果客户编号和订单编号输入正确，就可返回一个完整的退货订单，则人工活动仅限于重复性的标准输入。仅在某些特殊情况下，如无法确定订单，才需要进一步的人工搜索。可见，所有这些标准化操作，都可以通过机器人流程自动化系统自动执行。当然，在这方面还应区别对待每个处理步骤。通常是将特殊情况转发给员工，手动进行处理，机器人流程自动化系统仅处理重复性的标准流程。这一退货过程如图7.6所示。

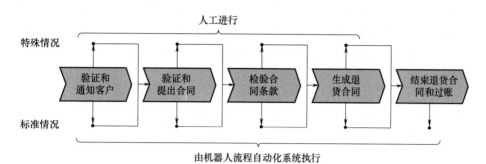

图 7.6　项目示例：退货过账

7.5　总结与展望

除了传统的流程自动化方法外，机器人流程自动化还提供了一种完全新颖的方法，即在运行应用系统中，对人工的输入的操作进行模仿。这种流程自动化主要是通过所谓的软件机器人来实现的，通过用户界面与应用系统的交互运行应用系统。因此，不必修改现有应用系统的软件代码、系统接口或数据结构。同样，原始的机器人流程自动化方法，也无须通过调整流程来优化自动化过程。这意味着，与传统的流程自动化方法相比，机器人过程自动化的实施成本费用低，缩短了实现时间。从企业的角度来看，机器人流程自动化的收益主要在于生产力的提高，因为，机器人流程自动化旨在通过物理机器人实现自动化，这意味着更高的可使用性、更短的流程运行时间，以及更高的流程可靠性和运行透明度。现在，这些潜力的可行性已在不同行业中被大量的实例所证明。

对于最有效地发挥机器人流程自动化的功能而言，要尽可能大批量处理产品变异少的重复性流程。此外，某种程度的决策性任务也可以自动化，但前提是对决策规则给予描述。可以说，机器人流程自动化正越来越多地尝试承担非结构化任务和决策的自动化，为此，除了现有的数据和运作规则以外，还必须引入经验性知识。

尽管机器人流程自动化具有许多新型的功能，但在市场上已经有相当数量的标准软件产品被用于实现软件机器人的功能。但是，这些软件产品在解决方案的结构和功能上，互相存在显著的差异。为了从各种候选方案中选择适合企业的个性化产品，我们建议采用一种系统性的、基于标准的方法，这也正是本文所叙述的。

未来，结合人工智能的方法和流程，机器人流程自动化的发展定会有着巨大的潜力。这旨在提高软件机器人的自学习和决策能力，从而进入更加动态和复杂的应用领域。鉴于当前信息技术供应商和解决方案的数量仍在增加，预计在中期内，将会出现市场上产品的整合。所提供的解决方案，在数量上也将进一步减少。机器人流程自动化的应用将不再依赖于传统的业务流程管理供应商。

参考文献

1. Allweyer T (2016) Robotic Process Automation – Neue Perspektiven für die Prozessautomatisierung. http://www.kurze-prozesse.de/blog/wp-content/uploads/2016/11/Neue-Perspektiven-durch-Robotic-Process-Automation.pdf
2. Alpar P, Alt R, Bensberg F et al (2016) Anwendungsorientierte Wirtschaftsinformatik: strategische Planung, Entwicklung und Nutzung von Informationssystemen, 8., überarb. Aufl. Springer Vieweg, Wiesbaden
3. Bensberg F, Buscher G (2016) Digitale Transformation und IT-Zukunftsthemen im Spiegel des Arbeitsmarkts für IT-Berater – Ergebnisse einer explorativen Stellenanzeigenanalyse. In: Tagungsband zur Multikonferenz Wirtschaftsinformatik (MKWI) 2016. Technische Universität Ilmenau, Ilmenau, S 1007–1018
4. Berghaus S, Back A, Kaltenrieder B (2017) Digital maturity & transformation report 2017. Institut für Wirtschaftsinformatik, Universität St. Gallen, St. Gallen
5. Bick M, Börkmann K (2009) A reference model for the evaluation of information systems for an integrated campus management. Santiago de Compostela, Spain
6. Cole T (2017) Digitale Transformation: warum die deutsche Wirtschaft gerade die digitale Zukunft verschläft und was jetzt getan werden muss! Verlag Franz Vahlen, München
7. Czarnecki C (2018) Robotergesteuerte Prozessautomatisierung. In: Gronau N, Becker J, Kliewer N et al (Hrsg) Enzyklopädie der Wirtschaftsinformatik – Online-Lexikon, Bd 10. GITO Verlag, Berlin
8. Czarnecki C, Dietze C (2017) Reference architecture for the telecommunications industry: transformation of strategy, organization, processes, data, and applications. Springer International Publishing, Cham
9. Davenport TH (1993) Process innovation: reengineering work through information technology. Harvard Business School Press, Boston
10. Denner M-S, Püschel LC, Röglinger M (2017) How to exploit the digitalization potential of business processes. Bus Inf Syst Eng. https://doi.org/10.1007/s12599-017-0509-x
11. Dumas M, La Rosa M, Mendling J, Reijers HA (2013) Fundamentals of business process management. Springer, Berlin/Heidelberg
12. Dünnebeil S, Kaletsch A, Jedamzik S et al (2011) Prozessdigitalisierung durch Mehrwertanwendungen der eGK am Beispiel der elektronischen Überweisung. perspegKtive 2011, Darmstadt
13. Durand C (2009) Internationalizing mainframe applications through screen scraping. In: Aykin N (Hrsg) Internationalization. Design and Global Development. Springer, Berlin/Heidelberg, S 228–235
14. Everest Global (2016) Robotic Process Automation (RPA) – technology vendor landscape with FIT matrix assessment. Everst Group, Dallas
15. Ferstl O, Sinz E (2018) Automatisierbarkeit von IS-Aufgaben. In: Gronau N, Becker J, Kliewer N et al (Hrsg) Enzyklopädie der Wirtschaftsinformatik – Online-Lexikon, Bd 10. GITO Verlag, Berlin
16. Fischer M, Heim D, Janiesch C, Winkelmann A (2017) Assessing process fit in ERP implementation projects: a methodological approach. In: Maedche A, vom Brocke J, Hevner A (Hrsg) Designing the digital transformation. Springer International Publishing, Cham, S 3–20
17. Fitzgerald M, Kruschwitz N, Bonnet D, Welch M (2013) Embracing digital technology. MIT Sloan Manag Rev 55(2):1–12. Cambridge

18. Forrester Research (2017) The Forrester waveTM: robotic process automation, Q1 2017. Forrester Research, Cambridge
19. Gartner (2017) Market guide for robotic process automation Software. Gartner, Stamford
20. Gimpel H, Röglinger M (2015) Digital transformation: changes and chances – insights based on an empirical study. Fraunhofer Institute for Applied Information Technology, Bayreuth
21. Gronau N (2018) Softwareauswahl. In: Gronau N, Becker J, Kliewer N et al (Hrsg) Enzyklopädie der Wirtschaftsinformatik – Online-Lexikon, Bd 10. GITO Verlag, Berlin
22. Hammer M, Champy J (1994) Reengineering the corporation: a manifesto for business revolution. HarperBusiness, New York
23. Hartl E, Hess T (2017) The role of cultural values for digital transformation: insights from a Delphi Study. Proceedings of the 23rd Americas Conference on Information Systems (AMCIS 2017), Boston, Massachusetts, USA, August 10–12
24. Hauk J, Czarnecki C, Dietze C (2018) Prozessorientierte Messung der Customer Experience am Beispiel der Telekommunikationsindustrie. In: Rusnjak A, Schallmo DRA (Hrsg) Customer Experience im Zeitalter des Kunden. Springer Fachmedien Wiesbaden, Wiesbaden, S 195–216
25. Heinrich LJ (1999) Bedeutung von Evaluation und Evaluationsforschung in der Wirtschaftsinformatik. In: Heinrich LJ, Häntschel I (Hrsg) Evaluation und Evaluationsforschung in der Wirtschaftsinformatik: Handbuch für Praxis, Lehre und Forschung. Oldenbourg, München
26. Henriette E, Feki M, Boughzala I (2015) The shape of digital transformation: a systematic literature review. Proceedings of Mediterranean Conference on Information Systems (MCIS)
27. Jung R, Lehrer C (2017) Guidelines for education in business and information systems engineering at tertiary institutions. Bus Inf Syst Eng 59:189–203. https://doi.org/10.1007/s12599-017-0473-5
28. Kohlborn T, Mueller O, Poeppelbuss J, Roeglinger M (2014) Interview with Michael Rosemann on ambidextrous business process management. Bus Process Manag J 20:634–638. https://doi.org/10.1108/BPMJ-02-2014-0012
29. Kreutzer R, Neugebauer T, Pattloch A (2017) Digital Business Leadership: digitale Transformation – Geschäftsmodell-Innovation – agile Organisation – Change-Management. Springer Gabler, Wiesbaden
30. Lacity M, Willcocks LP, Craig A (2015a) Robotic process automation at Telefonica O2. The London School of Economics and Political Science, London
31. Lacity M, Willcocks LP, Craig A (2015b) Robotic process automation: mature capabilities in the energy sector. London School of Economics and Political Science, LSE Library
32. Laudon KC, Laudon JP, Schoder D (2010) Wirtschaftsinformatik: eine Einführung. Pearson Studium, München; Boston
33. Legner C, Eymann T, Hess T et al (2017) Digitalization: opportunity and challenge for the business and information systems engineering community. Bus Inf Syst Eng 59:301–308. https://doi.org/10.1007/s12599-017-0484-2
34. Leimeister JM (2015) Einführung in die Wirtschaftsinformatik. Springer, Berlin/Heidelberg
35. Manz S (2018) Digitale Transformation im Banking – lessons learned. In: Brühl V, Dorschel J (Hrsg) Praxishandbuch Digital Banking. Springer Fachmedien Wiesbaden, Wiesbaden, S 161–187
36. Mayr R (2017) Rationalisierungspotenzial durch Prozessdigitalisierung am Beispiel der kaufmännischen Aufgaben und Meldepflichten. In: Hildebrandt A, Landhäußer W (Hrsg) CSR und Digitalisierung. Springer, Berlin/Heidelberg, S 279–294
37. Mertens P, Bodendorf F, König W et al (2017) Digitale Transformation von Unternehmen. In: Grundzüge der Wirtschaftsinformatik. Springer, Berlin/Heidelberg, S 189–204
38. Morakanyane R, Grace AA, O'Reilly P (2017) Conceptualizing digital transformation in business organizations: a systematic review of literature. In: BLED 2017 proceedings
39. Petry T (Hrsg) (2016) Digital Leadership: erfolgreiches Führen in Zeiten der Digital Economy, 1. Aufl. Freiburg/München/Stuttgart, Haufe Gruppe

40. Pires JN (2007) Industrial robots programming: building applications for the factories of the future. Springer, New York
41. Porter ME (2004) Competitive advantage. Free, New York/London
42. Roeglinger M, König U, Kerpedzhiev G, Rosemann M (2017) Business process management in the digital age. BPTrends. https://doi.org/10.13140/RG.2.2.12087.42408
43. Rosemann M, Schwegmann A, Delfmann P (2012) Vorbereitung der Prozessmodellierung. In: Becker J, Kugeler M, Rosemann M (Hrsg) Prozessmanagement, Bd 7. Springer, Berlin/Heidelberg, S 45–103
44. Schallaböck M (1999) Evaluation von Standardsoftware-Produkten. In: Heinrich LJ, Häntschel I (Hrsg) Evaluation und Evaluationsforschung in der Wirtschaftsinformatik: Handbuch für Praxis, Lehre und Forschung. Oldenbourg, München
45. Schallmo D (2016) Jetzt digital transformieren: so gelingt die erfolgreiche digitale Transformation Ihres Geschäftsmodells. Springer Gabler, Wiesbaden
46. Scheer A-W (2017) Performancesteigerung durch Automatisierung von Geschäftsprozessen. AWS-Institut für digitale Produkte und Prozesse, Saarbrücken
47. Schmitz B (2017) Robotic Process Automation: Leistungsübersicht über am Markt verfügbare Softwarelösungen. Hochschule für Telekommunikation Leipzig
48. Schmitz M, Dietze C, Czarnecki C (2019) Enabling digital transformation through robotic process automation at Deutsche Telekom. In: Urbach N, Röglinger M (Hrsg) Digitalization cases. Springer International Publishing, Cham
49. Schwichtenberg H (2010) Windows Scripting: automatisierte Systemadministration mit dem Windows Script Host [5.8] und der Windows PowerShell [2.0], 6., ak. Aufl. Addison-Wesley, München
50. Sieberichs D, Krüger H-J (1993) Makros automatisieren die Arbeit. In: Vieweg Software-Trainer Microsoft Access für Windows. Vieweg+Teubner Verlag, Wiesbaden, S 303–313
51. Speck M, Schnetgöke N (2012) Sollmodellierung und Prozessoptimierung. In: Becker J, Kugeler M, Rosemann M (Hrsg) Prozessmanagement, Bd 7. Springer, Berlin/Heidelberg, S 195–228
52. Urbach N, Ahlemann F (2017) Die IT-Organisation im Wandel: Implikationen der Digitalisierung für das IT-Management. HMD Praxis der Wirtschaftsinformatik 54:300–312. https://doi.org/10.1365/s40702-017-0313-6
53. Vincent J, Taipale S, Sapio B et al (2015) Social robots from a human perspective. Springer, Cham
54. Willcocks L, Lacity M, Craig A (2015) The IT function and robotic process automation. The London School of Economics and Political Science . Outsourcing Unit Working Research Paper Series, Paper 15/05, London

第8章 保险业中的输出管理——转型为前瞻型全渠道框架

斯蒂芬·塞巴斯蒂安·恩特布赫伯格（Stefan Sebastian Unterbuchberger），卢卡斯·胡宾格尔（Lucas Hubinger），托马斯·罗德维斯（Thomas Rodewis）

> 我们的工作只需要做两件事：以不懈的毅力和意愿，去废除那些要花费大量时间和精力的事情。
>
> ——阿尔伯特·爱因斯坦（1879—1955）

本章的讨论内容，将要回答这一问题，即保险业如何成功地进行输出管理的转型。到目前为止，客户与保险业务人员的外向沟通主要是信件，以纸质形式的来往。重点是各种业务信息的处理、合并、归档。国家监管法规和保险公司对客户沟通的理解决定了对所能提供服务的要求。现在，这种观点却已经过时了，因为客户需要更灵活地获取信息：以正确的形式，通过所希望的渠道，在正确的时间范围内，获得所需的信息。仅仅是专用的技术已不能满足这些要求，或者在未来的可行性方面将受到限制或阻碍。因此，必须将新型的技术要求转移到行业的技术框架中。本章在数字化背景下，就保险业的特殊性，首先对其现有的体系结构进行了分析，汇集和描述了当今客户的实际需求，说明了应用软件工具从开发到调试和运行的全过程。从全渠道战略的角度展望未来的发展趋势。

8.1 动机—输出管理是成功与客户沟通的关键

当我们谈论到"数字化"的趋势时，通常指使企业能够更好地满足客户需求的先进技术能力。这里的"更好"可以被解释为更快、更个性化或更具有针对性。

但是，在保险行业中，"数字化"趋势如同乏味的老生常谈：永远将客户放在第一位。不过是让客户无法区分，他是正在与保险公司进行交流，还是与首选的在线服务交流。无法理解，所预期的服务水平在速度和便利性方面，为何非要有所不同。

或者，客户可能会更直接地问："如果一个在线送货服务，能在短短的几个小时内，就将实物商品送到我家门口，那我为什么非要等待多日，才能收到保险公司的保险单据？"这一看似简单平庸的问题，却给保险业提出了多个方面的挑战：必须建立新的数字联络点，以便能够为客户提供所有必要的服务，从合同的缔结，到中间可能的修改，直至最后的合同终止，或者进行调整以适应当前的要求。

许多保险服务公司的商业模式都基于其独特的销售结构。在这方面，重要的是在法律要求的框架内尽可能高效地进行信息交换。数字化带来的选择在这里提供了各种各样的起点。

最后，这一点非常重要，我们要重新考虑一下，数十年来与客户所进行的常规沟通。在上述情况下，谁还想要一张标准的纸质发票，而它又不提供任何的个人附加值？

在下面一节中，我们将讨论保险业在上述情况下，所要面临的特殊挑战。

8.1.1 分析一个异构系统的格局

在大型保险公司中，中央信息技术系统通常具有较长的生命周期。这主要适用于数据管理的核心应用程序，以及某些横向业务系统，其中还包括在输出管理领域中的安置流程。

可以创建信息技术系统生命周期模型，它的发展有五个不同的时间阶段，从应用软件工具的实现到推出，应用优化到逐步衰退，最后被淘汰。在图 8.1 所示的具体例子中，已经处于停滞与衰退期。目前，保险业的所有主要业务部门（健康、人寿保险和财产保险）都在使用输出管理软件工具。但是，新型的客户要求需要数字化战略的支持，而这还无法给予满足，或者说尚不能经济性地、更加合理地予以实施。

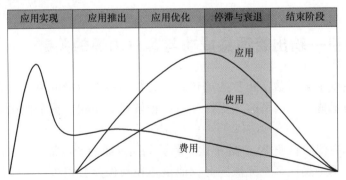

图 8.1　信息技术软件使用阶段模型

第 8 章
保险业中的输出管理——转型为前瞻型全渠道框架

对于这一点，企业管理层要引起重视，理解这场变革的必要性。因此，保险业要制定初步的研究计划，具体对输出管理而言，要考察新型信息技术的应用环境，这包括当前的运作状态、技术状态、运营稳定性、用户期望的实现及其未来的可行性。虽然还难以给出最终的结果的全部要求，但从实施战略上讲，既可以考虑对现有信息技术进行改造，引入现代化的技术成分，也可以考虑完全将其淘汰。

目前，许多与此类似的初步研究结果都表明，许多年以来，保险业在信息技术系统在格局上，形成了一种极其异构的局面。从信息技术上讲，可以确定的有三种产出系统：即具有自定义格式和结构语言的现代化的系统，用于文档确认和业务规则，或者是传统的主机应用程序，但在文档结构上，一种是简单地面向行，一种是非比例字体的静态布局。

由于保险业在专业上有着不同的要求，这就要求将现有的产出系统，分别连接到不同的流程环境和信息技术框架中。这就派生出了不同的应用软件工具，每个都有自己独特的要求。总共有九种相关（主要）的配置形式。

除了纯技术评估之外，还可基于强弱危机分析（SWOT Analysis），评估企业现有应用工具的实际功能和效益[1]。这可以简单归纳为四个部分：优势（Strengths）、劣势（Weaknesses）、机遇（Opportunities）和威胁（Threats）。确定了以下要点：

优势
- 应用软件运行非常稳定，错误/故障率低。
- 从技术上讲，系统较为成熟，在实践中经过了多次测试。
- 即使需要处理大量的打印任务，也可以在所定义的服务级别内轻松地处理。
- 满足最基本的质量要求，如预定的打印结果和文档布局。

劣势
- 需要专用的系统组件和特殊的市场条件限制，这特别是在主机应用程序中，能胜任相应工作的技术人员的技能非常有限。
- 运行系统基础框架的成本费用相对较高，主要是 CPU 时间和文档存储空间。
- 这些应用软件通常会产生多余的许可证费用。
- 就信息数据容量和处理功能而言，其可扩展性，仅可能在非常有限的范围内实现。

机遇
- 客户要求可能会持续性的变化。对多个通信沟通渠道的需求正在增长。
- 从信息技术上讲，目前正处在一个转型阶段，其重点在于数字环境中的新型格式。
- 连贯地实施觉有前瞻性的数字化战略，可以获得显著的成本效益。

威胁
- 数字化的发展对输出管理已经产生了的颠覆性影响，如传统的纸质文件被逐步淘汰。
- 保险业市场需要新的沟通形式来满足客户需求，因此，变革问题将更具有战略性特色。

8.1.2 确定输出管理中的具体要求

保险业要根据已确定的行动方向，制定出具体的技术目标。例如，输出管理应该发挥其现有的优势，同时弥补已确定的不足或运作缺陷。通常应有以下明确的目标：

可持续性

应用软件工具要能够支持各种灵活和开放的文档格式。例如，文件输出格式不再局限于 DIN A4，而是能够根据发送渠道和客户的特定要求，进行动态选择，即所谓的动态响应方式。

编辑过程

行业文件维护和相关的发送可以由专业人员承担，但并不要求其掌握专业化的信息技术技能。目的是使编辑过程尽可能地向前发展。

流程支持

如果不能根据业务规则自动确定寄送和文件，则要为工作人员提供适当的工作流程和工具，即所属的专业流程，以提供最佳的业务支持。

格式和描述

所要提供的客户文件，在同时考虑特定的客户和设备终端的前提下，要尽量满足收件人对文稿的个性化要求。内容格式不应仅限于纯文本，还应允许插入其他选项，如表格和图形。

发送渠道

在理想情况下，该过程应确定正确的客户渠道，这取决于客户的偏好和保险业文件传送的法律要求。如果出于技术或程序方面的需要，可以免除工作人员的干涉和参与。

8.1.3 企业自身与外部发展之间的平衡

根据技术规范，定义了框架结构的基本准则。这样做的目的是处理所有可扩展标记语言 XML 格式的数据文档。为了完整地规范文档输出，应将可扩展样式表语言-转换（XSL-T）用作可扩展样式表语言（XSL）的一部分。XSL 语言

第 8 章
保险业中的输出管理——转型为前瞻型全渠道框架

由万维网联盟 W3C（World Wide Web Consortium）组织，并受到 W3C 标准的约束。万维网联盟是致力于开发通用万维网标准的国际社会组织。只有通过网络规范和标准化，才能有可能充分地利用和挖掘基于万维网的软件工具的潜力[2]。

W3C 标准的优点是应用软件的高度兼容性。通过省略某些特有元素，就可以更换单个组件或实现新的流程。此外，还可以保证有一个一致的框架结构，涵盖从数据建模到转型、转换到所需目标格式的各个方面。接近万维网标准可促进现代技术的使用，如通过超文本标记语言 HTML 格式，可将文档内容进行集成，使其在万维网中再现。

所有框架条件均按要求定制，并作为软件解决方案招标的指导目录。从方案上看，在较早的阶段就已很明显，外部软件并不能满足所有的要求，尤其是在发送控制方面。

部分软件构成了业务系统和实际产出应用之间的接口。其中，后端系统中的业务交易构成了实际的触发机制，以确定向一个或多个收件人进行定制发送。在理想情况下，这是通过业务交易和发送之间的逻辑关联，或通过所定义的业务规则完成的，也就是说，无须工作人员干预。

相对于所定义的指标，要考虑不同部门过程中的平均情况，给出一个约为 80% 的收缩性指导值。这对工作的复杂性有着直接的影响，因为按保险业法规的规定，它必须包含大量特定的行业内容。毕竟，保险公司的许多通信都在后台进行，它的每个部门也都具有其特殊功能。

说明示例：

通过各自的业务角色为其业务合作伙伴，如客户或销售联系人，分配特定的属性。在健康保险部门，投保人是实际的合同合作伙伴。此外，还有一对多个被保险人，他们可以根据现有的合同获得利益。根据业务交易规范的不同，可与不同角色（人员）对话。在合同处理过程中，投保人处于前台，但是享受保险金的通常是被保险人。有关正确的收件人信息，在货物识别规则中明确地给予了定义。此外，还存在对发送副本进行控制的要求，如要为合同代理人提供这些信息。

这里的示例给出了技术组合的可能性。通过这种方式，可以得到使复杂角色与相应业务交易中的不同角色（保单持有人、被保险人、转让债权人、法定代表人、中介人等）建立联系的不同方案。因此，决定自己开发解决方案中的这一部分。

图 8.2 描述了产出应用软件的基本结构。其核心部分是调度单元。先前确定的货物和单据将转移到调度单元。这样，调度单元就可以将其控制和转换为所需的目标格式，处理流程中发生的错误，最后，将订单转移到输出控制单元。

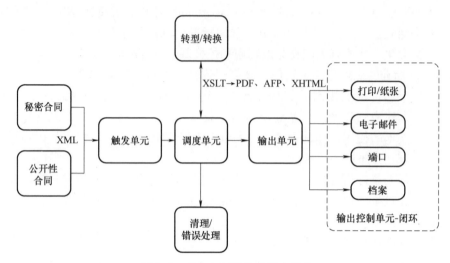

图 8.2　产出应用软件的基本结构

输出控制单元的任务是在闭环中控制不同的输出通道。闭环处理可确保所有发送订单均可得到可靠的处理。例如，如果在打印过程中发生错误，则可将该过程标记为"开放"状态，然后重复执行该过程，直到成功处理。

在电子传输的情况下，可以选择性地改变发送渠道。例如，如果电子邮件由于地址错误而发送失败，则将通过邮政以投送信件方式进行发送。

8.2　规划试点应用

在确认了特定的需求以及要开发或采购的哪些组件之后，就可开始进行应用程序的规划试点。这里的内容既包括选择合作伙伴，又包括确定专业候选人员。

8.2.1　产品选择的考虑因素

准备工作结束后，第一轮为招标程序，有 19 个投标者。要基于市场分析以及潜在的合作伙伴进行初选，这些合作伙伴通常会提出各自的解决方案。

进入到选择阶段，首先要制定一个结构化的问题目录，其中，每个问题按其重要性有不同的加权等级，还有相应的选择或排除规则。由一个团队对问题答卷和员工反馈进行汇总和评估。每个问题的优先级可以通过加权来确定。具体的选择过程和方式可通过采访、产品演示和测试进行完善。在本文中，上述流程结束后，只有两家供应商可选用。

在最终的选择阶段，就功能范围和技术规范要求而言，两家企业都基本满

第 8 章
保险业中的输出管理——转型为前瞻型全渠道框架

足了基本核心要求。但是，就企业特征而言，其中一个是年轻的创新型企业，另一个是企业的长期供应商，传统意义上其技术更加成熟。

在这一点上，决策空间已经扩展到了另一个维度：在选择合适的合作伙伴时，要考虑战略方向。在这种情况下，必须权衡各个候选伙伴的优势和弱点，尤其是中长期可能产生的正面和负面影响。

权衡各个方面（表 8.1 和表 8.2）之后，最终的选择还是一家年轻的企业，这是因为在数字化转型过程中，它可以保证和获得最佳的战略支持。

但是，为了限制选择中的风险程度，还需确定另外两个框架参数：应将一家成熟且具有偿付能力的软件公司作为正式的合作伙伴，来保证和承担应履行的合同义务。通过始终如一地奉行开放性的战略，进行产品更改，在适当的情况下，仅对个别部件进行更换。

表 8.1　年轻的创业公司，市场成熟度低

优　点	缺　点
• 高度创新性（适应市场趋势） • 主动地考虑个别客户的意愿 • 客户积极参与进一步发展 • 更加关注技术标准，减少特有解决方案，借以保持向下兼容性	• 软件产品可能在某些部分方面，无法得到更充分的考虑 • 由于缺乏广泛的客户群，经济可行性有限 • 如果没有经济动力，则在创新方面可能有长期性风险

表 8.2　已成立的公司，市场成熟度高

优　点	缺　点
• 解决方案在很大程度上已经很成熟，并且在实践中得到了验证 • 基于已经实现的市场占有率，可以期待进行持续性发展 • 可以考虑可根据客户需求，确定开发人员团队的规模 • 框架条件可提高规划的安全性，进而降低实施风险	• 将客户过去的要求考虑为开放式的标准，特定解决方案 • 创新程度很高，但在很大程度上取决于现有客户的要求 • 产品标准中不包含个别客户的特殊要求，而是将这种个别客户的要求是作为扩展的一部分，因而造成额外的维护成本

8.2.2　寻找合格的专业实施候选人

在下一阶段，有必要确定一个专业方面的候选人，即在概念验证 PoC（Proof of Concept）的背景下，充当客户端和将来用户的角色。

通常，产出应用软件工具的移植会造成很高的成本费用。这种技术上的支出取决于软件工具的成熟度，以及其所占的业务份额。特别是从技术的角度

来看,这涉及方案的准备工作,尤其是对各个单独文件的编辑实施,以及要进行的前期测试。出于这些原因,就要在做出选择和决策之前,考虑一些标准范畴:

- 候选人必须毫无保留地支持该项目。为了取得成功,重要的是要有实际和具体的专业兴趣,并能够在所需的职能范围内,提供适当的知识资源。
- 项目必须在合理的时间段内(一年内)具有可行性。如果初始项目延期过长,会使整个计划更加复杂化,并导致后期的风险难以估计。如果随着时间的推移,项目没有取得明显的成果,该项目也可能受到严格的审查,并可能被终止。
- 为了获得足够的测试结果,以保证解决方案的可持续性和后期的迁移,项目的规模一定不能太小。特别是对于企业内部开发的基本功能而言,要求得到实施和验收。
- 对于影响所有企业部门的总体项目,应积极与利益相关者进行交流互动。高层管理人员的支持对于长期、连续性地推进项目至关重要。

考虑到输出管理中的方方面面,这里选择了是房地产信贷(为建筑融资提供贷款)。房地产在保险业中起着特殊的作用。通常,合同管理的后端系统与技术基础框架并没有过多的紧密性关系,这就与大型保险公司的业务有所不同。因此,可以将调整限制在一个相对狭窄的范围内。但由于业务流程是多个层次的,因此可以测试产出管理系统中所有的基本要求。

除了连接到现有的主机应用程序之外,还要求实现复杂的传输控制,以及所谓保密或公开处理的可能性。当然,这为将系统开发到一定的成熟水平提供了机会,并将此作为进一步进行软件迁移项目的基础。

涉及风险管理,还要考虑另一个观点,就是新开发的软件工具可以与现有方案以并行的方式实现,而无须将现有流程制定在固定的日期。这种后备确保了即使遇到技术问题,程序也能正常工作。

8.3 项目阶段

作为项目计划的一部分,还澄清了适当方法的问题。基于给定的框架条件,该项目注定要使用敏捷的方法。因此,决定使用迭代式增量开发模型开发新的组件。

8.3.1 方法:迭代式增量开发模型和瀑布模型共同构成一个单元

这是两种截然相反的方法,但它们在实践中都非常受欢迎:特别是迭代式增量开发模型和瀑布模型。

迭代式增量开发模型

最初，这一模型来自信息技术中的软件开发领域，但现在也用于许多其他研发领域。它为开发项目提供了一种迭代式、经验的和增量的方法（图 8.3）。

图 8.3 示例：迭代式增量开发过程

这种过程的核心部分是一个敏捷的团队。团队成员分别扮演了不同的角色。特别是产品负责人、项目主管和开发团队。各个角色任务的明确分配如下：

- 产品负责人制定技术要求，并确定其优先级。
- 项目主管确保按该方法流程行事，消除可能出现的障碍。
- 开发团队负责开发产品，特别是开发团队的自主工作是这种模型的特征[3]。

在这一模型中，所谓的冲刺表示项目中的专用时间区间，一般最长为四个星期，其目的是产品的、短周期性进展，其结果称为产品增量。因此，可以通过较短的反馈回路确保较高的开发速度，获得产品最终结果，使客户利益最大化[3]。

瀑布模型

瀑布模型由几个单独的固定阶段组成。每个阶段都取决于前一阶段的进展，这意味着必须在其前一阶段完成后，才能开始其后续阶段。正是这个原因，瀑布模型通常显得笨重和乏味。最终生成的结果，只有到项目晚期才鲜明可见，随之而来的还有延迟的错误检测。此外，通常很难对可能出现的更改要求，迅速和及时地给予实施，即使能够修改，也需要付出大量的额外代价[4]。

在这一点上，我们不想刻意地对上述两个模型的各个阶段做进一步的详细介绍。而只是简要地概述两种模型的优缺点，以便选择合适的方法，在项目准备阶段进行讨论。表 8.3 非常清楚地表明，在项目管理过程中没有"一马平川之路"来使项目实施尽可能的高效和成功，因为所讲述的两种方法都各有其优缺点。

表 8.3 两种方法的优缺点对比

	优 点	缺 点
迭代式增量开发模型	• 灵活性 • 透明度 • 适应客户需求	• 规划的不确定性

(续)

	优　　点	缺　　点
瀑布模型	• 明确定义 －范围 －时间 －费用	• 结果的后期可见性 • 硬性规则 • 错误在后期方能检测 • 方案费用高

正是这一讨论，得出了这样的结论，即在实现具体用例之前，可以尝试将两种模型结合使用。因此，极可能采纳两种方法中的优点，发挥其协同效应。

因此，新型的产出应用软件开发多是基于迭代式增量开发方法进行的。但是另一方面，实际集成是通过传统的瀑布模型，以流水线的方式，将新的产出应用软件集成到现有的系统环境中的。

但这两种方法的组合，也带来了需要进行调节控制和紧密联系的挑战。一般，软件正常的开发周期与版本发布日期相关，这要涉及企业整体的计划。因此，不能随意地提供相应的结果类型。而且，这个问题在后面的测试、集成和提供过程中依然存在，因为事先约定了交付时间通道，对迭代式增量开发而言，比较容易克服上述问题，因为在每次冲刺后，都提供了一个可演示，且可以进行功能测试的产品。

这里，希望解决方案尽可能地与敏捷开发脱钩。新组件可以独立实现，并在自己的测试环境中进行测试。这涉及了一个从模拟调试到环境转换和系统转换的过程。这里的一个优点是，开发团队始终由一个组织单位的成员组成，使得除了方法框架外，更容易实现紧密的合作。

8.3.2　将万维网应用程序框架 Ruby on Rails 和开放格式作为技术指南

除了方法论之外，还必须做出正确的决定，即针对具体用例应该采用哪种基础技术。这里，选择的是开源的万维网应用程序框架 Ruby on Rails，简称 RoR。它基于 Ruby 编程语言，可以通过两个基本原则来定义：不做重复的事和惯例优于配置。

"不做重复的事"的原则所追求的目标是尽可能少地进行多余的开发工作。这在软件框架中，很大程度上避免了重复代码和重复操作，如生成不同的类框架，其大多数原代码相同，仅在几行有所不同。

而"惯例优于配置"则是要求开发人员必须遵守用于命名对象（如页面或函数名）的约定，而不是可变但复杂的配置[5]。这两个原则的结果就是保证代码的可读性，易于理解，实现快速、高效的软件开发。

为什么选择 RoR？该程序框架有哪些主要具体的优势？

RoR 专注于现代万维网应用程序的快速和敏捷开发。其核心是模型-视图-控制器模式。该模式将编程逻辑分为三个不同的类型：其中，"模型"包含实际的核心业务逻辑，如保险业中的数学计算。

"控制器"接收用户输入，并将其转发到"模型"，如创建超文本标记语言 HTML 或 JSON 模板，将结果的内容在"视图"上显示，"视图"正是用户与软件的交互界面。这些示例已经表明，在这种程序框架中，已经有许多现成的、即刻可用的软件工具和系统功能。

在此，Java 平台企业版（Java EE）有很多的工具库，它提供了大量的选择，以不同的代码实现相同的结果。一方面，这一系统框架为代码设计提供了几乎取之不尽的可能性，即这不是 Java 无法解决的问题。但是，对于开发人员而言，在确定和实现最佳解决方案时，需要投入大量的细节工作，这最终是需要时间的。

而 RoR 提供了更容易的访问途径和更清晰的系统结构。如前所述，其许多功能都是预定义的。借助框架式的指导方针，编码和软件实现的时间要快得多。因此，可以在短时间内取得明显的成功，这可以进一步激发开发人员的热情。在这一点上，还应该提醒的是，在软件社区中，RoR 受到了非常的"炒作"，虽然这个框架在保险业和环境中还尚未成熟。但无论是在市场上可用的专用软件工具方面，还是在平台的使用方面，Java EE 的基础应用都广泛得多。当然，RoR 社区的活力可以通过广泛的支持来弥补这一不足。如果可能，开发团队就能够深入地参与其中，让他们的项目开发成果流入社区。

例如，作为开发的一部分，可在操作系统 Z/OS 上的 DB2 创建一个 JDBC 适配器。这样就可以在主机上执行相应的 SQL 语句。

由于 RoR 在实施和平衡风险管理方面具有明显的优势，因此在上述输出管理中，RoR 被选择用于自行开发出货控制软件。在保险业，这一决定也非常适合作为技术驱动，制定创新战略目标的一部分。

8.4 进一步转型的趋势和成功因素

如开始所述，保险业的业务以及许多其他行业的业务多是面向文件的，它们都采用已知的规范和标准。因此，对于这类商业信函的结构，已根据其书写、内容和设计规则进行了详细地描述，尤其是 DIN 5008[6]。以下将强调说明产出处理中的文档格式、文件数字化转换、书写规范和准则以及工作流程等问题。

8.4.1 XML 和 XSL 构成了一个面向万维网的灵活文档输出基础

就德国工业标准（DIN）而言，其中各种定义都起源于已知的起始格式，如世界大部分地区使用的 DIN A4 或美国和加拿大使用的书信格式。

为了在未来以适当的方式呈现文档信息，就有必要脱离这些框架条件。将来，DIN A4 格式仅作为一种可能的产出变体，分配给一个或多个发送渠道，如纸质邮件。

如果发送渠道发生变化，数据信息的前期准备和后期显示，都必须适应新的技术条件。在万维网环境中，这一属性称为响应设计。通常，在网页上显示的信息，还应适应其他的电子设备，如手机、平板电脑和笔记本电脑，从而为用户提供最佳的浏览效果。

这些属性必须转移到输出管理。最后，必须将数据内容（即行业用语）与再现演示分开。这是新型产出应用软件要遵循的设计原则之一。

综合各种产出要求，这种工作的核心是使用可扩展标记语言（XML）和可扩展样式表语言（XSL）作为文档规范的基础。XML 以分层结构的形式描述数据，人类和机器均可读取。对于输出管理，需要从后端系统读取数据模型中的必要部分，并通过相应的数据接口进行传输。

为了连接其他用户系统（如商业伙伴的应用软件），或者其他用户从外部调用产出系统，可设置简单对象访问协议（SOAP）的万维网服务。它们通过企业服务总线（ESB）进行数据编排，并通过网关进行数据保护（备份）。不同输出组件之间的通信（如从浏览器到后端），可通过调用表述性状态传递（REST）运行。就接口的连接而言，这种变体形式应该优选。

在此阶段，XML 文档已经具有必要的元数据，以供后续输出。这包括发货信息，如收件人的地址数据、单独属性值或迭代列表。也包括后续的规则控制属性。

但仍然缺少的是用于文本转换的控制参数。这些可由可扩展样式表转换语言（XSLT）指令补充。这些一方面是文本本身，即语言内容；另一方面是样式表，其中包含有关格式的数据信息。

可以使用 XML 路径语言 XPath 来实现与文档相关的规则集。这包括基于如果-则-否则的简单逻辑规则，以及更复杂的表达式和嵌套规则。

例如，这是一个 XSLT 代码，用以评估一个风险载体指标和收益键的规则：

/Outputauftrag/Allg/Header/Risikoträger='00014' and (for $x in

//Leistungsabrechnung//Hinweis return substring($x,1,4)) = ('1426','1434','1435','1436')

可以通过 XSLT 处理器读取上述文档，并生成所需的文档输出格式。先进的万维网浏览器已经集成了 XSLT 处理器，因此可以显示此类文档。

用于专业化处理和一个企业标识（CI）的布局，可使用可扩展样式表语言格式设置对象（XSL-FO）。在 XML 环境中，这一应用程序提供了再现文档的元素和属性。这包括页边距、页面尺寸、页面序列、编号、边框、间距、列、块、段落、列表、表格、句子样式、连字符和图形元素（如线条或图像）。图 8.4 简单地描述了产出生成的整个过程。

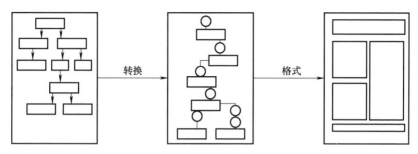

图 8.4　产出生成的总体过程

这一过程的起点是 XML 文档，首先使用 XSLT 样式表将其转换为 XSL-FO 文件，文件内容呈树型结构。这可使用合适的转换器（FO 处理器），它可以将此树型结构的文件，转换为各种输出格式。

除了众所周知的 PDF 格式（便携文档格式）以外，还有用于事务处理打印的格式 AFP（高级功能演示）或者 XHTML（可扩展超文本标记语言或可扩展 HTML）。

8.4.2　AFP 和 PDF：两种相互竞争的方法

在现有或将来的输出渠道中，哪些电子格式是重要的？即使从长远来看，纸质文档不再是重点，但今天，它仍然涵盖了大部分的文本通信。

在交易业务打印领域，AFP 格式早已成为标准。这种格式是由美国国际商业机器公司（IBM）开发的，目的是能够高效地处理大量打印数据流，并尽可能地进行布局。专业打印机具有适当的处理器，可以根据数据生成光栅格式。以这种方式创建的页面原则上包含文档的图像，该图像以精细的像素显示，并可以以这种方式生成。

但是，对于共享或数字化使用，该格式完全不合适，因为它不符合在数字化战略框架内制定的任何要求。

在这种情况下，PDF 格式已发展成为一种替代格式，现已在许多应用场合成为标准格式。这种格式由 Adobe 于 1993 年开发，旨在实现跨越平台的数据交换。确保在所有设备上的再现和输出尽可能以相同的形式表现。某些要求和其他功能的添加（如视频文件的嵌入）在一定程度上，与事物处理打印的要求相矛盾。这时就需要一种精简的格式，以节省资源的方式提供必要的信息。

为了解决这个问题，PDF 标准推出了子表单 PDF/VT。这个附加的批量交易输出（VT）或可变数据打印（VDP）已经可以根据预期用途进行操作。

该标准于2010年制定，旨在实现两个主要输出通道之间的桥梁：这些文档既可用于批量生产，也可用于终端设备上。其优点是显而易见的。此时，仅需针对输出格式过程进行某些优化。使用适当的格式化程序或转换器，就可以生成所需的子标准，而不会丢失文档的任何基本功能。

在我们的示例中，PDF格式通常被一致性地使用，如在存档过程中。由于输出处理过程尚未完全转换，并且打印机的处理取决于数据的预处理，因此，在第一阶段添加了一个中间步骤：已经以PDF格式提供的文档仍将转换为AFP格式，以便能够使用现有的处理路径进行物理打印，而不会丢失文档的基本属性。

8.4.3 未来的输出渠道：全渠道沟通

这是否就可以满足一个全渠道框架的未来要求？答案是不！这个观点基本上代表了输出管理领域的现状。到目前为止，优化纸质文件的发送过程，并支持作为衍生产品的电子路径足以。电子发送主要侧重于通过电子邮件和门户提供。

但是，从客户的角度出发，就提出了完全不同的期望。在日常生活中，移动设备变得越来越重要。客户所希望的流程简化也转化成对输出管理的新要求。

目前，信息应该可在任意的时间、任意的地点、任意的电子设备上传输和处理。在输出管理中，某些专用软件工具，如PDF阅读器，都仅扮演着一个从属的角色。现在已解决了对某些操作系统或平台的限制。如果不再使用纸质文档，上述的德国工业标准框架也不再起任何作用。也就是说，文档格式和媒体变得更加任意化。

为满足这些要求，我们所选择的系统框架提供了一定的基础。PDF格式只是过渡时期的一种临时变体。可扩展超文本标记语言（XHTML）的发布为再现和表现数据信息开辟了一个更新的可能性。因此，在文档内容中可添加某些基本指令，来支持在浏览器中的显示方式。为了能够操作各种设备，有一种响应式方法提供了所需的动态特性。下面的一个例子将说明其必要性：

在数字化发展方向，至少客户访问渠道上，健康保险业的服务流程已经改变。通过使用软件工具记录业务内容，并以电子方式存储和提交，现在基本上可以被描述为一种市场标准。通常，后续过程仍然是常规性的。在服务处理之后，会向客户发送服务信函，其中包含有关退款金额的信息。从客户的角度来看，这里存在信息媒体的中断。如果所提交的款项已全额报销，通常不必发送上述内容的信函，只需有仍需客户付款的信息就足够了。现在，就应通过客户所需的渠道传递这类信息，出于保险业程序和法律规范原因，这也适用于通常意义的业务交易。这可以是短信的形式、电子邮件的形式、社交媒体的上下文或最初的某些关于服务款项的提示性内容。

对于输出管理而言，这里的挑战就是以适当的渠道准备要发送的信息。如果信件内容包含大量不同项目的费用计算，就可采用多个内容文档，如费用列表的方式，否则就只需一个简单的短信作为确认信息。

这就是调度控制发挥作用的地方。除了保证正确的收件人外，还必须针对具体情况，基于行业规则附加若干文档和来自相关渠道的单据。如果能解决上述问题，对于更简单的问题，就只需一个短信，即一个文本文件，除了发送渠道以外，它将手机号码作为"地址"。在产出通信中，这种灵活性就可以理解成全渠道形式。在启动相应的项目时，必须确保将其先决条件始终纳入应用软件的设计和相应的体系结构决策中。

8.4.4 流程自动化——从输出到输入

说到产出处理的方方面面，都不应该忽略交流是一个双向过程。对话既可以是由客户发起的，也可以是客户对所收到的信息的响应，这种过程可以用"具有输入能力的输出"来概括。在我们的项目中，已经深入地讨论了这个问题。这一问题的范围很广。因此，首先要考虑一些注意事项和选择某些解决方案：

● 在实施过程中，已经实现了利用现有 PDF 表格的可能性。许多企业都有大量的数据库，通常为静态或可写形式的 PDF 文档。对于表格而言，其重构非常复杂，因为这就必须实现一个包含大量细节信息的静态布局。而传统的输出管理系统设计更多地针对动态文本内容的格式。

如果已经创建了输入字段，则可以通过已定义的 XML 数据填充它们。然后，客户获得一个电子的文档，这一文档已用已知数据进行了预配置。在此过程中，屏幕上的可编辑字段仍将保留，可继续在屏幕上进行数据编辑。

如果收件人使用此选项，则会生成一个新的文档，这一文档的内容可以通过光学字符识别（OCR）方法，以较高的识别率读取。已定义的后续过程可以通过专业数据提取提供值，并且在理想情况下是暗箱式的操作。

● 另一个选项是提供数字表格。其内容被集成在基于万维网的显示中。所捕获的数据不仅作为可读信息转发，而且可存储在后台并转移到后端系统进行进一步的处理。

8.4.5 白色标签支持灵活的分销渠道

所谓的白色标签主题，带来了一个完全不同的问题。不仅在保险业出现了一种趋势，即产品供应商和所销售的品牌不一定完全相同。对于输出管理，这就要求为所发送的文档附加一类"销售信封"。这可以是布局特征，如企业徽标，还可以是有关企业的法律信息，通常会出现在所谓的脚注里。

在设计产出应用软件时，请注意将这两个元素分开：一方面是一个主体布局，其中包含了品牌或客户的定义，另一方面是实际文档，在其中包含了专业的技术内容。

在后面的过程中，将通过一定的规则，将这些单独的逻辑单元进行合并。这样，仅采用一个流程连通其相关文档，就可以用于多种不同的品牌。这将对维护工作产生持久的影响，并最终将降低成本。

8.4.6　良好的风格不只是正确拼写

除了准备媒体本身的内容之外，还需要考虑其他的因素，即按客户需求解决他们的问题。

在输出管理中，语言的设计是一个具有高度优先级，需要重视的因素，理所当然，除了正确的文字拼写之外，文本的可理解性也是不可忽视的。但是，这在保险业中通常是困难且麻烦的，因为这个行业具有繁多难解的专业术语。这是事物的本质，因为保险业本身总是无形的、复杂的和抽象的。

但是，为了以客户为导向，必须使文件所表达的内容，让客户能够基本理解保险公司想传达给他的信息。因此，除了正确的拼写和形式之外，在输出管理中，"企业语言"的正确设计及其可理解性，也起着另一个核心作用。

一个示例如下：

为了检验文本的可理解性，可以使用各种方法。最著名的方法之一是霍恩海姆可理解性指数，它是从各个尺度值中计算出的一个指数值，将文本可理解性定义在一个从0（=可理解性低）到20（=可理解性高）的范围内。用于客户沟通的信函，建议的可理解性指数至少应为14[7]。

用于该指数的主要文本参数如下：

- 平均句子长度（以单词为单位）。
- 平均单词长度（以字母为单位）。
- 超过6个字母的单词比例。
- 超过12个单词的短语。
- 超过20个单词的句子比例。
- 负面描述。
- 填充词和缩写。

还有一些其他有效的手段，如用动词代替名词，避免使用外来单词，以及使用积极、直接和正面的表达，都是一个好文档的特征。

现在的问题是，在实践中，企业如何才能快速且便捷地检验制定文档的可理解性？例如，基于霍恩海姆（Hohenheim）可理解性指数，有一款示范性软件 TextLab。语言学家和传播学家还在不断地开发该文本分析软件工具，以向用户提供文本改进建议和优化技巧：如向客户传达的信息是礼貌的、过于抽象的、过于疏远的还是太偏向专业技术性的？另外，可以通过组合企业常用语和有限的专业术语，将企业语言基本固定在文档产出中[8]。

因此，除了灵活的输出格式和实时输出外，在内容方面还要有一个面向不同客户的定制处理。接下来，我们将研究如何在输出管理的框架内，优化工作人员的工作流程。

8.4.7 通过智能规则和更强的文档导向来简化文书工作

成本，这个词在输出管理中也具有完全不同的意义。除了已知的影响因素，如运营成本（基础设施、许可证、维护等）和投递成本（主要是邮资）外，过程成本也起着决定性的作用。这至少适用于人工操作处理比例很高的行业。

目前，信息技术和自动化已越来越多地进入保险业。至少对于简单的产品和服务，即在没有员工干预的情况下，通常都可按所谓的暗箱操作的方式进行。相关的文档和单据也能够自动地生成并发送。而当涉及高度个性化、密集型的过程时，情况就不同了。尤其是对于复杂的产品和服务，或者困难麻烦的情况，如在个性化服务或索赔处理方面。

人工处理文档的程度是可变的，其范围可从使用预定义的文本模块组成，到完全自由地撰写。当前只能在有限的技术程度上，辅助支持后一种情况。而在理想的情况下，最优的工具能尽可能多地满足文本编辑的所有要求。

除此以外，在所有其他的情况下，技术可以对提高工作效率做出非常好的贡献。这里的关键问题是采用哪种文档设计理念。这有两种极端形式：

- 高度可重复使用性——嵌入若干复杂的规则以及文本模块和文档的高度依赖性。
- 面向文档的方法，其中有意识地接受冗余的文本模块。

我们从过去的分析和实践经验中，得出了这样的设计原则，即尽可能选择一种面向文档的方法。该原则有以下一些优点：

- 在此过程中，业务人员总要选择要发送的内容或文档。对于他们而言，文档是要发送信息的自然代表。
- 从一个文档的大量文本模块中进行选择，很快就会变得混乱并且需要花费时间。但是，如果从最多5个文本模块中选择，效率就会很高。
- 在编辑过程中，引用文本模块也会很快导致文档间的依赖性和高成本（请参阅下一节）。

一个尽可能完整的文档可以使员工集中精力,因此工作效率也更高,特别是在编辑工作需要专业或法律知识的背景下。

8.4.8 从构思到生成就绪的文档:优化的编辑流程

除了一般性的文书处理流程之外,创建文档的编辑过程也是产出优化的重要杠杆。在保险业中,具体的文档内容通常由专家和律师来确定。由于行业和专业的复杂性及客户定制的要求,更具体地讲,文档内容、相关文件、文本模块和业务规则等的维护,应该保留给专家进行。虽然现有的产出系统已经得到了进一步发展,将可以部分地减少对训练有素的信息技术专业人员的依赖。但是,该项工作仍需要一定程度上,对行业问题和技术有正确的理解,并不断地保持与相应主题的接触和联系。

然而,在数字化和其本身高度动态变化的时代,这与许多要求背道而驰。人们很难想象和接受,新的创新产品不会在所有渠道中并行地传播开来。因此,这个过程也是数字化转型的一部分。

一种解决方案是智能地组合不同的过程模型。对于静态文本内容,开发了一个单独的工作流程。编辑人员通常都很熟悉当前流行的文字处理系统。因此,可在 Word 中定义相应的模板,以各种形式(打印区域无页边距)进行文本编辑。

专家们可以使用所有工具,快速有效地表达文本内容。尤其是文档更改追踪之类的功能,在大范围的前后核对中非常有用。

然后,可使用自动化流程将这些文档模板转换为各种最终的打印格式。当前,比较流行 PDF 文档和 AFP 文档。PDF 文档可以立即使用,如用作数据库的信息输入,或者允许在主页上下载。而 AFP 文档作为企业资源,存储在输出资料库中。在处理过程中,这些资源被嵌入到预先定义的文档中,这类文档包含类似主模板的格式信息(如页边距)。这就将创建完整的、可处理的文档。

对于动态生成的文档,无法避免某些专业内容表达的偏移。因此,编辑人员必须明确地定义内容,还必须定义输出值或打印可变文本模块的条件。这就出现了上一节中已经提出的难题。在这一点上,上述过程如果过于复杂的话,将会导致大量的人工编辑工作。文档的结构越简单,技术规范就越容易,最终也越容易在开发结束时进行测试。

为了使文档生成尽可能的高效,已经设计了若干编辑模板,以简化的形式对应技术上设计的文档。这样,编辑人员可以自行制定,定义必要的更改。

但是,本文的应用目标是进一步促进和简化文档访问。因此,仅涉及个别文本内容的简单更改,将来可以由专业编辑自己进行。

8.4.9 文件变得丰富多彩——但还是纸质的

作为最后一部分,将专门讨论输出管理中的文档颜色问题。作为数字化转型的一部分,文档设计和实物制作已经经历了彻底的改革。除了使用可以动态控制的文本对象(如商标、签名或文本)之外,还实现了批量制造项(如穿打装订用的微孔)。

新型的产出系统已经可以在设计中支持这些加工过程,如可以在该文档中,直观地确定在何处以及根据哪些规则发布图形。然后,处理过程将生成包含所有文档对象和颜色信息的打印数据。在此,数字版本与物理结果相对应。无论选择哪种渠道,客户都会收到可以满足企业标识基本要求的文档。从提升企业品牌形象的角度来看,这是一个重要因素。

为了在文档生产中实现这一点,现有的激光打印机被最先进的喷墨系统所取代。因此,可以在四色 CMYK(青红黄黑)空间中,以非常高的质量打印数据流中的颜色信息。符合颜色规格的配置文件,可随打印数据一起提供,或者由颜色管理系统直接在打印机上生成。

要满足打印质量和颜色规格的要求,选择合适的纸张类型至关重要。一般通过几次迭代测试,就可以实现硬件和耗材的最佳搭配。通常,结果是非常令人满意的,以至于普通客户几乎无法识别出与偏移版本的差异。这是非常了不起的,因为规格要求的 HKS 光谱的色彩(HKS 色谱包括 88 种基本色和 3520 种专色,适用于各种类型的纸张,如艺术印刷纸、天然纸、报纸和连续纸。可通过添加辅色 K、N、Z、E 生成 HKS 色谱。因此,锚定在企业标识中的颜色代码 HKS 43 K 表示该参考对应于铜版纸上的蓝色调),即使在胶印生产中,也不容易实现。

除了上述质量方面的影响外,这还对流程及其效率产生了影响。过去,保险业文件打印主要用于处理预打印的商务文件。预制的信纸必须以各种不同的形式存储,并送入打印工艺链。但由于纸盘的容量有限,会导致工作人员干涉的频率相对较高。此外,在打印处理中经常会出现故障或错误。

借助这项新技术就可以实现重大的改进。纸张通过卷筒送入打印过程。一卷纸,如果按 DIN A4 格式,大约为 75000 张。因此可以大大减少纸张放置或翻转的过程。

然后,在此过程中,完整的打印数据将被传输到卷轴,即假脱机过程,本质上是缓冲传输的打印作业。该方法源自英语,意味着可以在线并行进行外围设备操作[9]。除了控制处理之外,此过程还负责颜色管理。例如,颜色空间中的应用程序可以提供最大的 CMYK 值。CMYK 颜色模型是一种减色模型,构成了现代四色打印的技术基础。打印目标颜色的定义基于各个成分的混合比例。

每种颜色的可能值介于0%和100%之间。可以相应地转换其他表格的颜色。例如，颜色 HKS 13（红色），其对应参数值 C 0、M 100、Y 95 和 K 0，实际上对应黑色，则该信息将转换为纯黑色（使用键颜色）。这样，打印墨粉的消耗量可以大大减少。

但是，在此过程中出现了一个问题。即在技术转换时，并非所有的应用软件工具都迁移到了新的产出系统。因此，这就要求提供具有颜色信息的完整文档，但实际上，还需要预先已打印，带有商务抬头的文件。对此，其解决方案是采用一个额外的虚拟轴。为此，保留了实际上用来正确地插入预打印信纸的轴控制装置。在轴控制系统中，提供了要使用的预打印标识，对应信函开头的图像。为了进行打印，将打印数据与图像合并，以便文档以可处理的方式呈现。

以这种方式产生的打印页将再次被卷起，然后转入包装系统，进行进一步处理。首先，将其切割成最终尺寸（当前为 DIN A4）。根据相应的信封尺寸，将要发送的纸张文档进行折叠（1 折或 2 折）。根据需要，补充其他所需的文件，自动包装进信封中。

在下一步的工作中，可以扩展业务范围，如给部分文档印上用于装订的标记。这就允许在后续过程中，进行自动化装订作业。已封装的邮件可以在最后分别着色。这样包装设备就扩展和配备了相应的喷墨打印模块，可以在此过程中附加上文本或图形信息。

整个流程链中的最后一点涉及调度控制。所生成的各个邮件将放入邮箱保存，然后移交给运输服务供应商。在优化过程中，增加了许多其他的合作伙伴。因此，要扩展控制功能，以减轻发送工作量。为此，可将地理位置编码器集成到应用程序中，以优化邮资计算和运输准备工作。此模块可根据地理数据进行控制，如根据邮政编码对邮件进行拣选，组织分离运输。这种扩展可用于部分自动化处理和传递不同类型的邮件。

从商业角度来看，这些技术转换可以节省大量的运营支出。除了降低人员成本外，材料成本也大大降低。这一效应还可得以补充，即在控制和实施技术方面，将具有更大的灵活性。对于纸质邮件来讲，使用中性纸还可以带来积极的环境保护效果，因为经过技术转换，所消耗掉的预制纸减少。

8.5 展望

在输出管理更加灵活的背景下，我们已经看到保险业正在面临的挑战，以及可以使用哪些方法和技术，创建相应的解决方案。

概述中所描述的"数字化"趋势，只是希望能够满足客户期望的一个里程碑。争取在每个通信渠道内，灵活地持续完善信道的功能，将是一个非常重要

第 8 章
保险业中的输出管理——转型为前瞻型全渠道框架

的因素。不言而喻，信息是以适合于渠道的方式存在和呈现的。

这种期望有一定的补充要求，即确保所有参与者都能够始终透明地提供某一事务的详细内容和发展进度。具体来说，如果某个客户在致电服务中心或其代理商后，始终无法收到一致性的反馈信息，未能达到目标。则还可以通过电子邮件或 WhatsApp 之类的快速访问渠道，和保险公司或代理商进行通信。因此，"全渠道管理"这一术语被赋予了另一个维度，可以说是信息的同步性。

一旦能够战胜这些挑战，将进一步的发展阶段集成到产出过程中就相对容易多了。在客户方面，我们期待着这些发展：个性化的视频、保险需求和服务范围、真正解释保费调整的个性化信息，等等。

参考文献

1. Homburg C (2000) Quantitative Betriebswirtschaftslehre: Entscheidungsunterstützung durch Modelle. Gabler, Wiesbaden
2. W3C (2018) https://www.w3.org. Zugegriffen am 25.02.2018
3. Preußig J (2015) Agiles Projektmanagement: Scrum, Use Cases. Task Boards & Co., Haufe-Lexware, Freiburg
4. Ruf W, Fittkau T (2008) Ganzheitliches IT-Projektmanagement: Wissen, Praxis, Anwendungen. Oldenbourg Wissenschaftsverlag, München
5. Williams J (2007) Rails solutions: ruby on rails made easy. Springer, New York
6. Grün K (2013) Der Geschäftsbrief. Gestaltung von Schriftstücken nach DIN 5008, DIN 5009 u. a. Beuth, Berlin/Wien/Zürich
7. Bredel U, Maaß C (2016) Leichte Sprache. Duden, Berlin
8. Dunkl M (2015) Corporate Code: Wege zu einer klaren und unverwechselbaren Unternehmenssprache. Springer, Wiesbaden
9. Werner J (1979) Betriebswirtschaftliche Datenverarbeitung, Systeme, Strukturen, Methoden, Verfahren, Entscheidungshilfen. Gabler, Wiesbaden

第 9 章　数字化项目管理的愿景和成熟度模型

霍尔格·蒂明格（Holger Timinger），克理斯蒂安·西尔（Christian Seel）

多年来，项目管理软件一直是项目实施中的标准工具。在当前的软件工具解决方案中，重点是项目的计划和进度控制，以及项目参与者之间的沟通。但是，通过机器学习进行数字化可以实现更高级的应用要求。其结果能够更好地支持项目决策，甚至可以使项目管理人员的工作自动完成。这里将介绍两个示例：定制项目管理的方法和自动化方案规划。因此，本章概述了数字化项目管理的愿景，特别是使用机器学习的方法和数字化工具的广泛使用。为了使这一愿景切实可行，并为其实现提供途径，还提出了成熟度模型 M2DIP。通过该模型既可以确定自身企业在数字化进程中所处的位置，也可以推导出数字化项目管理的开发路径。

9.1　项目管理中的数字化

9.1.1　概述

目前，数字化的概念尚未统一定义。在更多的意义上，它既可以意味着信息和通信的转换和描述，或者对仪器、制造设备和交通车辆进行数字型功能的补充，同时也可以将数字革命作为一种社会过程来理解[1]。

在项目管理方面，数字化的重点在于通过软件工具转换和显示与项目相关的数据信息，如描述项目计划时指明项目的当前状态。近年来，项目管理软件工具本身也发生了重大变化。在 20 世纪 90 年代和 21 世纪初，项目管理软件通常仅限于创建统计数据的条形图。许多软件工具都是单一的用户解决方案。后来，添加了基于数据库和服务器的功能，从而可以跨越项目资源计划。现在有一种明显的趋势，就是软件即服务（Software-as-a-Service，SaaS）解决方案，它完全可以在万维网上借助浏览器操作，不再需要本地安装。

软件即服务解决方案已经得到了广泛推广，为项目管理功能补充了协作成分，有时甚至可以替代其管理功能。项目管理软件开发商已经意识到，如果企业员工对一个最佳的计划不理解，或者项目中出现的问题不是由于缺乏完整的计划，而是由于参与者沟通不足，那么再好的计划也将无法真正实现。如今，协作性软件也提供了用于通信、数据存储、同步和异步处理文档的功能。例如，它会自动提醒团队成员即将要进行的会议，管理人员可以由此了解当前企业资源的使用情况。但是，项目管理软件不必局限于企业文档和计划的数字化，以及项目中利益相关者的沟通。这可能是由于人工智能的方法。更准确地说，通过机器学习的方法，计划任务或决策支持功能在将来可能会更加自动化，并且项目管理方法本身的定制，也可以由软件提供支持。

在这里，有一个制定数字化项目管理的方法，即混合项目管理模型（HyProMM）[2]。HyProMM是一种基于自适应参考模型的方法。该模型以软件形式实现了可根据诸如项目复杂性、团队规模或团队成员之类的参数，来自动调整以适应数字化项目、企业员工和未来的客户。尤其是通过这种方法，完成项目的结构化准备工作，以及使用机器学习方法（如深度学习或基于案例的推理）是非常有前途的。将来，这意味着可以量身定制流程模型和项目管理方法，这将较少地基于个人的主观经验和喜好，而是系统地将已完成的成功项目存储在知识库中，并在此基础上不断地改进、剪裁和定制。

该方法说明，通过高级数字化过程，如机器学习，就可以使用项目管理工具的新方法和解决方案。为了能够系统地进一步开发项目管理工具，本文还介绍了成熟度模型，说明在项目管理中，数字化的现状和未来的发展潜力。

这将涉及以下的几个研究课题：

1）哪些项目管理工具功能可以通过数字化给予实现？

2）如何使用成熟度模型的形式，描述项目管理中的数字化状态？

3）如果不具备最大成熟度，将会对企业产生什么影响？从中可以找到什么样的措施？

9.1.2 研究方法和结构

为了回答这三个问题，首先应了解所使用的研究方法。这里选用的研究方法，直接涉及上述问题，取决于要达到的研究目的[3]。因为本章的目的是要制定一个愿景，尤其是建立一个项目管理中数字化的成熟度模型，因此可以使用设计科学工具来处理这类研究问题[4]。瑞士圣加仑大学信息管理研究所所长沃斯特勒（Österle）等人在关于面向设计的商业信息学备忘录中做了如此的假设，即面向设计的工作必须遵守以下原则[5]。

- 抽象性：一项工作必须适用于同一类的问题。
- 原创性：一项工作必须对已成熟的知识做出其创新性贡献。

- 合理性：一项工作必须明确，事出有因，可以给予验证。
- 收益性：一项工作必须能够为当今或将来的利益参与者带来效益和收益。

因此，本文将着重具体化和验证这四个原则。在项目管理中，数字化的愿景和成熟度模型基本上可应用于所有的数字化项目，这就满足了上述抽象性的原理。因为上述两者还不存在，因此本文是原创性的，其最深远的意义是合理性原则和收益性原则，因为两者都将作为结果直接给予反映。

为了更好地理解项目管理中的数字化成熟度模型，9.2 节具体介绍了成熟度模型的形态，并重点介绍了其实际的技术状况；9.3 节概述了数字化项目管理的愿景。基于此愿景，9.4 节介绍了已开发的成熟度模型 M2DIP。为了证明该模型的收益性，9.5 节阐述了成熟度模型对企业的影响，并通过应用实例给予说明。

9.2 项目管理中的成熟度模型

9.2.1 使用成熟度模型的目的

成熟度模型使企业可以根据既定的特征，对项目管理的属性、结构和过程进行评估。其中，每个特性都分配了成熟度级别，可以定量地评估每个特征。在评估的基础上，可以评估自身部门的绩效，或者与其他企业进行比较。成熟度模型可用于属性、结构和过程自身的进一步开发。此外，成熟度模型的应用还有助于跨越组织部门的协作。因此，企业可以要求其合作伙伴和供应商也达到一定的成熟度，以确保在协作期间满足企业自身的要求。

成熟度级别这一术语用来表示属性、结构和过程的可靠性程度，以可定量的数值级别给出。许多已建立的成熟度模型，大多都使用 4~5 个级别。通常，最低级别对应完全没有满足所需的基本功能，最高级别对应特征指标的完全实现。一般来讲，总体成熟度来自几个特征的集合。

成熟度模型的级别层次是相互依存的。仅当完全满足下属级别的特征，并且额外满足本身所需级别的特征时，才能达到成熟度级别模型的下一个更高级别。这可能会出现级别的重叠。例如，有可能一个组织部门已经完全满足成熟度模型中第 1 级的要求，而且还满足了许多，但不是全部的第 2 级的要求。尽管如此，该组织部门将仍继续被评定为 1 级成熟度。仅当满足下一个更高级别的所有要求时，才会升级到该级别。

9.2.2 常见的成熟度模型

最常见的成熟度模型是能力成熟度模型集成（Capability Maturity Model Integration，CMMI），该模型由 CMMI 研究所协调[6]。CMMI 的起源可以追溯到 1979 年，当时的美国质量管理大师，克劳斯比（Crosby）发布了质量管理成熟度网格[7]。质量管理成熟度网格旨在帮助企业发展其质量管理系统。随着 1993 年发布的能力成熟度模型（Capability Maturity Model），2000 年便由此产生了能力成熟度模型集成（CMMI）[8]。最初，CMMI 专注于研发组织，旨在改善整个企业范围内的流程。CMMI 1.3 版于 2010 年发布。从那时起，采购、开发和服务部门就有了特定的模型。

CMMI 使用 5 个成熟度等级。最低级别，即 1 级，被称为初始级。通常，这一级别的企业组织部门所使用的工作流程较为混乱。第 2 级被称为管理级，这时必须存在有关工作流程的方针规范，并且要遵守这些规范。第 3 级被称为定义级，即借助标准、程序说明、工具和方法来描述定义的工作流程。第 4 级为定量化管理级，要组织和使用可定量的指标、目标及统计方法来控制工作流程。第 5 级，即过程优化级，将第 4 级中定量的关键指标用于连续性的过程改进和完善。对应的每个级别，CMMI 都定义了相应应用模型的过程区域。例如，这些包括配置管理、度量和分析、项目计划和风险管理。成熟度越高，需要考虑的过程区域就越多。

CMMI 是一个相当全面的成熟度模型。此外，现在也有许多行业或特定领域的成熟度模型。与项目管理相关的其他成熟度模型包括项目管理协会的组织项目管理成熟度模型（OPM3），或者国际项目管理协会的组织能力基准（OCB）[9]。这两者都将自己的项目方向归类为相应的国际标准管理组织。美国 PM Solutions/PM College 首席执行官，克劳福德（J. Kent Crawford）于 2002 年推出了项目管理成熟度模型（PMMM），该模型具有五个层次，即统一语言、程序和标准、统一方法论、基准和持续性改进[10]。

一段时间以来，人们还在努力建立与数字化相关的成熟度模型。对于中型企业，存在一种评分模型，可将自己的企业简单地分类为"数字化初学者"或"数字化专家"[11]。德国联邦经济事务和能源部正在发布一份检验清单，以协助企业评估其工业 4.0 的程度[12]。德国新乌尔姆应用科学大学与信息技术与服务公司 Minnosphere 共同开发了一个在线分析工具，用于确定数字化成熟度[13]。德国电信也提供了一种自我评估方法，提出了一项数字化指标，以对其自身的数字化现状进行分类[14]。

这些与其他许多成熟度模型仍然有很大差别，尚未能完全地证明自己。此外，有些企业与提供咨询服务，或者具有数字化推广产品的企业直接挂钩。就这些评估组织而言，他们对其评估结果的独立性和客观性并不总是很清楚。

当前，还没有专门针对项目管理数字化的成熟度模型。上面提到的一些模型，在其整体方法中虽然包括项目管理，但是，具体到项目管理的数字化时，这些模型仍然很不精确，无法分析出其特定的缺陷，也无法从成熟度评估中推导出开拓性的策略。

9.2.3 成熟度模型的构建

可以将成熟度模型构建为简单的特性列表清单。但是，通常情况下，为每个成熟度定义相应的特征或能力级别，都必须在一定程度上满足这些特征或能力级别，才能拥有相应的成熟度资格。这种模型的典型结构如图9.1所示。

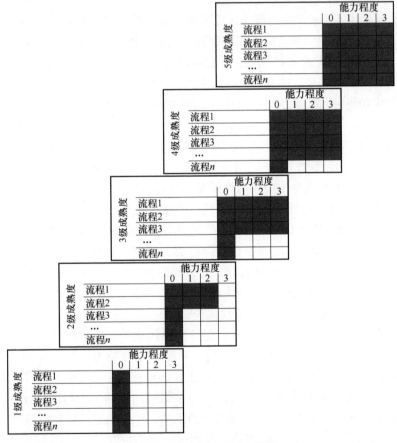

图9.1 成熟度模型的典型结构

9.3 数字化项目管理的愿景

9.3.1 技术现状

在数字化方面，项目管理软件功能所关注的重点还存在着一定的局限性。

第 9 章
数字化项目管理的愿景和成熟度模型

下面将首先概述数字化项目管理的愿景,并在此基础上创建一个数字化项目管理的成熟度模型。

比较有趣的是,随着敏捷过程模型的出现,模拟和触觉计划工具变得越来越重要,如元计划图、针板和白板。许多项目成员发现使用此类实物工具更具有激励性,更清晰和便于沟通。因此,在这一点上应该强调,数字化项目管理本身既不是好事和可取的,也不是坏事和可避免的。在某些情况下,数字化可能有助于更高效地推进项目,并更好地进行自己的项目管理。尤其是对所谓的标准项目,甚至是潜在项目,数字化都可以提供一定的优势。英国曼彻斯特大学博斯(Boos)教授和奥地利企业咨询顾问海特格尔(Heitger)对此提出了需要解决的技术性工作[15],如图 9.2 所示。但是,创新性的项目也可以通过克服数字化对社会带来的复杂性而从中受益。

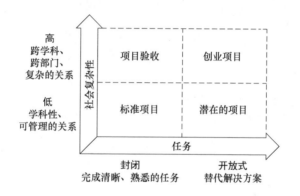

图 9.2 Boos 和 Heitger 的项目类型

数字化项目管理愿景的起点是混合项目管理模型(HyProMM)[16],如图 9.3 所示。

在项目生命周期内,HyProMM 模型安排项目管理的基本组织任务,并补充高级管理层的意见,支持连续性的工作。一个项目生命周期分为初始化阶段 I、定义阶段 D、计划阶段 P、控制阶段 S 和完成阶段 A,每个阶段也可以多次遍历。这一模型中的每个元素可以具有不同的特征。因此,就计划阶段中的元素 P.1 的内容而言,可以在一个项目中使用不同的流程(模型中的第一层视图)、方法和工具(第二层视图)以及不同的项目角色(第三层视图)。例如,可以使用以下方法之一来规划项目中的内容:

- 非正式的任务清单。
- 项目结构图。
- 产品列表。

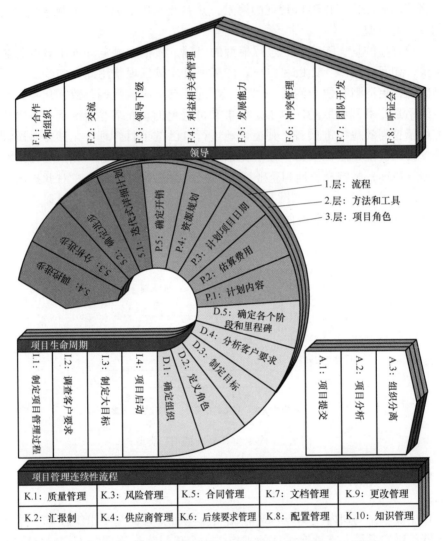

图 9.3　Timinger 和 Seel 的混合项目管理（HyProMM）模型

其中还可以包括以下一个或多个项目角色：
- 项目经理。
- 项目员工。
- 客户。
- ……

该模型及其组成元素的详细描述，都可以在参考文献 [17] 中找到。基于该模型，现在可以得出数字化项目管理的愿景。

9.3.2 数字化项目管理

数字化项目管理意味着在项目管理中利用数字化的可能性。Frey 和 Osborne 的研究表明,在复杂的社会环境中,与计算机辅助自动化相比,计算机辅助行政管理自动化,尤其是对重复性活动的影响更大[18]。根据定义,项目不是例行活动,其特点是人与人之间的协作。但也有一些方面可以从数字化过程中受益。数字化项目管理的愿景在一个二维空间中展开,如图 9.4 所示。

在整个项目生命周期内,从项目合同到成功完成,HyProMM 模型中的组成元素可以不同程度地数字化,包括数字媒体的使用,但远不止于此。联网的计划、控制和协作工具可以改变项目管理和团队合作的方式。另外,项目和部门组织单位之间的资源平衡任务可以自动化。基于预测模型或人工神经网络的推理或机器学习使从过去的项目经验中进行系统学习成为可能,这还有助于开发数字化项目助手,用于辅助自动化计划、控制和方案生成。

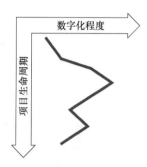

图 9.4 建立数字化项目管理愿景的二维空间

在一个项目的生命周期内,数字化项目管理通常会选择一个较为广泛的方案,即在项目的澄清说明阶段(初始化阶段的一部分),制定客户和供应商之间可达成共识的项目目标,并以项目合同的形式确定下来。如今,项目协作可通过数字化和移动协作平台进行。例如,产品规范可以电子方式提供,由软件工具自动给予评估,并提出产品或服务报价。为此,这些软件工具可以有针对性地利用过去项目中的工作经验、方法措施和成本计算。此外,软件工具可以识别出模糊不清的要求、指标参数与预定目标的偏差,然后提醒客户、供应商和相关部门。

自动和半自动化地采集数据信息,完整地提供给 HyProMM,以便选择出最为合适的过程模型,进行项目处理和定制[2]。可以选择传统的过程模型,如瀑布模型,或者信息技术行业新兴的敏捷性方法,如迭代式增量软件开发方法。当然,采用混合形式也是可能的,这主要依托于现有的框架条件。根据所选定和调整的过程模型、所使用的项目管理软件,就可以自动地配置计划,支持协作和实施控制,以便与所选定的流程相匹配。

在定义阶段,根据客户的需求制定项目进度里程碑,建议从企业现有的人力资源中选取能力强、合适的且具有特定技能的员工参与这一阶段的工作,还要提供一个可用于团队内部合作的协作平台。明确指定项目的负责部门、客户和供应商,目的在于可以经常性地汇报项目进行的中间结果,如召开在线视频会议、联合文档处理和数据存储等。

在规划阶段，制定出详细的项目实施步骤。根据需求，可参考过去项目的经验知识，并考虑所选择的传统的、敏捷性的或混合式的过程模型，由软件工具准备相应的计划文档。如果缺乏计划所需的数据信息，或者软件检测到差异，则应向客户请求相应的信息。

对于风险管理，更要参考和利用过去的经验，以及已成熟的计划，自动进行需求分析。相反，要把已识别的风险充分地考虑在计划中，确定相应的应急和管理费用。

创建报告机制和系统，就是为了自动收集和及时通报重要的数据信息。对于文档管理、变更管理、订单合同和需求管理，可以使用基于工作流程的软件工具。

在控制阶段，软件工具会自动采集关键性的指标数据，识别相对于预定值的偏差、与计划中的不一致之处，并记录所出现的风险征兆，及时地提出更改请求。从中可创建不同的场景，并生动地展现出来。为了整合客户要求，要将各种评论、评估和回顾集成到状态记录文件中，并将具体对策和决定自动纳入计划中。根据项目方案、成本费用、企业资源和优先级，还要提出可自动化的控制措施，并在必要时启动这些措施。

如果有必要，过程模型会自动调整。如果在处理过程中发现需要客户更多地参与进来，或者客户不想参与进来，则在过程中要进行适当的调整。

在最后的结束阶段，要记录和存档项目文件，进行移交工作，自动生成项目报告和会议记录，并根据商定的关键数据，对项目进行评估分析。在整个项目生命周期内，已经收集、采纳的经验，可将其用于今后的软件机器学习。这包括对产品规范的分析，风险及其对策，资源和成本相关的目标和实际值，以及成功经验的调控措施。这些信息可进一步地提供给数字化自学项目管理系统使用，以改善对未来项目的处理。

在这种情况下，项目经理不会变得多余。与辅助驾驶类似，它们具有一个支持系统，可以比以往更全面地使用过去所积累的经验，对未来的项目进行规划，并减轻自身的管理任务。在敏捷性方面，人们将有更多的时间与客户进行合作，并创造出更好的产品和服务。

在此场景中，就数字化项目管理而言，可推导出以下几个主要的业务领域。

1）数字化程序模型和定制：这将允许自动选择和配置传统的、敏捷性的和混合式的过程模型，以及它们的量身定制。选择和定制都基于项目合同和框架条件。

2）文档管理和工作流程：所有项目文档都以电子方式进行管理，并由工作流程进行创建、控制、检查和后续处理。这包括其他过程，如变更管理和合同管理。

3）规划：时间表、企业资源和成本的项目计划都是通过软件工具完成的，如有必要，这些软件工具可与其他软件工具及生产线联网。

4）控制和汇报：对事先确定的关键指标，使用信息技术系统监督项目进度，从所采集的关键数据中汇编生成项目报告，并转发给相关的参与者。

5）调节：根据已确定的关键指标、可用的现有企业资源和其他框架条件，自动地确定和调节项目控制的参数。

6）内部协作：用于企业内部协作的电子信息化工具，如论坛、共享文档处理、视频会议系统、屏幕共享等。

7）外部协作：一些可来于与外部参与者协作的电子工具，如客户和供应商进行交流协作。

8）结束：一个项目结束过程，包括文档归档、最终成本核算、项目结果分析、经验积累和知识转让。

9.4 数字化项目管理的成熟度模型 M2DIP

基于前几章的说明和考虑，这里提出和说明了数字化项目管理的成熟度模型 M2DIP。该成熟度模型共包括 5 个级别的成熟度。为了达到一定级别的成熟度，就必须在项目管理的不同领域中验证所定义的数字化水平。其中，成熟度级别及其含义如下：

成熟度级别 1-初始：在企业项目中，几乎不使用数字化工具来处理项目工作，或者这些工具没有得到协调和系统的使用。

成熟度级别 2-孤立：在企业项目中，使用数字化工具作为所谓的孤岛解决方案。尽管数字化工具用于项目管理所定义的区域，但它们相互之间并未联网或集成。

成熟度级别 3-集成：使用集成或联网的数字化工具。因此，数据信息仅保存一次，就可以供所有部门使用。

成熟度级别 4-学习：使用集成或联网的数字化工具，自动地从知识和经验中采集数据，并允许以后进行数据检索。

成熟度级别 5-自治：使用学习型集成或联网的数字化工具。它们能够在项目管理所定义的区域中做出自己的决定，或者提出决策模板。

就所定义的项目管理区域而言，其成熟度的范围可以从 2 级逐渐增加到 5 级，不言而喻，2 级成熟度所能够支持的区域必须要小于 5 级成熟度。成熟度可由其数字化级别表示，共有以下 5 个数字化级别。

0 级数字化-不完整：没有系统性地使用数字化工具，尽管有个别人使用这类软件工具。

1级数字化-孤立：数字化工具具有孤立性，独立解决方案，而无须联网。
2级数字化-集成：数字化工具已联网，并访问一个共同的数据库。
3级数字化-学习：使用数字化工具收集并存档数据，以便在今后的项目中重复使用。
4级数字化-自治：数字化工具可以独立地创建决策模板，并根据当前情况和所收集的数据做出相关决策。

表9.1列出了数字化项目管理成熟度模型M2DIP的主要内容。其中包括项目管理的重要领域，以及达到一定的成熟度所需的数字化级别。

表9.1 数字化项目管理成熟度模型M2DIP的主要内容

项目管理领域子区域	1级数字化-孤立	2级数字化-集成	3级数字化-学习	4级数字化-自治
文档管理	2级成熟度	3级成熟度	4级成熟度	5级成熟度
基于云的文档存储	2级成熟度	3级成熟度	4级成熟度	5级成熟度
存储数字模板	2级成熟度	3级成熟度	4级成熟度	5级成熟度
其他	2级成熟度	3级成熟度	4级成熟度	5级成熟度
规划	2级成熟度	3级成熟度	4级成熟度	5级成熟度
内容计划	2级成熟度	3级成熟度	4级成熟度	5级成熟度
日期计划	2级成熟度	3级成熟度	4级成熟度	5级成熟度
资源规划	2级成熟度	3级成熟度	4级成熟度	5级成熟度
费用计划	2级成熟度	3级成熟度	4级成熟度	5级成熟度
其他	2级成熟度	3级成熟度	4级成熟度	5级成熟度
内部协作	2级成熟度	3级成熟度	4级成熟度	5级成熟度
电子邮件分配器	2级成熟度	3级成熟度	4级成熟度	5级成熟度
聊天功能	2级成熟度	3级成熟度	4级成熟度	5级成熟度
视频会议和屏幕共享	2级成熟度	3级成熟度	4级成熟度	5级成熟度
论坛/维基	2级成熟度	3级成熟度	4级成熟度	5级成熟度
同步和异步文档处理	2级成熟度	3级成熟度	4级成熟度	5级成熟度
其他	2级成熟度	3级成熟度	4级成熟度	5级成熟度
外部协作	3级成熟度	3级成熟度	4级成熟度	5级成熟度
聊天功能	3级成熟度	3级成熟度	4级成熟度	5级成熟度
视频会议和屏幕共享	3级成熟度	3级成熟度	4级成熟度	5级成熟度
论坛/维基	3级成熟度	3级成熟度	4级成熟度	5级成熟度
同步和异步文档处理	3级成熟度	3级成熟度	4级成熟度	5级成熟度
报价/订购平台	3级成熟度	3级成熟度	4级成熟度	5级成熟度

第 9 章
数字化项目管理的愿景和成熟度模型

（续）

项目管理领域子区域	1级数字化-孤立	2级数字化-集成	3级数字化-学习	4级数字化-自治
数字市场	3级成熟度	3级成熟度	4级成熟度	5级成熟度
释放内部区域的法律系统	3级成熟度	3级成熟度	4级成熟度	5级成熟度
接口等，改变管理	3级成熟度	3级成熟度	4级成熟度	5级成熟度
其他	3级成熟度	3级成熟度	4级成熟度	5级成熟度
工作流程	3级成熟度	3级成熟度	4级成熟度	5级成熟度
电子签名	3级成熟度	3级成熟度	4级成熟度	5级成熟度
流程支持文档发布	3级成熟度	3级成熟度	4级成熟度	5级成熟度
流程支持变更管理	3级成熟度	3级成熟度	4级成熟度	5级成熟度
流程支持配置管理	3级成熟度	3级成熟度	4级成熟度	5级成熟度
流程支持合同管理	3级成熟度	3级成熟度	4级成熟度	5级成熟度
流程支持供应商管理	3级成熟度	3级成熟度	4级成熟度	5级成熟度
其他	3级成熟度	3级成熟度	4级成熟度	5级成熟度
控制和报告机制	3级成熟度	3级成熟度	4级成熟度	5级成熟度
关键指标获取	3级成熟度	3级成熟度	4级成熟度	5级成熟度
关键指标分析	3级成熟度	3级成熟度	4级成熟度	5级成熟度
报告生成	3级成熟度	3级成熟度	4级成熟度	5级成熟度
其他	3级成熟度	3级成熟度	4级成熟度	5级成熟度
结束	3级成熟度	3级成熟度	4级成熟度	5级成熟度
归档	3级成熟度	3级成熟度	4级成熟度	5级成熟度
最终成本核算	3级成熟度	3级成熟度	4级成熟度	5级成熟度
项目分析	3级成熟度	3级成熟度	4级成熟度	5级成熟度
经验记录	3级成熟度	3级成熟度	4级成熟度	5级成熟度
知识转移	3级成熟度	3级成熟度	4级成熟度	5级成熟度
其他	3级成熟度	3级成熟度	4级成熟度	5级成熟度
控制	5级成熟度	5级成熟度	5级成熟度	5级成熟度
自动化方案规划	5级成熟度	5级成熟度	5级成熟度	5级成熟度
推荐系统	5级成熟度	5级成熟度	5级成熟度	5级成熟度
其他	5级成熟度	5级成熟度	5级成熟度	5级成熟度
数字化程序模型和定制	5级成熟度	5级成熟度	5级成熟度	5级成熟度
程序模型的自动选择	5级成熟度	5级成熟度	5级成熟度	5级成熟度
在项目开始时自动进行制定	5级成熟度	5级成熟度	5级成熟度	5级成熟度

(续)

项目管理领域子区域	1级数字化-孤立	2级数字化-集成	3级数字化-学习	4级数字化-自治
基于指标的持续定制	5级成熟度	5级成熟度	5级成熟度	5级成熟度
其他	5级成熟度	5级成熟度	5级成熟度	5级成熟度

为了能够更清楚地说明，这里讲解一个数字化项目管理成熟度模型 M2DIP 的示例：对于一个企业，如果就其数字化项目管理而言，其成熟度级别为 2 级（孤立），则在文档管理、内部协作领域及其所有下属区域（如数字模板、计划等）都是相对孤立的，但至少具有 1 级的数字化程度。如果要达到 3 级成熟度（集成），就必须数字化外部协作、工作流程、控制和报告，以及最终的完结阶段。在所有的企业领域中，必须以综合的方式实现 2 级数字化程度（集成）。这就意味着数字化工具是相互连接的，并且共享企业数据。

要达到 4 级成熟度（学习），其他企业部门就不需要参与。但是，对成熟度级别 3 至关重要的所有领域，现在就需要分析所收集的数据，存档，并提供给新项目。

要达到 5 级成熟度（自治），就必须对这些已存档的经验进行自动化评估，并将其用于数字工具自动化的进一步开发。这对应于 4 级数字化程度（自治）。此外，这时数据必须用于自动生成项目方案和决策模板。另外，还要将数字过程模型和定制作为新的领域。基于项目关键性指标和特征，将自动配置合适的过程模型，并调试使其适应项目。如果在项目进行的过程中出现了新的问题，如额外的客户、新的供应商等，则适应性可能会发生些变化。

9.5 企业成熟度模型的含义

对项目管理的用户和数字项目管理产品的供应商而言，成熟度模型 M2DIP 都有不同程度的影响。对于企业用户而言，M2DIP 是项目管理数字化的基础，它可以记录数字化的现态，并显示各个领域和数字化水平进一步发展的可能性。

同时，每个企业都可以自主决定是否完全数字化其所有业务领域。其目标并不是达到最高级别的成熟度，而是最佳的数字化程度。项目、框架条件和利益参与者的多样性意味着没有一个统一的、适用于各种情况和每个企业的最佳数字化程度。相反，每个企业都必须制定和实施自身的数字化战略，以进行自身的项目管理。M2DIP 提供了一个推动力，说明了在哪些地方，数字化工具和流程可以是很有意义的。它涵盖了从非数字化工具和流程到（几乎）自治项目的范围，而且这种项目至少部分是自动化的，并且是可通过机器学习进行控制的。

即使使用数字化项目管理，所有参与者对项目管理也都要具备一个基本共识，这是很重要的。通过能力成熟度模型集成和项目管理成熟度模型，使用成熟度模型来协助企业项目管理，使之得到进一步的发展。另外，还有多种规范标准都可用于成功的项目管理。

通常，具体的工作内容或任务由项目中的员工处理。就数字化项目管理的要求而言，是将信息技术的运行结果以数字形式记录，如以关键性数字（工作量估算、实际成本等）和文档（产品规格、设计图纸、零件明细表等）的形式记录。因此，企业员工必须具备充分的职业资格，才能充分地了解其与数字化工具互动的影响。

敏捷转型将更加关注人与人之间的互动，以提高工作的灵活性和创新能力。数字化可以促进创新，为员工之间的互动创造空间，这些都是通过数字化工具接管业务活动进行的。

因此，在项目管理中，人机之间的接口是数字化转型成功的一个重要因素。这一界面和数据处理可以支持新的项目管理产品，这些产品的功能远远超出了当今的通用工具。机器学习在这里仍然具有很大的潜力。总体而言，对数字化工具的制造商来说，成熟度模型 M2DIP 的建立对其现有产品的分类，提供了识别和实现进一步开发的潜力。

9.6 总结与展望

本文绘制了数字化项目管理的愿景，并提出了数字化项目管理的成熟度模型 M2DIP。

已经表明，项目管理中的数字化并不应该是简单地用软件创建统计数据的条形图，或者使用数字协作平台。数字化使很多的期望成为可能，知识管理在项目中的重要性早已被指出。然而，实践中常常出现这样的现象，出于启动时间和成本压力的原因，通常会开始下一个项目，而不是将所获得的知识和经验进行保护和传承。数字化和机器学习为企业提供了许多新的机遇来收集和评估信息，再将其用于数字化工具本身，并传递给参与者。数字项目助手能够规划各种可能的项目方案，为更新计划和风险评估创建决策模板。

人类并没有因此而变得多余，他们会获得更多的自由空间，从事数字化系统仍无法充分胜任的工作，如创意性的工作、员工管理或者客户关怀。

近年来，项目管理软件已经发生了重大变化。几年前，项目管理软件从实质上被认为与创建统计数据条形图的软件工具相当。如今，这些软件工具通常是基于网络的或直接连接万维网，可以管理跨越项目的企业资源，并且作为通信平台。此外，许多项目管理程序都喜欢自称为协作软件，以暗指其具有计划之外的功能。随着敏捷转型，用于创建和维护项目任务和看板的数字化工具将进入软件市场。现在，还有一些软件版本，其功能有所变体，因此可以管理混合型项目，并以相同的方式处理传统的条形图和敏捷任务板。

各个功能之间的联网将会继续增加，因此使用共享数据的可能性也将增加。可以对这些功能进行评估，并将其用于进一步的项目管理流程开发、改进计划和项目管理。数字项目助手将成为可能。

参考文献

1. Bendel O. Definition "Digitalisierung". In: Gabler Wirtschaftslexikon Springer, Wiesbaden
2. Timinger H, Seel C (2017) Ein adaptives Vorgehensmodell für hybrides Projektmanagement. In: Barton T, Herrmann F, Meister VG et al (Hrsg) Prozesse, Technologien, Anwendungen, Systeme und Management 2017: Angewandte Forschung in der Wirtschaftsinformatik, 1. Aufl. mana-Buch, Heide/Holst, S 20–29
3. Seel C (2010) Reverse Method Engineering: Methode und Softwareunterstützung zur Konstruktion und Adaption semiformaler Informationsmodellierungstechniken. Wirtschaftsinformatik – Theorie und Anwendung, Bd 20. Logos, Berlin
4. Hevner AR, March ST, Park J et al (2004) Design science in information systems research. MIS Q 28(1):75–105
5. Österle H, Becker J, Frank U et al (2010) Memorandum zur gestaltungsorientierten Wirtschaftsinformatik. Schmalenbachs Z Betriebswirtsch Forsch 62(6):664–672
6. CMMI (2018) CMMI Institute. http://cmmiinstitute.com/. Zugegriffen am 08.01.2018
7. Crosby PB (1979) Quality is free: the art of making quality certain. McGraw-Hill, New York
8. Software Engineering Institute (2011) CMMI für Entwicklung, Version 1.3. https://www.sei.cmu.edu/library/assets/whitepapers/10tr033de_v11.pdf. Zugegriffen am 08.01.2018
9. Matassa P (2006) Grow up already! – An OPM3® primer. In: Paper presented at PMI Global Contress 2006 – North America. Project Management Institute, Seattle
10. Crawford JK (2007) Project management maturity model. Center for business practices, 2. Aufl. Auerbach, Boca Raton
11. Hauke F, Thomas T (2014) Mittelstand im Wandel – Wie ein Unternehmen seinen digitalen Reifegrad ermitteln kann. BSP Business School, Berlin
12. BMWi (2018) Checkliste: Kommt Industrie 4.0 für unser Unternehmen in Frage? https://www.existenzgruender.de/SharedDocs/Downloads/DE/Checklisten-Uebersichten/Checkliste-Industrie-4-0.html. Zugegriffen am 08.01.2018
13. HNU (2018) Analysetool digitaler Reifegrad. http://reifegradanalyse.hs-neu-ulm.de/. Zugegriffen am 08.01.2018
14. Telekom (2018) Digitalisierungsindex. https://benchmark.digitalisierungsindex.de/. Zugegriffen am 08.01.2018
15. Boos F, Heitger B (1996) Kunst oder Technik? Der Projektmanager als sozialer Architekt. In: Balck H (Hrsg) Networking und Projektorientierung: Gestaltung des Wandels in Unternehmen und Märkten. Springer, Berlin/Heidelberg, S 165–182
16. Timinger H, Seel C (2016) Ein Ordnungsrahmen für adaptives hybrides Projektmanagement. GPM-Magazin PMaktuell 2016(4):55–61
17. Timinger H (2017) Modernes Projektmanagement: Mit traditionellem, agilem und hybridem Vorgehen zum Erfolg, 1. Aufl. Wiley-VCH, Weinheim
18. Frey CB, Osborne M (2013) The Future of Employment: How susceptible are jobs to computerisation? https://www.oxfordmartin.ox.ac.uk/publications/view/1314. Zugegriffen am 08.01.2018

第 4 篇
产品开发和生产中的创新

第10章　产品开发过程4.0中的系统式思考

玛提娜·布鲁斯特（Martina Blust）

本章描述了企业迈向产品开发过程4.0中将要逾越的困难和障碍，具体而言，就是数字化和工业4.0世界中的产品创建过程。这里的重点是介绍作者在德国中小企业产品开发部门进行咨询服务时所获得的若干经验。在这里，我们可以采用系统的思维方式，对各种跨行业问题做出积极的贡献，这当中还考虑了许多的观点和看法。为了能够以系统的思维和积极务实的方式解决所要描述的问题，这里针对每个具体的困难和障碍，都给出了适用的示例问题。对于理解本文来讲，并不需要事先进行系统的思考，去深入地研究该主题。注意事项集中在产品生成过程的第二步，即产品开发，因为本章中介绍的观点也源于此。这里并不明确地讨论产品开发过程的第一步，即"产品创意的产生"，以及第三步，即"生产和销售"。但是，这两点在某些"来自系统思想家的示例问题"中有具体的介绍。

10.1　系统思考的方法

有许多有关"系统式思考"的理论和流派。在本章中，仅选择了那些可用于系统划分和可描述的内容，这在实践中通常是客户所期望的。很多术语，如"系统""问题""阻碍"和"障碍"，都可被视为同义词。

最初，由古希腊哲学家亚里士多德（Aristotle）提出了一个座右铭，它非常流行，可简单地修饰为这一短语："整体大于其各个部分的总和。"笼统地讲，在一个体系中，"整体"就代表了"系统"。而且，仅当构成一个系统的元素相互关联，系统才被理解为是系统，但单独的元素无法产生整体性的特征。因此在系统分析中，不仅要观察其各个组成元素，还要分析它们之间的相互联系，如依赖关系、交互作用、信息流动等[1,2]，这尤为重要。有时，还可以将各个系统元素视为其子系统，如图10.1所示。

在本章中，可将系统理解为产品、产品开发项目、过程、组织和问题，对

第 10 章
产品开发过程 4.0 中的系统式思考

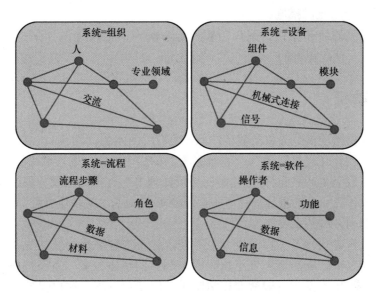

图 10.1 系统思考的基本概念

于这些都要找到其解决方案或共识。而元素被理解为部门、参与人员、使用的技术、方法和流程。

对于本文而言,到目前为止所描述的系统思考的定义还不够广泛,因为除了系统结构的复杂性(元素和关系的数量)之外,还必须考虑系统中的动态特性。这就包括其元素本身变化的强度和频率,以及元素之间关系的变化[3]。

德国克拉根福大学古恩特欧·斯米茨(Günther Ossimitz)教授在他对系统思考的定义中,总结了以下需要考虑的因素:

1. 网络化思维

要在反馈回路中进行认识,思考和评估直接的和间接的影响,寻找产生原因的影响,并建立和理解影响之间的关系[3,4]。

2. 动态思维

考虑过程,即确定系统本身的动态、未来的发展机会和长期影响。此外,动态思维包括识别和评估同步过程、延迟性、周期性振荡、线性、指数或者对数增长的能力[3,4,5]。

3. 在模型中思考

在结构中思考,并且意识到,即使是感知到的系统,它也是受某些假设制约的、进行了简化的现实模型。因此,同一系统可以由不同的模型表示,这些模型通常基于不同的观察点,如结构、效果或环境[2]。但其结果可能是没有一个完全正确的模型[3,4]。

4. 适用于系统的措施

了解系统的使用条件、副作用和长远影响[4]，也就是说，在一个系统中，要能够做出一些反思性的干预[3]。

10.2 动机

本文的初始动机是分析与数字产品开发有关的问题（案例），并分析哪些问题可以将"网络化思维"作为"系统思考"的一个方面，阐述解决问题的思路。如果企业在数字化产品和/或流程中，必须处理多个类似的问题，那么这些想法或建议应该作为企业的指导。这里，必须要重点关注"关联性思维"，因为它具有可跨越部门领域的重要能力。

最初，作者进行了一些访谈，主要是针对一些数字化领域的先驱企业，因为它们多年以来已成功地开发了物联网和端口的解决方案。在经过前两次会谈之后，其数字化的模式一般就变得清晰了，但是会发现，这也仅处于数字化的初级阶段。这些模式的调查结果主要是从中小型企业产品开发项目中获得的工作经验。这在一定程度上阻碍了这些企业参与数字化，或者跟上数字化发展的步伐。因此，本文的重点已转移到了首先解决数字化和产品开发过程 4.0 中将遇到的困难和障碍。随后，提出了一些问题，这些问题为这些企业提供了定向指导，这些定向问题是在第 10.1 节中提到的四个系统思考学科，支持企业对其情况进行结构化的思考。专业咨询人员也可以此作为参考。

10.3 产品开发过程 4.0

本节以"产品开发过程 4.0（PEP 4.0）"为主题。之所以选择产品开发过程 4.0 这一名称，并不是为了将它定义为一系列产品开发过程版本中的第四个版本，而是为了概括性地总结所有适用于数字化，或者工业 4.0 的产品开发过程。

10.4 产品开发过程 4.0 道路上的问题范畴和系统思考

10.4.1 产品开发过程 4.0 的问题范畴

第 10.3 节中描述的术语"产品开发过程 4.0"，除了作为兼容所有与工业 4.0 的产品开发过程的总称之外，主要用于区分产品开发 4.0 或者工业 4.0 中的产品开发过程和众多可快速搜索到的信息资源。工业 4.0 中的产品开发涉及的都是虚拟或软件支持的产品开发领域。这种看法当然是正确的，但是在本章中，我们将提出其他观点。例如，敏捷式的工作方式会给产品开发过程4.0带来更差异化的效果。以下将定向矩阵用作讨论企业数字化定位的基础。

图10.2所示为产品开发过程4.0的可能形式。其完整的矩阵包含9个区域。但是，由于当今大多数中小企业都已具有一定程度的信息系统支持（如计算机辅助设计，CAD），因此省略了不重要的非数字化开发过程。

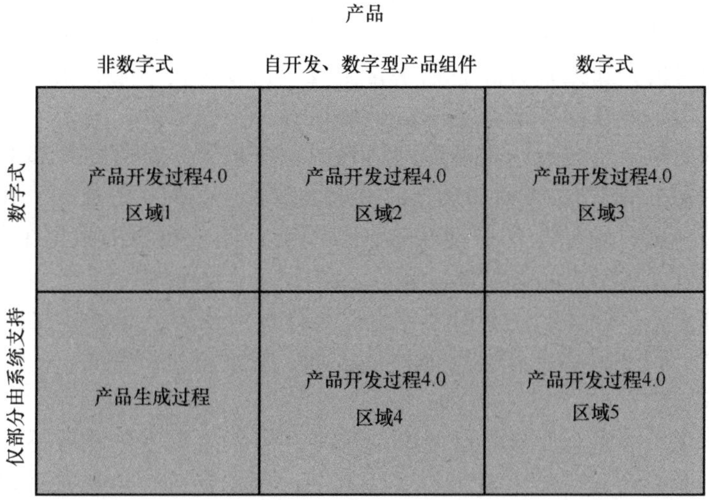

	产品		
	非数字式	自开发、数字型产品组件	数字式
数字式	产品开发过程4.0 区域1	产品开发过程4.0 区域2	产品开发过程4.0 区域3
仅部分由系统支持	产品生成过程	产品开发过程4.0 区域4	产品开发过程4.0 区域5

图10.2　产品开发过程4.0的定向矩阵（作者本人的图片）

这样就留下了6个区域，这些都是以下五个特征的组合产生的。

1. 非数字化产品

例如，这主要指生产型企业仍采用纯机械的解决方案或者非数字化服务。

2. 内部开发的数字化产品组件

通常，此类企业面临的挑战在于，需要将自己开发的硬件和软件，组合到一个具体的产品中，提供具有服务性质（如咨询）的数字化产品，或者与之相反，将非数字化产品与数字化咨询服务相结合。在产品开发过程4.0中，产品的数字化部分对其产品是否能在市场上取得成功起着至关重要的作用。而不属于这类产品开发过程4.0的企业，他们采购数字化产品作为整体系统的框架，然后将自己的产品以硬件的形式集成到系统中。这实质上属于非数字化产品。

3. 数字化产品

借助信息技术系统进行开发、分配和使用无形的产品[6]。这可以是在线视频、在线学习、在线咨询（不需要人工顾问）以及许多其他产品，如在线新闻和杂志[7]。

4. 部分由系统支持的开发过程

这些是当今大公司和中小型企业常采用的产品生成过程。尽管所有参与的部门都能提供系统化支持（如产品生命周期管理软件、企业资源规划、供应商管理等),但通常还无法进行纯虚拟式协作,这是因为,如开发文档的配置管理必须手动和/或脱机执行,并且决策仍必须来自不同系统的数据,通过手动进行汇总和计算。

5. 数字化开发过程

例如,这包括技术支持的设计和需求工程、虚拟协作、增强现实应用、物联网和可确保移动工作的手持设备[8]。

通过在上述定向矩阵中确定自身企业所处的产品生成过程4.0的位置,就可以确认自身的企业处在哪一个数字化阶段,具有哪些不同形式的产品和服务开发形式。但即使在同样的类别中,仍然也有其不同之处。例如,数字产品生成过程4.0的第3个区域,是高度网络化的系统世界,它通过外部干预(如通过语音输入数据请求),以面向用户的方式显现其产品的相关数据。如果是比此更高的区域,则可使用人工智能技术,从现有产品或过程的数据中得出结果,并主动提出开发新型产品的建议。

应当注意,尽管在上述定向矩阵中,其行和列是从"非数字化"到"数字化"排序的,但在数字化成熟度和评估方面,并没有谁"更好",或者谁"更差"的意义。

总的来说,很多企业虽然已经参与进来,但距离数字化领域还很遥远,这是因为他们既不在其产品中使用数字化方案,也没有在产品开发过程中寻求工业4.0的解决方案。

从实践中获得的经验表明,人们虽然经常在产品开发中使用数字化这一词汇,但只在制定其愿景时,将产品和/或过程完全数字化。在产品开发中的软件实施项目中添加4.0标签,并宣布已实现了数字化,这似乎是一个很大的诱惑。在这种情况下,此类数字化项目应该,或者说它仅位于左下框中。

10.4.2 产品开发过程4.0的系统思考

第一步,可以借助上述产品开发过程4.0的定向矩阵,区分企业当前的数字化状态,还可以进一步讨论这样一个问题,即作为自身的数字化目标,哪一个产品开发过程4.0区域,最适合自己的企业。可以利用表10.1中的问题,参考第10.1节中所描述的系统化思维的各个方面,来应答一个企业应该和可能追求的目标。

表10.1 系统思想家对生产过程4.0提出的确定性问题

网络化思维	出于什么原因/困扰/愿景/才要努力推进产品开发过程4.0,还是我们想要改变它? 为什么我们想要/必须用数字化装备我们的产品? 产品开发过程4.0的领域是否适合所有的产品? 我们想要,或者需要用数字化补充和完善哪些的产品? 我们不再需要哪些产品了? 哪些产品,如果将其数字化后,反而会带来负面影响?

(续)

动态思维	为了达到所追求的产品开发过程4.0，我们需要哪些具体步骤？ 在业务需求和战略方面，我们在哪一个领域有着较高的成熟度？ 进入新的产品开发过程4.0领域时，哪些项目，哪些客户，哪些市场形势将会对我们发出挑战？
在模型中思考	谁必须为实现理想的产品开发过程4.0做出贡献？ 对参与这一变革的员工有哪些要求？ 由于新的产品开发过程4.0的影响，哪些要求过时或不再适用了？ 如果我们达到了所追求的产品开发过程4.0，什么会变得更好/更坏/更加简单容易/更加困难？ 为了成功地实施产品开发过程4.0的步骤，我们必须更改哪些影响因素（人员/技术/过程/方法/组织）？ 将开发过程数字化是否足够？还是必须也将产品数字化？
适用于 系统的措施	如果我们什么都不做，那么我们的产品会在市场上发生什么变化？ 为了在短期内迈向数字化过程的下一步，我们的企业已经拥有了哪些技能？ 为了在中期内达到产品开发过程4.0的目标，我们需要掌握哪些技能？

10.4.3 产品开发过程中尚存在的问题

多年来，许多中小型企业已经定义、记录和细化了针对其自身产品的产品开发过程。特别是对于产品开发环节，这通常会更准确地给予说明，哪个部门的哪个产品组成部分必须处理到哪个程度，哪些企业活动和文档必须要处理，以便在规定的期限内提供完整的产品。当重复开发类似的产品时，这种有据可查的开发过程，其优势非常明显：

- 项目团队可以以将其作为基本待办事项的清单。
- 工作的时间安排有助于进行新项目的规划。
- 对每个工作步骤，都有明确的要求，即所需的输入信息和将产生的结果。
- 很清楚必须使用哪个版本的模板进行存档编制。
- 责任明确。
- 方法明确。

产品开发过程4.0中的定向矩阵，示意性地显示了产品和开发过程中可能的变化方向。因此，上述结构化且可记录的优点，这时可能就会成为缺点。一些企业已经面临这种情况。以下是一些来自实践的示例：

多年来，现有产品开发过程的指导方针不允许偏离。因此，即使在考虑新产品或开发过程时，现有文档和方法（待办事项）的需求也不会受到质疑。当进入或切换到产品开发过程的区域时，这种官僚主义将成为复杂性的驱动因素。不过，这一方向性的改变太困难了，甚至还没有开始。

随着进入新产品的开发领域，由于这是一个全新的世界，尚不存在经过验证的产品生成过程，则在现有产品生成过程中，开发活动的时间规划将会失去其有效性。如果要尝试开发规划中的各个步骤，将会占用很多的时间和企业资源。因此，病态的项目过程会导致仅仅是对形式的关注，而不是对产品的关注[9]。当然，这也有可能使项目陷入泥潭，无法启动。

尽管在现有的产品开发过程中，存在着许多行之有效的工作方法和创造性技术可以解决开发运作问题，并且实现现有产品的更新和多样化，但在实现全新的产品创意时，应用新的方法可能是更有意义的。对此，当前的例子就是"设计思维"和"敏捷项目管理"。现在，很多企业的产品开发部门都存在着希望尝试这些方法的意愿。但是，当他们真正使用它们时，就会敷衍了事。例如，当项目主管指定了解决方案所需的系统框架，则解决方法就被限制在这一框架内，修改程度就需要与现有的思维方式（控制、关注已知产品等）相一致。

10.4.4 对产品开发过程的系统思考

这不是要取代或完全改变现有的产品开发过程。因为只要进行足够的调整就能改换到（新的）产品开发过程 4.0 领域。表 10.2 所提出的问题，将有助于我们找出现有的、有记录的产品开发过程，是否仍在数字化世界中保持其有效程度，是否需要调整，以及需要调整到什么程度：

表 10.2 从系统思考到产品开发过程的若干示例问题

网络化思维	目前的产品开发过程中使用的方法是什么？ 如果我们在产品开发中使用新型的技术或者软件，应该是面向现有的产品开发过程？还是必须适应当前的产品开发过程，以便以更加有意义的方式，来应用新的技术或者软件？
动态思维	我们要如何制定学习过程，从而可以逐步地创建和优化新的产品开发过程？ 当新的方法无效时，将如何面对和处理？
在模型中思考	是需要一个产品开发过程 4.0，还是没有产品开发过程的开发？ 在新的产品开发过程 4.0 中，哪些企业部门会参与进来？ 谁将要使用新的产品开发过程 4.0？ 新的产品开发过程 4.0 应该有多详细？ 产品开发过程 4.0 的哪些部分必须独立于阶段或者体制限制？ 是否必须按照所有产品组件的统一阶段，来描述新的产品开发过程 4.0，还是按照其他标准将更有意义？ 示例：每个组件最新的订单或者完成时间？
适用于系统的措施	现有的产品开发过程应该保留些什么？ 旧的产品开发过程在什么条件下仍然有效？ 同样，在什么条件下，新的产品开发过程才是成熟的？

10.4.5 问题领域：战略

在企业战略的背景下，当前正处在数字化进程中的产品开发部门及其相关领域会产生多种多样的影响。

在某些企业中，其管理层希望快速地参与数字化，但是，可能是对数字化这一术语的无知而大量地使用。除了"网络""颠覆性"和"敏捷性"这些术语外，这些企业还不能进一步确定，应该使用哪些技术和观点，实现哪些愿景、策略和目标。在许多情况下，数字化被视为企业战略，而不是作为战略的一部分。对企业于员工而言，许多问题仍未得到解答，因为"为什么"以及由数字化给企业带来的优势尚不明确。由此可能产生的一种动态是，管理人员和员工塑造自己的形象，并分别采取单独的数字化措施，即仅局部地进行优化，而不考虑一个均衡的整体解决方案。在员工中的另一个潜在动态，就是将数字化视为私利。由此，会招来许多其他话语，如"这次又要把事情搞得一团糟了""在此解决方案中，将完全有可能出现一堆问题"或者"我们必须再次与强手较量，但是无所谓了，我们要改善些事情，只需挂个数字化的招牌"。因此，就存在这样的风险，即员工无法接受数字化工作，因为，他们的努力被认为是不必要的，无法实现，或者他们被认为，只是以"数字化"为名，宣传企业当前的技术水平。

人们对新技术的恐惧也普遍存在，如物联网、人工智能以及数据收集，通过数据分析导致了监控、操纵或者其他负面影响。如果新的技术没能为企业创造机遇，这将是灾难性的。常见的论点是"我们不需要那个"和"它一直没有作用"。此外，仅通过收集和分析产品数据（如预测性维护[10]）扩展现有产品的功能或者服务，经常受到人们的怀疑。

无论管理层和员工对数字化和工业4.0主题采取何种态度，产品开发部门的员工常常被看似矛盾的战略所困惑。一个生动的例子就是新异创新和现存平台战略的相互牵制和超越关系[11]，如图10.3所示。

图10.3 平台和创新战略的作用范围

在产品开发创造性的研讨会上，经常可以发现，员工的创意思维是多么的受限，以及他们要超越平台战略的界限，进行创新是多么的困难。因此，在研究出新产品的想法，有目的地实施之前，解决员工的思维障碍是一个首要的任务。

数字化或工业4.0项目的另一个特点是重点关注信息技术中发生变化的部分。一些从事过软件项目的咨询顾问和管理人员一般比较了解这种现象，如在企业营销中，可通过使用新软件来提高产品和服务的传播效率，而其过程和方法并没有改变。例如，在数字化项目中，新型的岗位要求或者组织形式可能变得很重要。

10.4.6 关于战略的系统化思考

关于制定数字化发展战略，表10.3中提出的一些问题虽然只是一个基本的组成部分。然而，这些问题有助于人们识别和避免数字化过程中的主要障碍。

表10.3 系统思想家提出的有关"战略"的问题

网络化思维	谁是冲突战略的联系人？ 一个战略实施后，谁能从中受益？ 哪种战略的背后有经济上的必要性？ 我们采用这种战略可以解决客户的哪些问题？ 要实施这一新的战略，我们团队需要哪些新的技能？
动态思维	哪种战略可以在短期内为企业带来更多的收益？ 企业更希望采用哪种战略，以取得长期的积极效应？ 我们的战略必须在什么时间范围内？为什么？ 该战略是否能成功实施？
在模型中思考	哪些战略似乎是相互矛盾的？ 哪些战略能互相支持？ 哪些战略是相互中立的？ 员工应该如何解读战略中的矛盾，以及如何处理？ 我们企业的战略是什么？ 我们的数字化战略如何？ 我们的战略是否涉及/考虑了所有的方面（人员/技术/过程/方法/组织）？ 我们是否把企业战略和数字化战略进行了区分？
适用于系统的措施	在什么情况下，可以偏离该战略？ 是否必须放弃某些战略，才能使数字化战略生效？

10.4.7 "开发工作中的敏捷性"的问题领域

当前，许多企业都通过灵活的项目管理过程模型或者个别的方法，寻求正确的产品开发过程4.0，或者前往已定义的领域的路径。敏捷项目管理对某些企业非常有吸引力，因为它们更高度地关注客户，并承诺客户更灵活的变更申请方式。这就非常适合数字化项目，因为在这些项目中，与客户需求的一致性也经常被认为是一个重要组成部分。在"敏捷开发"或"敏捷项目管理"的问题中，还存在着多个障碍，对产品开发部门的员工提出了挑战。

在理想情况下，管理层具有敏捷项目管理的经验，并且至少可以粗略地制定和估计，通过在业务中引入敏捷的方法，企业所能获得的价值创造。在最佳的情况下，企业领导支持引入和使用这些新型方法，激活了敏捷性带来的价值[12]。

而相反的情况，即"自下而上"的敏捷化，在实践中也很常见。它的特点表现为：在产品开发中，使用敏捷方法的动力确实是由管理层（即"从上方"）触发的，而迈向敏捷变革的第一步是员工们所期望的。管理层忽略了这种期望的一个可能原因，可以是对敏捷实践的粗浅知识，同时认为敏捷方法将使员工更加高效，更快和更具创造力，而无须为此付出太多努力。在处理许多或者复杂的项目时，许多管理层都持这种期望态度。但是，采用这种"自下而上"的敏捷方法，管理层可能无法实现其预期的敏捷价值，因为他们仅仅期望员工能够"实现"这些价值。如果员工在随后的工作报告中，使用传统项目管理方法中的旧关键指标（如资源利用率和完成程度）进行报告，但使用敏捷控制手段（如工作速度和客户反馈）进行日常工作，类似于第10.4.5节中的介绍，则这两种战略之间就会出现某些不可避免的矛盾：

一方面，必须以这样一种方式来安排工作计划：即在传统意义上，尽可能地使用人力资源，并且保持项目进度（传统）。另一方面，如果客户对部分交付的产品有反馈要求（敏捷），则必须要能够快速地确定其优先处理等级。

为了解决这一问题，目前有一个新的趋势，就是混合过程模型，即将传统观点和敏捷观点相结合。但如果仍有矛盾，则"混合项目管理"一词，就有可能被视为一种具有"毁灭性"的风险，因为员工在权衡战略决策时，无法获得相关的支持，在这种情况下，资源充分利用与灵活实现客户期望是相互对立的。

"自下而上的变革"的另一个危险就是可能会忽略整体的框架条件，所以，必须首先创建好框架条件，以便进一步开展工作，如使用敏捷软件开发方法。对于这种情况，一个比较容易理解的做法，就是在客户要求列表（Backlog）中对需求进行优先级排序。如果最终客户有时间，则可以直接与客户交流，确定其要求的优先级。但是，如果客户要求的订单，已由销售、管理层和其他部门批准，这时重要的是明确处理后续订单的标准。如果不这样做，则开发团队需要决定应急工作顺序，这可能会涉及大量的协调工作，并可能中断开发工作。除了与客户进行协调外，《敏捷软件开发方法指南》对此也没有指定任何特定的解决方法[13]。因此，企业只能自行寻找并实施合适的评估方法。

此时，应再次参考产品开发过程。如果员工必须过于严格地遵守敏捷方法，或者多年来员工已习惯非常严格地遵循敏捷方法，那么这可能会成为敏捷方法的障碍。例如，在产品开发过程中，允许产品所有组件同时更改的机制，只会干扰迭代和增量过程，延长产品开发周期。从技术的角度来看，在开发过程的后期可能仍会更改某些组件，但必须在其过渡阶段就给予确定，如为了尽快通过官方的审批程序。

另外，如果迄今为止，因为产品开发过程之间的偏差，过多地惩罚批评员工，则实施敏捷工作方法将变得更加困难。这很容易理解，员工会由于害怕出错而更不愿意敏捷（如承担责任，在客户想要的情况下对产品进行更改），而是喜欢遵循先前认为正确且更安全的产品开发过程的方法。在实践中，一个团队仍需要克服这样的思维障碍，如受过这种训练的组织或员工所表述的："在我们开始工作'Y'之前，必须首先由其他部门完全地工作'X'。"

这就引出了"保持敏捷"这一主题，因为它在项目进行中经常被遗忘，所以就显得特别重要。"制造敏捷"是相对容易的，因为这可以在敏捷实践中，进行专门的学习训练。而"保持敏捷"的含义并不那么容易理解。尤其是对于刚开始从事敏捷性开发工作的员工，即使在良好的框架条件下，也仍需要进行一些实践培训，才可以真正地掌握这一新的思维方式。通常，传统的思维方式会保留更长的时间，从咨询顾问的角度来看，传统的思维方式经常有"复发性"。

以下是基于敏捷值（蓝色背景框），给出的敏捷形态（=保持敏捷）的示例（图10.4）。为了有机会作为咨询顾问或经理人了解参与者对敏捷的态度，可与管理人员和员工合作，共同讨论和确定一些敏捷性话题（如冲刺、时间表、回顾、敏捷角色、沟通渠道等）。

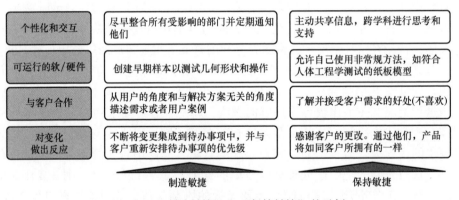

图 10.4 "制造敏捷"和"保持敏捷"的示例

最后，也是当前的一个工作要点，就是将敏捷开发方法转移到硬件开发上。以下是所有可能遇到的困难和障碍：

- 拒绝进行敏捷实践工作，认为它并不适合硬件开发，因为硬件无法轻易地根据客户的请求进行修改。
- 至今，支持任务管理的软件工具，都是针对软件开发进行优化的，因此只能部分地用于硬件开发。

- 部分员工非常专业（如设计、测试、构成件专业化、物流计划等），因此他们只能在有限的程度上相互交流沟通和提供支持。
- 组织机构是按照学科领域来组织的，工作场所也是按照学科领域来划分的。
- 用户成功的故事很难再重现，因为如果客户对质量的期望偏离了员工所能达到的结果，经验表明，要么他们会质疑整个项目，要么坚持要制定某些可行性规范，以便能保证产品和服务的质量（对冲策略）。

10.4.8 关于"开发工作中的敏捷性"的系统化思考

与前面的几个表格类似，表 10.4 是有关系统化思维的四个方面，当然还并没有达到完整。但是，可以认为它考虑了敏捷性方法的基本要素，此处，我们以敏捷软件开发方法学为例，进而权衡产品开发过程 4.0 中的敏捷方法，是否在此有所帮助。这些包括角色、工作、会议和实践[13]。

表 10.4 系统思想家提出的有关敏捷方法的问题

网络化思维	敏捷化过程需要哪些部门参与，以避免局部优化，形成一个相对平衡的解决方案？ 敏捷方法的哪些方面，恰好可以解决我们的问题，以及我们希望通过这些方面实现什么目标？
动态思维	在企业或产品开发中，必须创建哪些先决条件才能使敏捷方法带来经济效益？ 必须在产品开发的早期定义哪些组件（几何形状、尺寸、与其他组件的接口）？ 在产品开发过程中可以调整和修改哪些组件？ 我们如何在项目中集成硬件和软件组件？ 新的项目角色所需的配置文件是什么？ 一次冲刺应该持续多长时间？
在模型中思考	我们今天能获得哪些有关产品开发工作进度的数据，我们是否也希望将来能够继续获取这些数据？ 当前的传统项目管理中，哪些方法还行之有效，可以继续采用？ 产品开发过程是否适合敏捷/混合方法？ 在哪些方面必须仍继续遵循现有的产品开发过程？ 现有的产品开发过程，在哪里提供了自由空间？ 将来在实践中，我们希望使用传统方法的哪些优点，以及敏捷方法的哪些优点？ 哪些敏捷实践适合自身的企业，哪些不适合？ 哪些敏捷实践适合一个部门，而哪些又不适合？ 为了使敏捷工作成为可能，组织（团队）必须是什么样子？

(续)

适用于系统的措施	员工可能会担心什么？ 敏捷对于我们意味着什么，而敏捷本身又意味着什么？ 我们想用故事点来工作吗？（我们不能……） 我们希望如何实践敏捷价值观？ 积压的工作应该如何结构化？ 应根据哪种方法，对积压工作进行连续的优先排序？如何确保团队回顾（经验教训）的反馈得到实施？

10.5　系统思想家提出的示例问题

前面所给出的示例问题，仅代表了一小部分可能会遇到的问题。尽管如此，这些问题也可以在改进企业和客户的流程中，通过召开战略研讨会，作为参考示例，进行讨论研究。列表可以根据需要扩展或者更改其中的各个问题。改变问题的一种非常简单的方法是从问题中涉及的人或组织的角度提出问题。这里一个可参考的示例，就是针对第 10.4.8 小节（作者个人观点）中的问题"敏捷对于我们意味着什么，而敏捷本身又意味着什么？"这两个问题可以修改为：

- 对于专业部门、员工、供应商、客户来说，使 XY 变得敏捷并保持敏捷意味着什么？
- 其他部门或人员会给我们什么样的建议，以帮助我们变得更加敏捷并保持敏捷？

如果再稍微复杂一些，可以将参与者的视野扩展到系统中其余的组成部分。例如，这些可以包括流程、方法、技术和软件工具。有关敏捷过程的示例问题，可以参考"过程"因素，进行如下更改：

- 当今的过程在多大程度上支持我们变得敏捷，或者说在多大程度上允许我们变得更加敏捷？
- 当今的过程在多大程度上阻碍了我们的敏捷性？它是如何阻碍的？
- 未来的过程应该如何使我们变得敏捷并保持敏捷？

最后，参考"软件工具"的问题，可引入以下问题：

- 如何使用软件工具，才能提高我们的敏捷性并保持敏捷的状态？
- 使用的软件工具在多大程度上限制了我们的敏捷性并削减了敏捷能力？
- 我们可以在软件工具中更改哪些设置，以使其更加敏捷？

在第 10.4.2、10.4.4、10.4.6 和 10.4.8 小节中提到的所有问题，都可以根据这些原则进行修改。这样，那些正在寻找合适的产品开发过程 4.0 的企业，就可获得一些他们所需问题的清晰回答。因而以务实的方式从系统化思维提供的不同角度中受益。

> **参考文献**

1. Kleve H (2005) Systemtheorie. Theoretische und methodische Fragmente zur Einführung in den systemischen Ansatz. Hochschulscript, Fachhochschule Potsdam
2. Haberfellner R, Daenzer WF (2002) Systems Engineering. Methodik und Praxis, Bd 11. Verlag Industrielle Organisation, Zürich
3. Denk R, Pfneissl T (Hrsg) (2009) Komplexitätsmanagement. Linde international Fachbuch Wirtschaft. Linde, Wien
4. Ossimitz G (2000) Entwicklung systemischen Denkens. Theoretische Konzepte und empirische Untersuchungen. Klagenfurter Beiträge zur Didaktik der Mathematik, Bd 1. Profil, Klagenfurt
5. Strohschneider S (Hrsg) (2003) Entscheiden in kritischen Situationen. Schriftenreihe der Plattform Menschen in Komplexen Arbeitswelten e.V. Verlag für Polizeiwissenschaft, Frankfurt am Main
6. Stelzer D (2000) Digitale Güter und ihre Bedeutung in der Internet-Ökonomie. Das Wirtschaftsstudium (wisu). Z Ausbild Prüfung Berufseinstieg Fortbild 29(6):835–842
7. Clement R, Schreiber D (2016) Internet-Ökonomie. Grundlagen und Fallbeispiele der vernetzten Wirtschaft, 3. Aufl. Springer Gabler, Berlin/Heidelberg
8. Handheld-Computer: Gewappnet für Industrie 4.0? | Rugged Devices. https://www.it-zoom.de/mobile-business/e/handhelds-gewappnet-fuer-industrie-40-17039/. Zugegriffen am 01.03.2018
9. Mees J, Oefner-Py S, Sünnemann K-O (1993) Projektmanagement in neuen Dimensionen. Das Hologramm zum Erfolg. Edition Gabler's Magazin. Gabler, Wiesbaden, S 1
10. Vogel Business Media GmbH & Co. KG Was ist Predictive Maintenance? Vogel Business Media GmbH & Co. KG. https://www.bigdata-insider.de/was-ist-predictive-maintenance-a-640755/. Zugegriffen am 28.02.2018
11. Lindemann U (2016) Handbuch Produktentwicklung. Carl Hanser Verlag GmbH & Company KG, München
12. (2016) Manifest für Agile Softwareentwicklung. http://agilemanifesto.org/iso/de/manifesto.html. Zugegriffen am 28.02.2018
13. Schwaber K, Sutherland J. The scrum guide. https://www.scrumguides.org/scrum-guide.html

第 11 章 制造执行系统和工业 4.0

诺贝特·凯特勒（Norbert Ketterer）

在过去的几十年中，业务流程通过企业资源规划系统横向集成，然后通过其他系统，如供应链管理、客户关系管理、产品生命周期、供应商关系管理纵向集成。近年来，作为纵向整合的一部分，企业工作的重点已转移到制造业的数字化。在德语世界，目前最流行的热门话题就是工业 4.0。其中，智能机器可以独立地协调制造过程，如服务机器人为产品组装人员提供辅助支持。关于工业 4.0 的详细定义，可参考德国联邦经济事务和能源部的网页（https://www.bmwi.de/Redaktion/DE/Dossier/industrie-40.html）。这种自动化的目标，尤其是针对单件产品的生产，其质量和成本可与批量生产相媲美。

企业资源规划系统到智能机器之间的过渡是由制造执行系统（又称制造控制系统）完成的，这种系统可以有各种规模形式，从特殊的单一系统，如仅用于企业运营数据采集或者特定流程的质量管理，到标准化的综合系统。

本章主要介绍制造执行系统的功能，并将其与其他系统进行区分。这里专门将 SAP 工业 4.0 范围内的运作流程作为一个具体示例给予说明。出于教学目的，SAP 科技教育联盟将 SAP Industry 4.0 应用软件工具提供给各个高等院校使用。

11.1 制造执行系统

与企业资源规划系统不同，制造执行系统直接连接到生产制造过程，并且更及时地执行，甚至实时地运行。整个的企业生产制造过程建立在控制回路的基础上，制造执行系统的核心就是生产过程控制以及生产环境中各种功能的集成。有关制造执行系统更为广泛和详细的描述，可见参考文献 [1, 2, 3]。在参考文献 [4] 中，有一个有趣的比较概述，涉及了对有关制造执行系统主题的各种看法和观点，还比较了其中的各种定义和功能范围。

正是因为它的实时性和快速响应能力，制造执行系统作为一种实现控制回路的工具，可以对所出现的意外事件，如设备故障或紧急订单，做出积极有效的反应[2]，因为这种系统通过传感器测量装置，或者半自动化的终端与生产设备直接相连，可以现场采集所需的生产数据。这使得具有灵活反应能力、透明流程和经济化的企业经营得以实现。在这样的一个系统中，所要采集和记录的主要数据有流程截止日期、机器设备状态、生产工具状态、生产人员可用性、物料缓冲区、批次、产品质量要求和相关过程数据[2]。制造执行系统可分为三个主要的任务范围，即生产（如机器数据、生产控制中心、数据可追溯性）、人员（如员工工作时间、人员资源计划和激励机制）及质量保证（如生产测试、统计过程控制、测试设备管理）。

从理论上讲，很多信息系统，如生产计划系统、计算机辅助设计系统、产品生命周期管理系统、客户关系管理系统和供应链管理系统，都可以与制造执行系统相连，但这里最合格的候选者是企业资源规划系统[2]，因为各种生产规范数据存储在其中，如产品订单、生产规划、技术要求和产能计划。此外，企业资源规划系统还可以输送出其他数据，如与产品生命周期相关的信息、计算机辅助设计的产品数据、数控加工程序或其他制造信息文档。

11.1.1 制造执行系统和标准

有关制造执行系统功能的详细说明，可参考德国工程师协会指南（VDI-Richtlinie 5600），以及国际制造企业解决方案协会（MESA）的协作式制造执行系统（c-MES）模型。

参考文献［2］中简单描述了德国工程师协会指南，列出了一个制造执行系统应具备的功能，展现了比纯粹的制造连接更广泛的观点，如通过数据信息或能源管理。这包括：

- 详细规划和精细控制。
- 资源管理。
- 物料管理。
- 人员管理。
- 数据采集和处理。
- 性能分析。
- 产品质量管理。
- 数据信息管理。
- 客户订单管理。
- 能源消耗管理。

MESA 的 c-MES[5] 取代了旧的 MESA 的模型，这种旧模型包含 11 个功能，并且在不断改进，经常出现在最近的工作中。后一种模型内部非常注重生产制造（即 c-MES 模型），它包含了制造执行系统的强大协作功能，以便比 MESA 的旧模型更好地适应协作生产制造的趋势（表 11.1）。

表 11.1　MESA 中协作式制造执行系统的功能[5]

协作式制造执行系统的功能	意　义	协作功能示例
产品跟踪与谱系	记录物料和当前的加工状态；链接到供应商批次，清楚地识别生产批次，从而易于追溯	对产品设计师和供应商的反馈；为客户提供透明的产品信息；更新企业资源规划系统和供应链管理系统中的默认值；服务系统信息或者可追溯的控制
资源分配和状态	管理非生产资源，如工具、文件、储罐，包括其状态	从生产反馈的意义上讲，与产品生命周期管理功能集成；与供应链工程或者供应链管理建立联系，与维护系统和主机厂客户建立联系
性能分析	通过灵活的仪表板/联机分析处理功能，可对制造执行系统和连接系统的所有核心功能（产品数据管理、企业资源规划、客户关系管理等）进行分析	各种各样的功能可以分析制造决策中的影响因素，如与设计和供应链相关的功能。人力资源部门可以确定车间最佳的员工组合或交班
过程管理	详细的流程规范，特别是操作、工作计划及其他信息，如文档；灵活地（通过属性或业务规则）确定操作内容和顺序	将详细的工作计划与企业资源规划系统的工作计划联系起来；有关产品设计和工作计划的信息；与外包合作伙伴交流信息；协作设计合作伙伴的信息
数据采集和利用	收集和存储来自设备的数据；分析材料、人员和系统	将当前的过程信息传输到产品生命周期管理系统，进行详细计划（如在供应链管理中）；结合企业资源规划（和供应链管理）获取当前成本/计划信息；联系客户以获取有关订单状态的信息
质量管理	基于在线和离线分析，进行统计过程控制或者过程质量管理；错误分类；消息/警报	整合工作计划，确认错误；整合采购兼顾统计数据；整合设计团队；维护系统的集成
劳动管理	用户管理、用户组/资格	按企业规范，通过质量管理系统跟踪资格/认证，定义业务合作伙伴对制造执行系统的访问
分派生产单元	对生产流程的管理，生产单元必须在工作场所或操作中进行。重新计算人员利用率，确定潜在的可通过业务规则自动进行的工作	供客户和供应商使用的库存和订单状态，与供应链执行系统或供应链管理系统集成，可用于其他企业应用程序的库存数据（如企业资源规划）

根据 ISA 95 模型[6]和参考文献［3］，可以将制造执行系统以传统的方式，安插到企业运营系统的整体环境中，如图 11.1 所示。制造执行系统将企业的整个业务流程级别与其控制层次连接起来。

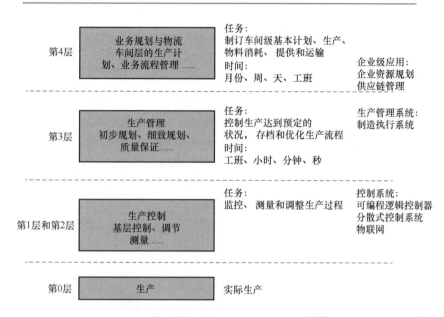

图 11.1　生产环境中的系统层次结构[3,6]

11.1.2　制造执行系统和工业 4.0

工业 4.0 主要涉及了智能产品和生产单元，智能产品表现在其功能属性及制造方式上[7]，而生产单元表现在它们的实际能力上，即是否可以执行所期望的生产功能。这里的目标是实现产品的高度可定制性。在数量上，这种个性化要求甚至可能就是一个单件产品[8]。尽管具有这种可定制性，但仍希望企业资源的利用有其经济效应。

工业 4.0 在信息技术方面的典型特征就是在不同的项目、设备和运营商之间进行一次新的工程和运营信息的整合。但是不仅要进行数据汇总，还要进行数据评估，如描述其中的相互关系。这种整合都是基于网络物理系统（CPS）。它可以直接收集数据，评估数据内容，建立数据的相关性，在全球范围内使用这些数据和服务，并与现实世界互动[7]。具体来讲，网络物理系统的组成部分，可以是机器设备、建筑物、生产设施等[8]。目前，许多专家学者认为，传统的自动化金字塔模型将不复存在（图 11.1），如各个生产单元可直接通过网络物理系统层次进行通信，从而使数据交换无须再通过高一级的层次，如企业资源规划系统。但是，这种系统格局还不能自动地排除制造执行系统的功能；相反，就组织管理这种新型方案而言，制造执行系统还将面临一些新的挑战[2]，如要求提供更强的封装服务和组织协调工作。

  工业4.0参考框架模型（RAMI）[9]作为一种组织结构，试图描述工业4.0的基本构成，且将现有的解决方案映射到该框架内（图11.2）。这种层次等级描述了企业内生产车间的层次结构，框架结构描述了物理设备中的信息技术，最后在时间维度上，描述了产品的生命周期。即使在数据技术方面，企业资源规划系统和产品生命周期管理系统也都是当今先进的系统，但是制造执行系统可以涵盖上述框架中各个层次，数字化地描述制造业的现实世界。在过程级别中，由一个制造执行系统附加企业资源规划系统或供应链管理系统，就可映射和覆盖产品生命周期内的第二部分（生产），而第一部分可在产品生命周期管理系统中找到。在这种层级结构中，应该注意的是，数据通信不再是如图11.1所示的层次形式，而是可以跨越层次进行。

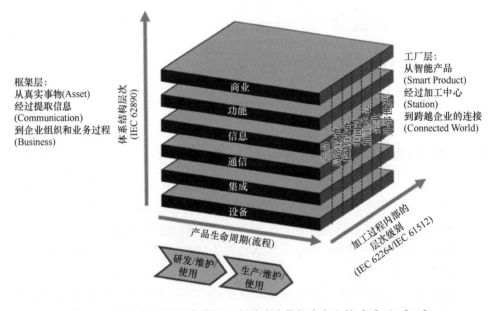

图11.2 工业4.0参考框架模型（部分内容依据参考文献［9］和［10］）

11.2 SAP®-ME/MII（制造执行/制造集成与智能）

  在参考文献［2］中，并没有对SAP制造执行/制造集成与智能（SAP®-

第 11 章
制造执行系统和工业 4.0

ME/MII）进行进一步的阐述，而是更详细地说明了其企业资源规划系统的中心组件 6.0 版本。在该文献的 10.2.6 小节中，重点说明了 SAP 制造执行系统与企业资源规划系统的连接，并提出了一系列相关的规范准则，例如：

- 生产规划与生产数据收集（PP-PDC）模块之间的接口认证，其中包括 SAP®-HR、SAP®-PP、SAP®-Kanban、SAP®-PM 等子系统的接口，详细信息见参考文献［11］。
- 是否支持生产规划与生产优化（PP-POI）模块之间的接口？这是用于生产优化的接口，有关的详细信息见参考文献［12］。
- 是否支持企业资源规划系统的业务应用程序编程接口（BAPI）？

另一方面，可以在参考文献［13］中查找到 SAP®-ME 系统更全面的描述，在参考文献［10］也有相关的解释，很明显，SAP®-ME 都是基于这些连接技术的。

11.2.1　SAP®-ME/MII 框架和工业 4.0 格局

根据参考文献［13］，SAP®-ME/MII 的体系结构如图 11.3 所示，基本上遵循了图 11.1 中的传统式体系结构。

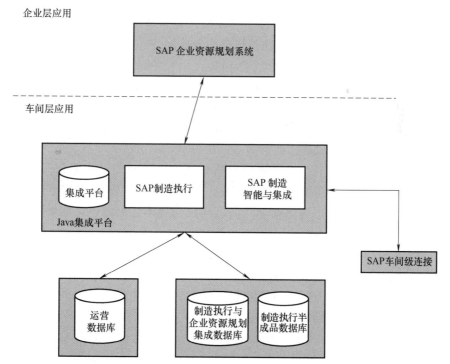

图 11.3　SAP®-ME/MII 的框架结构（参考文献［13］，获 Rheinwerk 出版社的允许）

SAP®-ME/MII 基于集成技术平台 Netweaver 中的 Java 堆栈[13]，其中制造集成与智能系统使用 SAP 中间文档工具（IDoc2s），将其企业资源规划系统与 SAP®-ME 进行集成。而实际的集成是在制造集成与智能系统内部的 SAP 制造与资源管理集成（SAP MEINT）模块中进行的，该模块使用自身的数据库进行数据存储（图 11.3）。此外，通过提供整体设备效率服务（OEE-Services），MII 可以选择准实时提供监控功能和仪表板。另一方面，在制造执行过程中生成的数据，通常是事务数据和主数据，被存储在制造执行半成品（MEWIP）数据库中。然后可以根据需要，将数据补充到制造执行操作数据存储（MEODS）数据库，该数据库将长期保存这些数据，以供后续分析之用，但也可以从中提取某些数据。这与典型的数据仓库结构有些类似。

SAP 车间级连接模块（SAP®-PCo4）连接到制造集成与智能系统，直接在生产层次上与各个设备单元进行数据交换。制造执行系统的功能概览如图 11.4 所示，尤其要注意的是，许多功能可以很容易地按照协作式制造执行系统（c-MES）模型开发实现，如在产品跟踪与换代和换代与跟踪之间，性能分析和报告之间，历史数据和过程管理之间，以及工作计划管理和变更服务之间。某些功能，如资源分配和状态，虽然不能直接分配，但是制造执行系统还是具有与之相关的功能，如用于文档管理、描述员工专业资格以及存储工作指令。

SAP 制造执行系统缺少的是订单的详细计划。详细计划是可能的，但缺少一个计划表，既可以是图形的，也可以是面向数量的（如用于批量生产）。这就如同简单形式的 SAP 企业资源规划功能，可以在 SAP 供应链管理系统中（SAP®-SCM）中，在其高端计划和优化（APO）模块、生产计划和详细时间计划（PPDS）组件中找到更详尽的形式。这样的计划表可为协作式制造执行系统（c-MES）中的分派生产单元提供一些功能。这是基于实际规划方面的考虑，其具体功能可参考德国工程师协会指南（VDI-Richtlinie 5600）。

生产车间的操作人员，可以通过交货证明（POD）模块与系统直接通信。这些模块可以灵活地描述重要的数据信息，如加工流程、安装说明或工作指令，也可以用于数据输入，还有触摸屏式的交货证明版本，可以直接在触摸屏上进行操作。

可以从 SAP 高校联盟中创建一个 SAP 工业 4.0 环境，它包括一个企业资源规划系统，一个制造执行或者制造集成与智能环境，借助这样一个环境，就可以运行生产计划和控制方案。制造执行系统或者制造集成与智能环境系统的具体细节主要由以下部分组成：

- 一个制造集成与智能系统，将制造执行系统与企业资源规划系统连接起来。
- 一个制造执行系统。

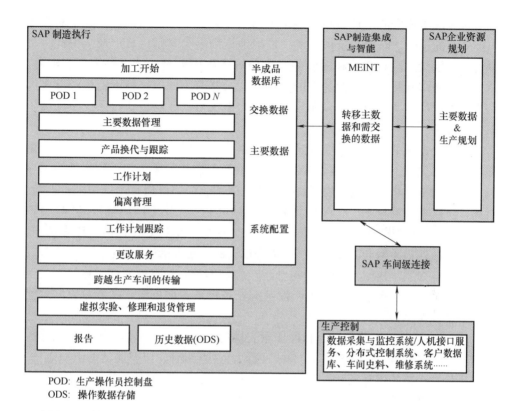

图 11.4 制造执行系统的功能概览，包括制造集成与智能和车间级连接（MII & PCo）的基本组件（参考文献 [13]，获 Rheinwerk 出版社的允许）

- 一个监控器模块（Line-Monitor），来自 SAP®-MII/OEE，可以监控生产线的运行状态。
- 一个车间级连接模块，建立生产线中物理设备之间的连接。
- 一个 Kepware 服务器（Kepware-Server），可用于模拟物理设备的功能。

11.2.2　SAP®-ME/MII 的主要对象

本小节重点说明制造执行系统的核心任务，即生产订单、生产控制编号（PNS）和工作计划。

通常，生产订单在企业资源规划系统中生成，然后转移到制造执行系统。因此，生产订单代表了一个要执行的生产任务，可在企业资源规划系统和制造执行系统中并行地显示，但其内容的详细程度不同。从理论上讲，可以在制造执行系统中直接创建生产订单，不再需要集成这两个系统之间的过程。在制造执行系统发布一个生产订单时，该生产订单被赋予若干个生产控制编号，这些编号被分配给相应的生产订单，甚至可以细分到一个单一零部件，这正对应于工业4.0的思想，即可在单件生产中准确地识别一个零部件或产品。因此，可以将一个批量生产订单，在实际生产中分解成相应数量的多个生产控制编号。就生产控制编号而言，它们各自的生产方式会略有不同，这种不同生产方式的结果将以产品谱系的形式，以明确的生产控制编号，在制造执行系统中反映出来（参见表11.1中的产品谱系）。

在生产控制中，至关重要的是时间数据，这对制订详细和灵活的工作计划很重要（参见表11.1中的过程管理）。在SAP制造执行系统中，零部件明细表和工作计划都是从企业资源规划系统中传送来的，但还可以在系统中进行更新。对此，所需要的就只是一个生产计划与控制和生产优化之间的接口（SAP PP-POI），这与11.2节中的要求类似。特别是，一个工作计划还提供了许多选项，可用来灵活地描述生产流程。这可以借助以下的方法和措施实施：

- 动态工作计划：可以针对每个生产控制编号，动态地制订工作计划。例如，如果某一特定批次，或者生产控制编号进行了短期更改，则所对应的工作计划将单独保存。

- 分支机理：指并行组合和可任意安排的工作流程。例如，可用于描述替代操作、可选步骤、循环或返工、并行机制、并行组合，以及灵活的组织结构，这指可任意安排的工作流程，这些结构都允许对工作计划按需求进行安排，只要它们最终被处理就可以。

- 细分工作计划：可在一个工作计划中插入若干个子工作计划。例如，返工流程，或者在出现质量偏差时，调用所需的后处理路线。

- 脚本：在执行加工计划的过程中，可在脚本的基础上进行决策，以支持自动化过程，这就是表11.1业务规则中的过程管理。本质上，这是对JavaScript描述的解释，见参考文献［13］和［15］，其中包括JavaBean（EJB）和数据库结构化查询语言（SQL）调用，以及预定义的变量。

图11.5所示为一个并行组合的示例，这一并行组合嵌入在一个动态工作计划中，有针对性地简述了生产控制编号的变化过程。在这个工作计划中，进程20与进程30、进程40并行，但都必须始终首先执行进程10，一旦进程40和进程20执行完毕，则应立即执行进程50，这正是并行组合中的逻辑顺序。如果上述进程都执行完毕，则这些进程的生产控制编号必须列入一个进程列表中，这样的示例可在11.3.2小节中找到，其流程结构草图如图11.5所示。这是在一个制造执行系统中，进行动态工作计划，应用生产控制编号实现一个并行组合的过程。在一个不由生产控制编号确定的工作计划中，其实现方式是相同的，只是在不考虑生产控制编号的情况下，要明确地制订工作计划。

另一个示例是输出连接，它允许使用Java脚本，自动进行分支操作

第 11 章
制造执行系统和工业 4.0

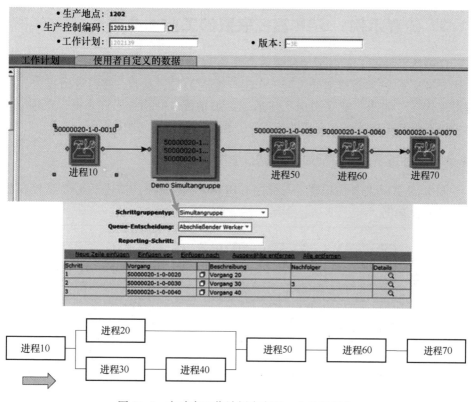

图 11.5 在动态工作计划中定义一个并行组合

(图 11.6)。借助退出 (Exit) 指令,进入下一个执行步骤。这是对制造执行系统中预定义的 Pass 脚本,进行了略微修改:某些操作虽然是循环式的,但如果其执行次数小于两次,则可以直接运行与其关联的后续操作,该脚本的应用程序可以在 11.3.2 小节中找到。

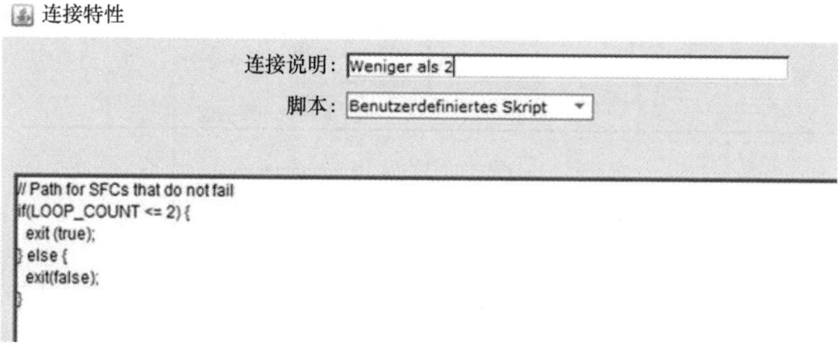

图 11.6 灵活业务规则的简单示例:输出连接

11.3　流程示例：SAP 高校联盟的工业 4.0 格局

这种格局的一个示例是如何将一个生产订单从企业资源规划系统传输到制造执行系统[16]，然后被细分为若干个生产控制编号、发布、获得返回报告、进行可视化[17]。此外，除了考虑了"返工"的情况，并检查了许多报告选项[17]，还可以在系统中描述自己定义的流程，并检验所提出的问题。

11.3.1　标准流程在高校联盟中的示例

图 11.7 采用业务流程建模与标注（BPMN）的方法，描述了 SAP 高校联盟的标准流程案例。

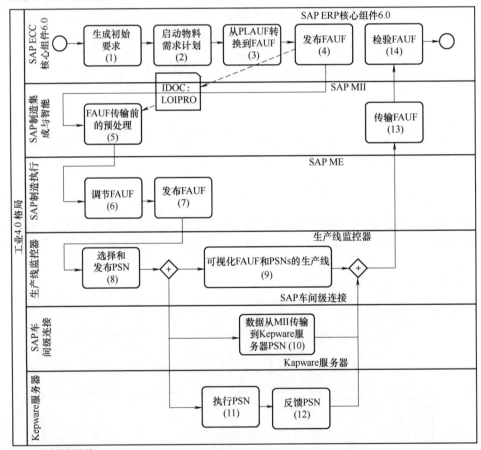

PSN：生产控制编号

图 11.7　案例：SAP 高校联盟的工业 4.0 格局标准流程[16]

- 生产订单在企业资源规划系统中生成，并且发布下达（步骤 1~4）。当然，在这里还可以有其他的生产活动，如在图形化显示板中进行详细的工艺计划，甚至实际的生产序列优化。

- 生产订单发布后，将它作为中间文档（IDOC）传输给制造集成与智能系统，并继续导入制造执行系统（步骤5）。
- 在SAP制造执行系统中进行生产订单处理，发布后，生成各个生产控制编号，这些生产控制编号对应于上述的生产订单（步骤6和步骤7）。
- 接着可以在生产线监视器中启动和监视生产控制编号的执行情况，这时就存在着订单返工的可能性（步骤8和步骤9）。
- 车间级连接模块（PCo）用于在生产线监视器和Kepware服务器之间进行数据同步（步骤10）。
- Kepware服务器现在单独启动车间连接（Shop Floor Connect）的操作（步骤11），并通过车间级连接模块（PCo）报告它的执行情况（步骤12），也可以通过POD手动执行，详见11.3.2小节。
- 在某些时候，生产订单执行完成，然后应该通知前端的企业资源规划系统，进行正确的对比验收（步骤14）。这时，数据传输通常是由SAP业务应用程序编程接口进行的。

为了正确地描述这一实际物理过程，除了从企业资源规划系统传输工作计划之外，制造执行系统本身还有一个独立的工作计划（图11.8）。从中可以看出，"手动返工"这一步骤，使用了前面所述的分支进程。

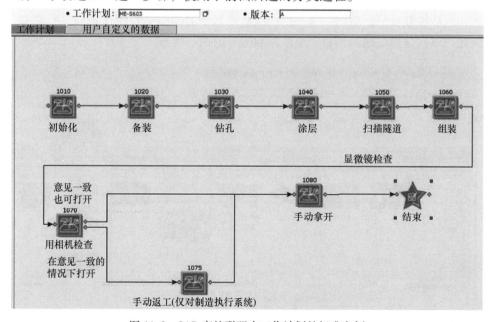

图11.8　SAP高校联盟中工作计划的标准案例

图 11.9 所示为生产订单发布后的生产控制编号。这是生产订单的第二次发布；第一次发布已经事先在企业资源规划系统中进行了，并传输给制造执行系统。第二次发布在制造执行系统中进行，这时，生产订单分解为多个生产控制编号。在这里，生产控制编号对应的生产数量可以是一个，这与工业 4.0 中的单件生产理念一致。但是，这一操作步骤不是绝对必要的，因为制造执行系统可以根据产品所需物料数据中的参数，对生产订单进行必要的划分。为此，制造执行系统具有对自身的生产批量大小进行描述的参数，该参数可调节生产控制编号的划分，而且该参数是物料主数据的直接上级常规数据。

	数量	系列号		生产控制编号	发布	激活
☐	1			1202152	true	☑
☐	2			1202153	true	☑
☐	3			1202154	true	☑

图 11.9　生产订单发布后的生产控制编号

现在就可以启动各个生产控制编号，这里主要使用生产线监视器来实现（图 11.10）。在这个检测设备上，可以针对一个生产订单，选择其生产控制编号，然后按需要分别启动。这一生产线监视器中的内容会系统地定期进行更新，因此可以持续直观地跟踪每个生产控制编号的执行状态。

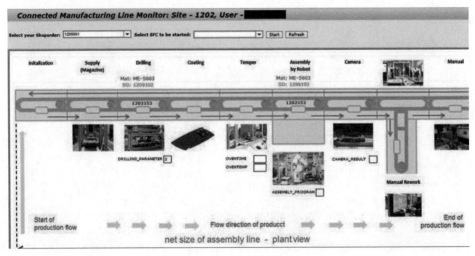

图 11.10　在生产线监控器中显示一个带有多个生产控制编号的生产订单的执行状态

第 11 章
制造执行系统和工业 4.0

应该注意的是，生产线监视器并不是制造执行系统的直接组成部分，而只是通过制造集成与智能系统，作为整体设备效率管理组件的一部分，引入到 SAP 高校联盟的案例中。但是，由于指定了具体的生产线结构及工作计划结构，因此会导致案例中存在某些不灵活性，也就无法通过生产线监视器启动和监控本身的结构，而必须使用交付证明和工作报告。

从图 11.10 中可以清楚地看到，当前的生产线上有两个生产控制编号：两者都是生产订单 1200102 的一部分，一个在钻孔进程 1030 中，另一个在机器人组装进程 1060 中。这些处理进程之间的切换都是通过 Kepware 服务器进行的，它自动启动车间级连接模块（PCo）。除了通过生产线监视器进行可视控制外，还可以通过大量的工作报告跟踪生产订单的进度，直至单一的生产控制编号级别。这种报告的一个示例如图 11.11 所示，生产订单 1200102 的处理状态被明确地显示出来，虽然在时间上有些延迟，但对应于生产控制编号的流程由机器人组装，并且经过了完整的处理，另外一个生产控制编号已经在处理进程 1070 "摄像机检查"中，后面的另一个生产控制编号尚未启动。对于最后的两个生产控制编号，可以通过"生产控制编号报告"，从该生产订单报表中查找出每个生产控制编号的进程序列。在所连接的企业资源规划系统中，生产订单 1200102 将显示为"部分确认"，并有相应零部件的动态状况。

SCHRITY-IO	VORGANG	ARBRITSPLAN	MENGE IN QUEUE	MENGE IN ARBIT	MENGE ABGESCHLOSSEN	WEITERE INFORMAITONEN
010	1010	ME-5S603	1	0	2	PSN-Bericht
060	1020	ME-5S603	0	0	2	
070	1030	ME-5S603	0	0	2	
080	1040	ME-5S603	0	0	2	
090	1050	ME-5S603	0	0	2	
020	1060	ME-5S603	0	0	2	
030	1070	ME-5S603	0	1	1	PSN-Bericht
040	1075	ME-5S603	0	0	0	
050	1080	ME-5S603	0	0	1	

图 11.11　通过车间加工顺序报告描述生产订单的处理状态

11.3.2　制造执行系统中的其他流程示例

这里有一个进程示例，它完全是手动发布的，通过 SAP®-ME 的交付证明（POD）来控制，主要将生产进程中的生产控制编号，以手动的方式记载到交付证明中，而不是通过车间级连接模块（PCo）或者 Kepware 服务器和生产线监视器进行记录。为此，只需在 SAP®-ME 的工作计划执行过程中输入相应的生产区域。如图 11.12 所示，所有的生产控制编号均以其在生产区域中的状态列出，可以通过一个触屏操作界面启动和结束所选定的进程。而且，还明确地以序列的方式显示了哪些生产控制编号代表哪些进程，或者哪些进程已被执行完成。

借助"装配"功能（图 11.13），可以将零部件装配到其所属组件中，其结果将在产品谱系的报告中给予评估，这一报告归属于"正在装配"类型，但连接库

企业数字化
——从方法到实施

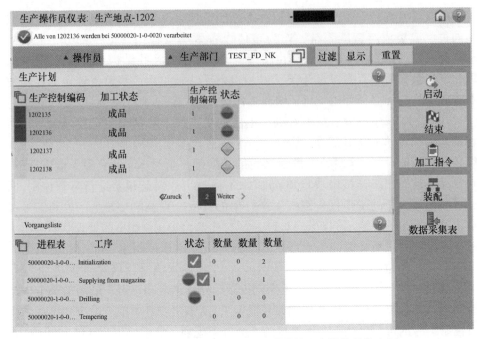

图 11.12　带有生产控制编号和流程清单的生产操作员仪表板

存变化的企业资源规划系统，会根据该零部件的库存信息直接在系统中进行更改。应该注意的是，还有其他类型的非触屏式仪表界面以及生产操作员仪表板，它们的显示方式可能有所不同，如直接在生产控制编号之后或其进程之后。

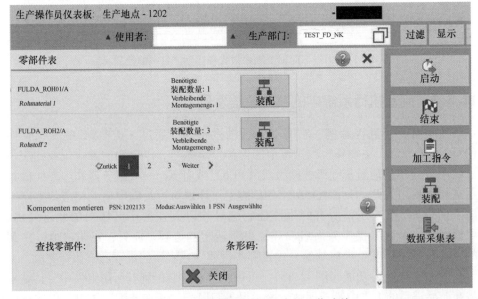

图 11.13　生产操作员仪表板中的工作清单

图 11.14 所示的生产操作员仪表板实例,在图 11.15 中,用来说明如何处理一个并行组合。这里很容易看到哪些生产控制编号排在操作序列中,即第一个进程 20 和进程 30,因为这两个进程都是并行组合的一部分,然后是进程 40,因为进程 30 已经处理过了。在执行进程 50 中的生产控制编号之前,要求处理完进程 20 和进程 40。

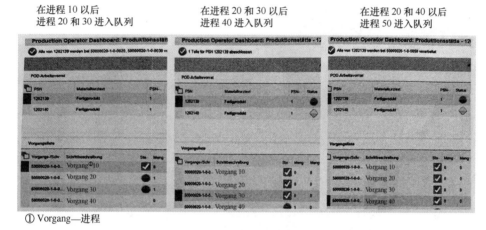

① Vorgang—进程

图 11.14　在生产操作员仪表板中执行一个并行组合

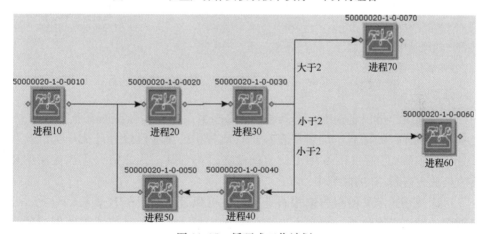

图 11.15　循环式工作计划

在图 11.15 中,可以找到一个典型的循环示例,即在进程 30 后要进行检查,决定是否这一产品将在进程 60 中进一步处理?是否在进程 70 中将其报废?或者是否在进程 40 和进程 50 中进行返工处理?如果返工进程超过两次,则将其直接转到进程 60。因此,就必须在进程的转换之间设定生产控制规则。这些生产控制规则必须查询循环计数器。循环计数器是 JavaScript 环境的一部分,用于实现这些规则。图 11.16 分别说明了进程 30 和进程 40 之间、进程 30 和进程 60 之间的生产控制规则。

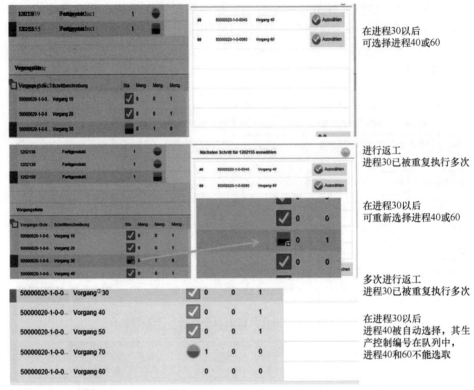

① Vorgang——进程

图 11.16 在生产操作员仪表板中执行和处理生产控制编号

在生产操作员仪表板中，不仅显示了哪些生产控制编号在加工顺序队列中；还提供了更详细的信息，如哪些正在执行流程中，哪些已经处理完毕，以及哪些处于返工流程。图 11.16 中工作流程循环运行到其上限之后，生产控制编号将直接放入进程 70 的队列中。

可以使用预定义的报告来报告业务，也可以定义自己的仪表板。对此，已有许多的用户界面组件，可以在一定的范围内描述数据，其格式由所创建的报告和一些输入参数确定。然后，可将多个这种组件在仪表板上组合，如图 11.17 所示。它由两个用户界面组件构成，即半成品工序报表和物料生产的收益。

无论是德国工程师协会指南，还是 SAP 协作式制造执行系统模型，都提到了信息管理问题。在 SAP 制造执行/制造集成与智能系统（SAP®-ME/MII）中的一个示例，就是在生产操作员仪表板中描述生产中的工作指令，可以对应每一个生产控制编号，调用这些工作指令。这些工作指令可以存储在不同的目标对象中，如材料、工作计划、进程、生产订单，甚至生产控制编号。因此，既

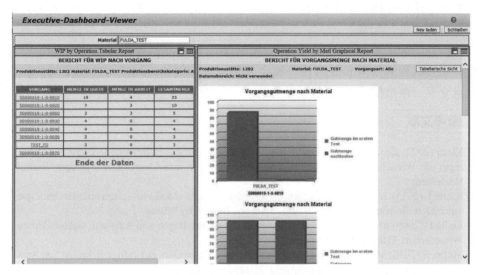

图 11.17 示例：自定义的仪表板

可以对生产进行笼统的定义，也可以非常具体地对生产进行定义，如一件式生产（图 11.18）。

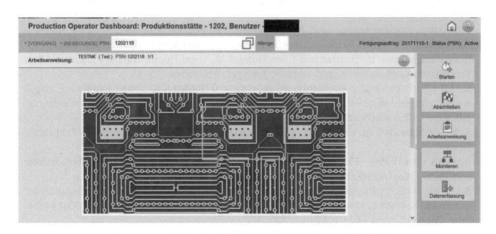

图 11.18 示例：生产操作员仪表板中的一个安装说明

11.4 总结

本章简单地介绍了 SAP 制造执行系统及其与工业 4.0 的关系，特别是与协作式制造执行系统标准的相关性。以 SAP 制造执行/制造集成与智能（SAP®-ME/MII）系统为例，描述了其主要的组成部分，而具体示例由 SAP 高校联盟的工业 4.0 格局提供。本章也概述了这一格局内的核心过程，其余的过程都可根据自身需要进行配置。

例如，如果要求 SAP 制造执行/制造集成与智能系统更多地集成到生产过程，则其流程的数量和复杂性可能会显著增加。例如，加强与外围系统的数据信息交互，改进监控/仪表板的功能。

参考文献

1. Kletti (2007) Konzeption und Einführung von MES-Systemen: zielorientierte Einführungsstrategie mit Wirtschaftlichkeitsbetrachtungen, Fallbeispielen und Checklisten. Springer, Berlin/Heidelberg
2. Kletti J (2015) MES – Manufacturing Execution System (Moderne Informationstechnologie unterstützt die Wertschöpfung), 2. Aufl. Springer, Berlin/Heidelberg
3. Louis P (2009) Manufacturing Execution Systems – Grundlagen und Auswahl, Gabler Edition Wissenschaft. Gabler, Wiesbaden
4. Müller S (2015) Manufacturing Execution Systeme – Status Quo, zukünftige Relevanz und Ausblick in Richtung Industrie 4.0. Books on Demand, Norderstedt
5. MESA (2004) Next generation collaborative Mes Model, MESA white paper 8, 5.2004. MESA, Chandler
6. Brandl (2008) What is ISA-95? Industrial best practices of manufacturing information technologies with ISA-95 models präsentation. http://industrialautomation.wikia.com/wiki/ISA-95
7. Vogel-Heuser B (2014) Herausforderungen und Anforderungen aus Sicht der IT und der Automatisierungstechnik. In: Bauernhansl T, ten Hompel M, Vogel-Heuser B (Hrsg) Industrie 4.0 in Produktion, Automatisierung und Logistik. Springer, Wiesbaden, S 36–48
8. Bauernhansl (2014) Die Vierte Industrielle Revolution – Der Weg in ein wertschaffendes Produktionsparadigma. In: Bauernhansl T, ten Hompel M, Vogel-Heuser B (Hrsg) Industrie 4.0 in Produktion, Automatisierung und Logistik. Springer, Wiesbaden, S 5–35
9. RAMI (2016) Referenzarchitekturmodell Industrie 4.0 (RAMI 4.0) – Eine Einführung. http://www.plattform-i40.de/I40/Redaktion/DE/Downloads/Publikation/rami40-eine-einfuehrung.pdf. Zugegriffen am 05.12.2017
10. Schell O, Schmidt-Lutz V et al (2017) Industrie 4.0 mit SAP. SAP Press Rheinwerk Publishing, Bonn
11. SAP SE (2013) PP – PDC-Schnittstelle. https://help.sap.com/saphelp_erp60_sp/helpdata/de/ad/17b753128eb44ce10000000a174cb4/frameset.htm. Zugegriffen am 16.11.2017
12. SAP SE (2017) Production optimization interface (POI). https://help.sap.com/viewer/fc2dffc8238e4ce681c3496d5c1e0810/6.04.19/de-DE/811ebf53d25ab64ce10000000a174cb4.html. Zugegriffen am 16.11.2017
13. Jash S (2016) Implementing SAP manufacturing execution. Rheinwerk Publishing, Bonn/Boston
14. SAP SE (2017) SAP plant connectivity. https://help.sap.com/viewer/c90214be0d934ebdb6f3b-ce29c63c0ff/15.1.4/en-US/46a00344d44852b7e10000000a155369.html. Zugegriffen am 21.11.2017
15. SAP SE (2017) Setting up routing scripts. https://help.sap.com/doc/saphelp_me151/15.1.3VERSIONFORSAPME/en-US/7d/a880ae4c8e4dcc951366917f500a7f/frameset.htm. Zugegriffen am 23.11.2017
16. SAP UA (2017) Introduction to industrie 4.0 – preparing orders in ERP, version 1.4, May 2017, SAP University Alliance
17. SAP UA (2017) Introduction to industrie 4.0 – production using SAP-ME (part 1 und 2), version 1.4, May 2017, SAP University Alliance

第 5 篇
客户互动的分析和优化

第 12 章 分析旅游博客：可以从旅行报告中了解旅游者的行为吗

马可·格拉夫（Marco Graf），托马斯·巴彤恩（Thomas Barton）

本章涉及非结构化数据的分析。并说明如何对在线平台上的旅游博客进行分析。通常，旅游者的博客可以在基于文档的非结构化查询语言（NoSQL）数据库中查找到，如 MongoDB。为了能够根据那些旅游者，这里也称之为用户原创内容，从中得出有关国家和区域性的结论，就需要进行一个基于地理区域的分析。一个聚合框架构成了此分析的基础。本文举例说明如何对旅游博客进行基于其地理位置的数据信息分析。在此，常见的典型问题是：在一个特定的度假区有多少个旅游博客？从这些旅游者的博客中，可以对该度假区得出哪些看法和结论？

12.1 引言

在旅游中，你可以放松身心，体验冒险，了解他国的风俗习惯，获取新的知识并开阔视野。先进的信息技术不仅可以使旅游者通过网站准备和推进其行程，而且还可以记录和分享他们的旅行经历。如今，在世界有网络的任何地方，这都很容易地实现。通过这种方式，旅游者可以非常积极地参与，在网络中生成新的内容，而不仅仅是消费已有的信息。

这种行为导致在网络上出现了大量的、由游客创建的信息，即用户原创内容（UGC）。他们借助各种应用软件工具，通常以旅游博客或日记的形式，记录下自己的亲身体会，并发布这些信息，希望他人能共享他们的经历。这些私人性的旅游报道，包含了大量有趣的休闲信息和异国乡情，特别是与国家、地区区域地理位置相关的信息，例如旅游热点（如金门大桥）、主要内容（如海滩、人文历史）、体育活动（如潜水、冲浪）[1]。由此，人们从网络中就可以获得关于旅游地点、自然景致或者旅行内容的大量信息，但大部分这种数据信息目前都是以非结构化的方式存在的[2,3]。

随着旅游业和万维网技术的蓬勃发展，越来越多的人愿意将自己的旅游经历以博客的形式，通过论坛或旅行社区，以书面报道、照片的形式进行记录，以便更多的人能分享他们的旅行经历。如果希望利用这些信息来制定一个自己的旅游计划，就必须将这些不同来源的信息汇总，并以一定的形式进行分析研究。在这里，很值得考虑的一点是要将与地理区域相关的游客报道的数据信息，应用于此分析目的。这样，就可以回答许多地理区域涉及的旅游问题，如哪些游览地点很有意义？（例如某城市附近的国家公园）

如果能够将这些网络中大量的、以非结构化形式存在的数据与相应的地理区域相结合，就能够为其他旅游者提供大量颇具价值的信息。这些地理区域中具有针对性的旅游报告，可以使其他旅行者更轻松地制定旅游计划，而其前提是能否以适当的形式，从网络中提取并汇总这类现有的信息。因为，就旅游信息和内容而言，它不仅仅局限在旅游者之间，还可以使人们在特定的社区和社交网络上进行交流，此外，还能够为更多的人提供有关主题的丰富信息。由此可见，进一步地利用这些用户原创内容，仍有着巨大的潜力可以挖掘。但是，由于大多数这类信息都是非结构化的形式，对于一些实际问题，其中还包含许多并不重要的信息，那些真正重要的信息，通常随意地分散在多个信息源中，进而，一般的用户很难有效地利用这些信息资源。这就要求一方面，必须能够查询、收集和汇总来自许多不同资源中的信息内容，另一方面，要集中地针对要进行分析和解答的各类问题，以便于从这些大量的数据信息中，提取基于特定区域的旅游知识[1,4]。

12.2 旅游博客

当前，为了记录和共享旅游经历，最为流行且简单通用的工具，就是所谓的旅游博客。只需通过注册私人旅游博客账号，任何人都可以任何格式创建文本，上传视频或图像，发布博客内容，并与其他用户共享和交流，这更类似于一种数字化日记。但与诸如评级或信息平台之类的服务相比，人们还无法获得结构化的旅游博客信息。通常，这些有助于制定旅行计划的信息分布在各种各样的博客和稿件中。而且，并非每篇博客都含有所需要的信息内容，但正是这些信息或事实，对制定旅行计划最有实际性帮助。对于一般人来说，要从不同的博客和文章中收集和整理出所需的信息不仅非常困难，而且需要花费大量的时间。这就首先提出了一个有益的问题，即这些个人旅游博客是否会对他人在选择旅游目的地以及制定旅游程序时，产生积极有益的影响？

如果将来自旅行博客的信息进行汇总，是否真的能够为其他旅游者制定旅行计划提供有价值的信息？并且对其决策产生一定的影响？从现有的旅游博客的内容，究竟可以获得哪些有关旅游点和旅游者行为的信息？这就再次提出了一个问题：如何以适当的形式处理来自旅游博客群中的信息？以便得出有关游客行为的结论，甚至可以对某些旅游目的地的情况做出一些判断性的预测。为了能够合理和有效地利用旅游博客的信息，从中获得特定旅游区域和景点的信息，用于后人制定旅行计划，就必须以合适的方式存储、分析和处理现有的旅游博客的内容。

12.3　存储和分析数据的先进技术

在数据库技术领域，主要有两种不同类型的数据存储方式，即结构化查询语言（SQL）和非结构化查询语言（NoSQL），其相应的数据库，被称为关系数据库和非关系数据库。这两种数据库在数据结构、存储的数据类型以及如何保存和访问这些数据信息等方面有所不同。

关系数据库以严格结构化的方式，即使用表格、列和行，再现和存储数据。因此，数据库将其关系逐行存储，进而构成表格。每列都有一个固定的数据类型。可以将一行中的某些字段定义为关键字和用于快速访问的索引。非关系数据库还可细分为不同的类型，如键值数据库、列存储或宽列存储、文档数据库和图形数据库。一般而言，所有非关系数据库的目标几乎相同，即在万维网环境中，将大量快速增加的非结构化数据，简单化地映射到数据库中，并使其易于进一步的扩展。

在这当中，非结构化查询语言（NoSQL）数据库系统提供了较为灵活的数据存储功能，甚至可以是无模式的数据存储，不需关系数据库所要求的参照完整性。就这种非结构化查询语言形式的数据而言，要首先经过严格的非规范化处理，因为，这种数据的原始形式不允许使用结构化查询语言操作，如连接或分组语句[5]。例如，非结构化查询语言数据库 MongoDB 提供了部分无模式、基于文档的管理。

使用 MongoDB 数据库时，必须遵守数据库本身的要求，如集合和集合文档。这样，一个 MongoDB 进程就可以管理多个数据库，对这些数据库又可以单独地进行查询操作，并可以进行数据配置。每个这种数据库都由一组集合组成，这些集合相当于关系数据库中的表。一个集合由大量的文档组成。而一个文档相当于关系数据库结构中的行。它包含任意多个 JavaScript 对象格式（JSON-Format）的键-值对。但是，文档在其结构上不必遵循统一的模式。这意味着同一关键字可以对应不同的数据类型值[6]。借助集成在 MongoDB 中的聚合框架，就可以处理任何形式的数据记录，然后返回其计算结果。通常，数据库的聚合操作可以将多个文档中的数据进行汇总，并且可以分别对这些数据执行多种数据库的查询操作，以得到一个最终的结果。MongoDB 提供了三种不同的数据聚合操作方式，这分别是聚合管道、映射缩减功能和单一用途行式。因此，聚合操作非常适合用于数据分析，但在这其中，必须对数据进行汇总或分组。图 12.1 所示为一个 JavaScript 对象格式的旅游报道。

```
// Posts
{
  "_id": ObjectId("12011"),
  "post_meta": {
    "country": "US",
    "city": "Miami",
    "latlng": [ -73.856077, 40.848447 ],
    "likes": 11,
    "type": "travel report",
    "lang": "de"
  },
  "post_status": "publish",
  "post_content": "Lorem ipsum dolor sit amet, consetetur sadipscing elitr, sed diam nonum
  "post_title": "Lorem Ipsum",
  "post_user": { "$ref": "user", "$id" : ObjectId("11007"), "$db" : "bicore"},
  "post_blog": { "$ref": "blogs", "$id" : ObjectId("12034"), "$db" : "bicore"},
  "post_date": { "$date": 1393804800000 },
  "post_modified": { "$date": 1393804800000 },
  "post_comments": [
    { "date": { "$date": 1393804800000 }, "content": "Lorem ipsum dolor sit amet, consetet
    { "date": { "$date": 1393804800000 }, "content": "Lorem ipsum dolor sit amet, consetet
    { "date": { "$date": 1393804800000 }, "content": "Lorem ipsum dolor sit amet, consetet
  ],
  "post_url": "https://traveloca.com/somepost.html"
}
```

图 12.1　示例：旅游报道文件（来源：www.Traveloca.com）

通常使用一个自行开发的应用软件工具进行数据和信息的可视化。这样的软件工具可以将文本形式的查询指令发送到 MongoDB 数据库，将从数据库返回的数据以条形图、图表或饼形图，以及等高线的形式进行可视化显示。

12.4　旅游博客分析

在下文中，我们以私人旅游博客服务商网站 Traveloca.com（www.traveloca.com）为例[7]，分析其中旅游博客的内容。在 Traveloca 网站，用户可以使用基于苹果公司的 iOS 和谷歌公司的 Android 操作系统的应用软件工具，在线撰写自己的旅游感触，并与他人共享。这样一个旅游报道通常包含标题、文本、照片或者视频，并且可以显示地理位置信息，如地名、旅游景点名。然后，作者就会收到一个清晰的世界旅游景点卡片，上面显示他们的旅行报道。

其他用户可以使用该旅游平台的搜索功能，通过关键词汇或者地理区域名称，寻找旅游报道，进而从许多个文章、稿件和帖子中，获得与自己有关的旅游信息。但是其目前的功能，几乎还不能以汇总形式为用户显示多个文章的信息。因此，本文的目的是从大量的博客报道中，筛选出感兴趣的旅游信息，并给予相应的介绍描述。为此，将使用到一个 NoSQL 类型的数据库，所有涉及旅游报道的数据信息，都会已以文档的形式存储在该数据库中。

本文仅仅评估了在 Traveloca 网站上的部分可用数据。在旅游行业，通常用地图显示旅游信息。这种在地图上的可视化一般具有以下优点：就是很容易直接切入有关的地理区域和相关问题。

为了能在一张普通地图上可视化大量的数据，就用到了所谓的专题地图。与指明"什么在哪里"的普通地图不同，专题地图显示"什么是什么样"。例如，普通地图仅可以提供单一博客的旅游报告，但是，专题地图并不显示单一的旅游报告，而是表达有关旅游地点的综合属性或统计信息，以地图的形式抽象地再现出来。在本文中，借助这一表现形式，就可以更好地理解博客文章中地理位置和空间模式之间的关系。目前，有许多可视化技术和专题地图。每一种都因数据和空间分析类型而异。例如，在信息的呈现方式上，描述某个地区的旅行路线和运动轮廓，与分析热门的旅游地相比，这就需要采用不同的表达方式[8]。

分布地图，又称区域地图，这是最常用的专题地图之一。这种地图最主要的特色就是使用颜色和图案显示某种特征的变化。在这种专题地图上，将不同的颜色，又称色标，分配给要可视化的数值数据，如将某些较小的数值标记为浅绿色，将较大的数值赋予深绿色。使每个地理区域都分配相应的色标。通常，这类分布图使用政治边界作为区域划分。当然，也可以定义自己的区域划分。这种地图类型相当容易理解，但通常也会导致一些感知问题。

这里再简单地介绍几种专题地图。

- 热图：表示数据集中事件发生的强度。其使用不同的颜色表示强度。与分布地图不同，热图并不一定需要地理区域或者地缘政治边界对数据进行分组。
- 比例符号图：将每个地理区域的中心用圆形或其他简单的几何形状描述。这就可以表示绑定到特定地理区域的数据，或者能够聚合更大区域的数据，如直径较大的圆形表示了较大的数据值、城市人口数量，反之亦然。
- 点密度图：使用几何点表示数据的特征或属性。点密度图可以描述"一对一"关系，其中的每个点对应一个唯一的数据值；其次，这种图也可以表示"一对多"关系，即每个点可以代表一组聚合数据。

为了将分析限制在一个国家/地区，基于 Traveloca 网站，最好首先创建一个关于最受欢迎的旅行目的地的查询机制。通过数据库汇总查询，就可以识别出旅行报道最多的是哪些国家/地区。在这种情况下，旅行报道的数量可以间接地说明哪些旅行目的地受到多数旅行者的欢迎。为此，首先要浏览 Traveloca 中所有的报道，并解读出其对应国家/地区的代码（ID）。第二步，在一个数据结构中，将每个报道所对应的国家/地区（DE，US，AU），分配一个相应的 ID，并为每一个 ID 定义一个"计数器"，用它储存有关该国家/地区的旅游报道数量。然后，使用 MongoDB 数据库的聚合查询指令，就可返回一个 JSON 字符串，其中就包含国家/地区代码和旅游报道数量。

Structure = { _id : "DE" : "count" : 10000 ,
　　　　　　_id : "US" : "count" : 11000 ,
　　　　　　_id : "AU" : "count" : 12000}

然后，这样一个 JSON 字符串就可以很容易地以分布地图的形式可视化。新西兰、澳大利亚和美国似乎是最受欢迎的旅游目的地。还可以按旅行者的原国籍或旅行时间，进行过滤性分析。这种查询非常简单有效，非常适合于获取热门旅行目的地的一般概述性信息。

12.5　新西兰作为旅游目的地

一家德国旅游业网站"INITIATIVE Auslandszeit"在 2017 年 5 月~7 月之间进行的一项调查发现，对于年轻的背包客和热衷"工作和旅行"方式的游客来讲，新西兰和澳大利亚是特别热门的目的地[9]。因此，我们在这里选择新西兰进行以下的调查研究。新西兰是一个旅游胜地，拥有许多吸引人的景点，可以很好地进行地理分析。新西兰的风景以海岸、湖泊和峡湾、高山和冰川、火山和温泉，以及北部和南部的国家公园为特色。此外，在我们的分析工作中还考虑了旅游时间和热门旅游目的地的影响。

12.5.1　新西兰旅游博客："新西兰 TKE 2018"

这里作为一个示例，我们选择了一篇刊登在 Traveloca.com 上有关新西兰的旅游博客，其博客名为"新西兰 TKE 2018"[10]。这一旅游博客包含 26 份报道文章，以及详细的旅行路线图。读者可以通过其中的旅游地图或博客供稿阅读对相应旅游地点的报道。

12.5.2　旅游目的地、距离、地图

通常，可以从博客文章和元数据中，轻松地提取出一些所需的信息。例如，可以从地图或博客简要中读取出旅游目的地。假设某一个旅游者的观光路线穿越了新西兰的北部和南部岛屿。途经了 44 个观光景点，总行程为 41431 公里。那么，每个行程的长度就是根据两个目的地之间的距离确定的。对于每个目的地，还均保存了相应的日期、纬度和经度信息。这些数据信息都存储在一个名为 MyISAM 的表格中，这个表格的数据类型为几何图形，并为每个目的地分别创建了一个空间索引。然后，就可以使用 MySQL 的最小边界矩形的空间关系函数 MBRContains( ) 确定两个旅游目的地之间的地理距离。

但是，这些只是节选的一个旅游博客的内容，包含较少的旅游报道。为了

创建以新西兰为旅游目的地，获得更加具有普遍性、有旅游价值的信息，就需要进行更广泛和深入的分析，而且，要取材于更多的博客和旅游报道文章。

12.6 评估来自新西兰的旅游报道

通常，大量有关新西兰的旅游景点、旅行者亲身经历以及有趣的见闻，都是随机包含在旅游报道中的，而更有价值的信息，大多还凌乱地分散在不同的文章中。因此，对普通读者而言，很难将这些大量的信息进行结构化的整理，以获得更全面的阅读效果。例如，很难从几个独立的博客文章中，确定出最佳的旅行时间或游客关注的热点问题。

但是，这些大量的旅游报告的确可以作为宝贵的旅游信息资源。此外，这还包括大量生动的照片和视频。各种各样的旅游报道会涉及和回答与旅游有关的各种问题，这就可以为其他游客提供极其有意义的信息。除了报道文字本身所描述的信息之外，这也可以是照片再现的图片信息，报道还提供了某些上下文信息，如某个地区的人文历史、民俗文化，或者有益的提示性建议。当然，有了这些丰富多彩的旅游信息，借助和参考这些旅游报导，就可以更全面地描述旅游地区的情况，比较旅游地区之间的共性和不同点。尽管当前许多旅游网站和在线旅行社都已提供了大量结构化的旅游信息，许多人还是喜欢从其他旅行者那里获得亲身经验和个性化的有益建议。

另外，对于许多从事旅游业的机构来讲，旅游博客和报道是对他们现有旅行信息的一种内容补充，即对旅游地点和景点的个性化描述。本章节正是根据 Traveloca.com 上的旅游报道，以新西兰作为示例，分析了一些有趣的表面现象和事实背景。这些数据都是来自于 Traveloca.com 的 MongoDB 数据库，使用各种数据库查询方法就可以获取有关新西兰的旅游信息。从获得这些信息的整个过程就可以看出应该如何使用旅游报道来创建各种结构化的数据分析，以从中提取出对用户更有价值的信息。在可能的情况下，还可以使用专题地图将这些文本数据以各种图形的方式可视化。

12.6.1 结果

首先，对旅游报告进行一般性的审查。在 Traveloca.com 中，每个活跃用户平均每周都会撰写一定数量的旅游报道。以这一平均数量作为基础，再附加某些时间标准（如年或月），旅游报道的数量就可以说明某个旅行目的地在某些时间段的受欢迎程度。

12.6.1.1 博客报道随年份的变化

借助 NoSQL 数据库聚合框架（图 12.2），可将旅游报道按其发表年份进行分组。在该数据操作中，借助限制性运算符"$match"，筛选出自2012年（$gte：2012）以来，所有有关新西兰（NZ）的旅游报道。数据库将报道数量按其发布年份进行分组，并作为一个JSON字符串返回。接着，再使用MongoDB数据库的运算符"$year"和"$month"，就可以轻松地以Date()格式，按年份或月份分别保存所发表的报道。

```
db.posts.aggregate([
    { $project: { "post_meta.country": 1, "year": { $year: '$post_date' } } },
    { $match: {
        "post_meta.country": "NZ",
        "year" : { $gte : 2012 }
    } },
    { $group: { _id: "$year", total_posts: { $sum: 1 } } },
    { $sort: { _id: -1 } }
])
```

图12.2　示例：NoSQL数据库聚合框架查询

从数据库所返回结果，在形式上是一个JSON字符串，可以很容易地以图形的方式可视化。从图12.3可见，每年有关新西兰的旅行报道数量都在波动，但平均而言，其数量一直呈现上升的趋势。而且这一增长趋势，也证实了新西兰政府有关当局的统计数据，即国际到达和离开数据，该统计数据逐年都有显著的增长[11]。另一方面，这种情况也可能部分地归因于Traveloca社区的增长，因为有更多的博客作者也做出很多的贡献。

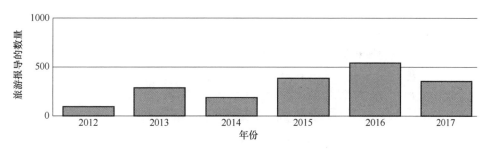

图12.3　旅行报道的发表年份与数量

12.6.1.2　四季

同样有趣的是，一年四季中越来越多的游客逗留在新西兰。这完全不同于许多其他的旅游目的地，如意大利、西班牙或法国，这些国家通常以夏季，尤其是假期期间，作为主要的旅游时间，而新西兰却没有这种类似的情况。

但是，可以使用Traveloca.com中的博客数据，对一个更具体的、相对抽象的旅行目的地，例如新西兰，提取出最受欢迎的旅行时间信息。查询方式像以前一样使用NoSQL数据库的聚合框架进行。只需在这里，将"$month（月）"运算符取代原来的"$year（年）"运算符。自2012年以来，Traveloca.com每月都累积和存储了有关新西兰的旅游报道。

这一分析的结果如图12.4所示，可见旅游报道的数量有着明显地起伏变化。在冬季和春季，可以找到大量的旅游报道。而在夏季，却只有很少的旅游报道。这一结果表明，大多数旅游者在一年的年初访问新西兰。而四月到八月之间，新西兰似乎并不太受欢迎。但到了年底，游客人数将再次增加。如果将此现象与新西兰（奥克兰）一年内的气候进行比较，就会发现游客数量的变化与当地的气候有一定的关系。

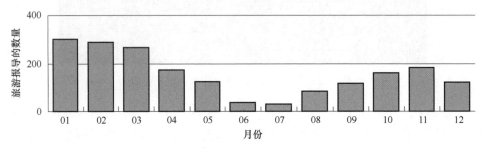

图12.4 按所发表月份分类的旅游报道数量

如图12.5所示，新西兰冬季和春季的平均温度都较高，而雨天的温度明显较低。而且，日照小时数也从春季的8小时到年中时的4小时不等，这与上述分析的旅行月份完全一致。

月份	一月	二月	三月	四月	五月	六月	七月	八月	九月	十月	十一月	十二月
最高温度	23℃	22℃	22℃	20℃	17℃	16℃	15℃	15℃	16℃	18℃	19℃	21℃
最低温度	16℃	15℃	15℃	14℃	11℃	9℃	8℃	7℃	9℃	11℃	13℃	14℃
日照时间	8h	7h	6h	5h	4h	4h	4h	5h	6h	6h	7h	7h
水温	19℃	20℃	20℃	19℃	18℃	17℃	16℃	15℃	15℃	16℃	16℃	17℃
下雨天数/天	9	10	10	12	13	15	13	13	11	10	9

图12.5 新西兰的气候

12.6.1.3 博客使用的语言

还有另一个重要因素是旅游博客所使用的语言。一方面，它初步说明了旅游者来自哪些国家或地区，另一方面，这对旅游报道的可利用性提供了一个颇具价值的信息。例如，如果用德语撰写的旅游报道数量很少，则很有可能无法利用这种语言的报道来进行相关的信息分析。在旅游报道的数据库中，语言信息以标识代码的形式包含在元数据中。可以通过数据库聚合查询，将该语言种类的报道检索和读取出来。

图12.6所示统计数据表明，大多数的博客报道主要还是来自德语和英语国家的游客。也有少数来自使用法语和荷兰语的地区。最重要的是，从中可以看

出,大多数旅行者来自于欧洲。这可以通过越来越受欢迎的"工作和旅行"的旅游方式来解释,或者以背包客的旅游方式进行解释,就欧洲而言,这类旅游者大多是刚刚高中或者初中毕业的年轻人,他们通常在国外逗留很长的时间。正如开头所提到的,最受欢迎的旅游目的地是澳大利亚和新西兰。

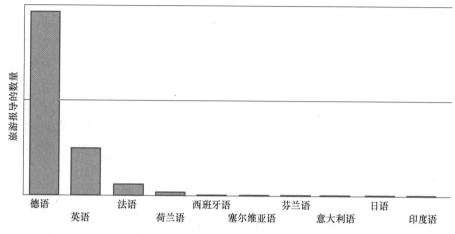

图 12.6 旅游报道所使用的语言分布

12.6.2 博客作者的分布

现在,我们考虑和分析新西兰的旅游景点和行程路线。为此,首先使用 NoSQL 数据库的汇总框架,读取出 Traveloca.com 上所有新西兰旅游报道中所包含的地理信息,即其纬度和经度。在全球定位系统中,这种纬度和经度信息以坐标的形式出现在每个报道中,旅游景点的准确地理位置可以以热图的形式给予可视化。其实,仅仅是位置数据或者旅游报道在这里不起作用,重要是这些数据信息的整体分布情况。

在热图中可以以不同的色彩显示不同的地理位置坐标。不同的着色表示其所在区域的旅游报道的数量,如红色表示很多的旅游报道,绿色表示较少的旅游报道。

12.6.2.1 关于岛上博客作者分布的解释

乍一看,这种旅游报道的地理区域分布很难让人理解。但是有一点可以立即引起观察者注意,就是在奥克兰发布的旅游报道较多,这是因为,许多新西兰之旅都是从奥克兰机场开始的,即从奥克兰市开始,而且,大多数旅游也在这里结束。这就造成了如此结果,即几乎所有的新西兰游客都在奥克兰逗留了 2~3 天。另外,惠灵顿、基督城和皇后镇等城市也是热门的旅游目的地。这些城市如同旅游途中的几个"里程碑",分别坐落在新西兰北岛和南岛的往返旅行

187

路线上，而且大多数较大的新西兰环游及其旅游路线都经过这些地理位置。将所有这些标记的旅游景点联系起来，就可纵观新西兰全岛旅游景点的意义所在。显而易见，新西兰以电影《指环王》吸引了大量的影迷，而《霍比特人》通过其所表现的新西兰的自然风光，主要是"国家公园"，吸引了大量的外国游客。

12.6.2.2 "国家公园"和电影拍摄地旅游业

新西兰共有14个国家公园，所有国家公园合起来的总面积约占其国土总面积的10%。这些国家公园主要分布在北岛和南岛，大多数位于新西兰的西北海岸。在这里，可将第12.6.1.2小节中已知的查询结果作为分析新西兰国家公园的基础。借助通用的数据库文本查询功能，就可以将想要获得的数据记录限制在某一范围内，如必须包括某个搜索词。如同第12.6.1.3小节所示的最常见的博客语言是德语。因此，在这种分析中，建议使用德语的关键字"Nationalpark"（国家公园）。所获得的查询结果，即所有包含该关键词的旅游报道，可用热图进行可视化。

为了简化可视化，每个国家公园的位置都可以用颜色作标记。每个国家公园的地理位置数据由新西兰政府提供[12]，并作为补充数据，绘制在地图的新图层上。这样，新的地图就覆盖了原来地图中的部分区域，以国家公园的信息丰富了该地图的内容，然后可以用颜色显示。很明显，东格里罗和亚伯塔斯曼深受游客喜爱。而特乌雷威拉和卡特琳斯国家公园，却很少受到游客光临，因为这里很少或者几乎没有旅游报道。在图12.11中，惠灵顿和奥克兰区域以黄色为特征，这可解释为：旅游者在返回到这两个大城市时，才发表其对国家公园的报道。

12.7 总结

本章以新西兰的旅游博客为例，进行了非结构化的数据分析。旅游博客的内容来自在线平台Traveloca.com。为了能够从在线平台的博客信息中，推导出相关的游客行为，本章仅基于新西兰的地理区域，对这些数据进行了分析和可视化。这里采用了非结构化查询语言NoSQL技术。

所描述的过程仅涉及对旅行博客的常规性分析，并说明如何从大量的博客数据信息中获取与地理区域位置相关的旅游信息。这样，读者就可利用这些信息制定自己的旅行计划，游客还可创建个性化的用户原生内容，积极地为生成新的博客信息做贡献。另外，对旅游博客进行分析和可视化，就可以使旅行者的经历体验对更多的读者公开可见。初步的分析结果证实，就前往新西兰的旅行者而言，其目的地大多是其国家公园，而这些地方也正是电影《指环王》或《霍比特人》的拍摄场点。

第 12 章
分析旅游博客：可以从旅行报告中了解旅游者的行为吗

12.8 展望

通常，即使是一般性的旅游报道，它也包含了许多颇有价值的旅游信息。到目前为止，我们的项目仅对 Traveloca.com 中的部分旅游博客数据进行了初步的分析和可视化。预计将来会从 Traveloca.com 中提取更多的博客数据，用于这项研究工作。为了能够更好将这些博客信息，既可用于选择旅游目的地，又可用于制定旅行者的计划，就特别要对博客中的文本信息进行更为广泛和深入的分析。如果能将旅游博客与所在地理区域相关的旅游资料汇总结合在一起，则将来就可以为读者提供与地理区域有关的、更有针对性和个性化的旅游活动信息。

参考文献

1. Hao Q, Cai R, Wang C, Xiao R, Yang J-M, Pang Y, Zhang L (2010) Equip tourists with knowledge mined from travelogues. Tianjin University/Microsoft Research Asia, Tianjin/Beijing
2. Barton T, Graf M (2016) Architektur, Funktionen und User Interface einer Cloud-basierten Anwendung für Reiseblogging. HMD Praxis Wirtschaftsinform 53(5):712–720
3. Bundesministerium für Wirtschaft und Technologie (2018) Dossier Digitalisierung. http://www.bmwi.de/Redaktion/DE/Dossier/digitalisierung.html. Zugegriffen am 07.03.2018
4. Yuan H, Xu H, Qian Y, Li Y (2016) Make your travel smarter: summarizing urban tourism information from massive blog data. Int J Inf Manag 36(6):1306–1319. China
5. Andreas M, Michael K (2016) SQL- & NoSQL-Datenbanken. Springer, Heidelberg
6. Marco G, Thomas B (2017) Einsatz einer NoSQL-Datenbank zur Analyse von Reiseblogs: Konzept und Integration. In: Barton T, Herrmann F, Meister VG, Müller C, Seel C (Hrsg) Prozesse, Technologie, Anwendungen, Systeme und Management 2017: Angewandte Forschung in der Wirtschaftsinformatik, 1. Aufl. Mana-Buch, Heide, S 104–112
7. Traveloca UG. http://traveloca.com. Zugegriffen am 05.02.2018
8. Peterson GN (2014) GIS cartography: a guide to effective map design, 2. Aufl. Apple Academic Press Inc, Ontario. (2 new edition)
9. Statista (2017) Welches Land favorisierst du für deinen Work and Travel Aufenthalt? https://de.statista.com/statistik/daten/studie/748079/umfrage/beliebteste-laender-fuer-einen-work-and-travel-aufenthalt-der-deutschen/. Zugegriffen am 05.02.2018
10. Reiseblog "New Zealand TKE 2018". https://www.traveloca.com/o/blog/view/newzealandtke.html. Zugegriffen am 01.03.2018
11. New Zealand Government (2013) International travel and migration: December 2013. http://archive.stats.govt.nz/browse_for_stats/population/Migration/IntTravelAndMigration_HOTPDec13/Commentary.aspx. Zugegriffen am 25.01.2018
12. New Zealand Government: New Zealand's national parks contain some of our most treasured wilderness areas. http://www.doc.govt.nz/parks-and-recreation/places-to-go/national-parks/. Zugegriffen am 05.02.2018

第 13 章　实例：使用 VICAMPO iOS 软件优化在线葡萄酒交易中的客户互动

卡斯滕恩·乌特（Karsten Würth），托马斯·巴彤恩（Thomas Barton）

本章介绍了如何通过移动应用软件简化一个在线葡萄酒商店的使用，同时显著地增强与客户的互动。从客户的角度来看，这一简化过程是通过各种功能来说明的，如报价、葡萄酒评估、订购和结账。这里，可通过使用推送通知来增加与客户的交互频率。本章还举例说明了现代交互设计在移动通信环境中的重要性，以及如何在表现层状态转移应用程序编程接口（RESTful API）的背景下，使用现代化的软件框架。这里所介绍的 VICAMPO-iOS 应用软件，从其功能规模上讲，属于最小化可行产品（MVP），它简洁的使用方式和清晰度给客户留下了深刻印象，同时也为开发人员带来了一定的成就感，因为这一应用软件的复杂性被最小化了。

13.1　VICAMPO 应用软件

Vicampo.de GmbH 是一家来自德国美因茨的在线葡萄酒交易商，它为现有客户开发了一款应用软件。这款应用软件在功能上属于最小化可行产品。所谓的最小化可行产品就是能够满足市场最低要求的产品。因此，它虽具有一定的竞争力，但仅提供非常有限的功能。但是，这对启动一个创新产品来说已经足够了，并且能够以最少的开发工作量，快速实施开发和进入市场。VICAMPO 应用软件有以下三个主要功能：

1. 推荐
介绍葡萄酒和参考资料，为顾客提供购买建议。

2. 当前的报价
优惠，与客户的购买行为相匹配。

3. 我的葡萄酒
客户已经购买的葡萄酒清单。

该软件可以通过一个标签栏访问所有的主要界面，它位于屏幕的底部，如

第 13 章
实例：使用 VICAMPO iOS 软件优化在线葡萄酒交易中的客户互动

图 13.1 所示。这样，用户可以在不同的界面之间简单快速地进行切换，并且始终可以看到所有的功能。标签栏的最左侧是若干个标识，可以将用户的注意力转移到某一界面区域。首页的主界面区域由几个页面构成。例如，在当前的供货选项中，用户可以一目了然地直接链接到相应的网页（白葡萄酒、红酒、混合葡萄酒）。这样，用户可以获得更多的葡萄酒供应信息，也可以通过过滤器，进行个性化设置和浏览界面。

图 13.1　VICAMPO 应用软件的主要功能

在个人酒架"我的酒"中，提供了多个定制功能。顾客可以在这里找到曾经购买过的葡萄酒，从而浏览自己的订购历史。除此之外，葡萄酒套餐已经被分成单独的葡萄酒，这样顾客就可以对每种葡萄酒进行续订，而且只需点击一个所选择的葡萄酒，即可直接获得对该葡萄酒的点评。

因此，整个操作过程，除了明显更好的概览之外，还提高了评价功能的通用性，这意味着其他顾客也可以发表其见解、经验和评论，为在线商店补充了更多的积极内容。通过这种方式，可以在首页中列出四个主要功能，每个功能的详细操作都在各自的主页上。除了上述主要功能外，该应用软件还集成了电子商务应用的基本组件，如购物车或结账，顾客通过提交收货地址和付款方式，最终完成购买。

总体而言，该最小化可行产品允许访问特别有用的移动功能。该应用软件有大约 35 个用户互动界面，覆盖了 22 个应用程序编程接口（API）。今后，通过软件的不断更新，还会增添更多新的功能。

13.2 移动通信领域的表现层状态转换应用程序编程接口

如今,软件市场上有大量的移动设备应用软件,有无数种设计,面向各种各样的用户。但是,几乎所有这些软件的共同点是都要与一个服务器进行通信。无论是同步联系人,还是下载最新的菜谱,或者是保存一场游戏的得分,所有交互的数据很少存储在本地设备上,而是与一个相连的服务器同步。一方面,这节省了用户终端设备的存储空间;另一方面,可以安全地储存数据,并且可以提供给其他服务(如某些网站的主页)。这样,用户就可以在各种终端设备上使用应用软件,而不必考虑数据的移动。

对于服务器和最终设备端之间的通信,表现层状态转换应用程序编程接口(RESTful API)是最流行的方法之一。它使用标准的超文本传输协议(HTTP),如 GET、POST、OPTIONS、HEAD、DELETE、TRACE 和 CONNECT,进行数据交换。在移动通信领域使用 RESTful API,开发人员应考虑和注意一些特殊功能[1]。在应用经济信息学的背景下,有关表现层状态转换服务的详细介绍,可参考文献[2]。

13.2.1 用 Java 脚本对象简谱代替可扩展标记语言

近来,在数据传输领域,Java 脚本对象简谱已经替代了可扩展标记语言(XML)。Java 脚本对象简谱这种数据格式具有多种优势,毫无疑问,节省数据量被认为是最重要的。通过简单的语法,使用 Java 脚本对象简谱最多可节省 60% 的数据量[3],但这取决于 XML 的拼写。在移动通信领域,这一优势随着通信技术的进步,如通用移动通信技术的长期演进标准,已失去其意义,但由于其数据流量小,所以收费仍然很低,这一点至少在德国是不可忽略的。但是,Java 脚本对象简谱简单的语法不仅减少了数据量,而且加快了在用户终端上的处理速度。在一个由美国软件公司 Infragistics 进行的测试中,一个 1.3MB 的 Java 脚本对象简谱格式文件,其处理速度比同样大小的 XML 文件快大约一秒钟[4]。

13.2.2 HTTPS 代替 http

与桌面应用程序相比,移动应用软件通常用于不安全的移动网络、热点等类似媒体中。用户通常不知道所访问的运营商及其用户,也不知道他们是否值得信赖。因此在移动通信环境中,所有端点都使用加密的超文本传输安全协议(HTTPS),来保护用户的数据和应用程序编程接口(API)运营商的数据显得尤为重要。特别是当前 Wi-Fi 保护访问中的安全漏洞 KRACK[5],更说明了这一点的重要性。

13.2.3 服务器完成大部分工作

数据量和电池寿命可能是智能手机用户最不喜欢谈论的两个话题。因此，在移动应用软件的开发中，尽可能少地在终端设备上进行计算处理工作就显得尤为重要。一方面，应由服务器处理和传输终端设备所需的数据：这意味着应用程序接口的用户应该能够通过一个过滤器限制将要输出的数据。另一方面，所传输的数据应具有可使用性。

复杂的过滤和排序功能、计算、数据聚合等，也应如同搜索操作一样，在服务器端进行处理。借助分页功能，可以进一步限制数据输出，以便用户可以完全控制想要接收的数据和数据量。将数据处理工作从客户终端转移到服务器端，为软件开发人员带来了好处。这意味着这些处理流程不再需要考虑不同的操作系统平台，如 iOS 或 Android，但这两个操作系统都可以通过应用程序接口访问数据，并且只需要输出这些数据。

13.2.4 版本控制更为重要

由于移动应用软件的用户以不同的频率更新其应用软件，与其他可控制的应用情况相比，在移动应用软件领域中，应用程序编程接口的版本控制起着更为重要的作用。用户使用一个应用软件的过时版本数月之久，而不是最新版本的情况并不少见。这些情况必须给予考虑并采取相应的措施。因此，应用程序编程接口必须能够响应最新版本的请求以及过时版本的请求，这一点至关重要。但是从某种角度来看，这种技术支持可能是费力不讨好的。在这些情况下，应该在应用程序中采取预防措施，并进行拦截，如应用程序的更新提醒。

13.3 用户界面和设计

当用户使用应用软件时，视觉反馈非常有用。尤其是当应用软件的目标用户不是数字原生代群体时，涟漪效应，也称模仿效应，对此也有所帮助。它是真实动作设计方案的一部分[6]，该方案于 2014 年在谷歌开发者大会 I/O 上首次提出，此后受到了广泛的关注。特别是波纹效果是以波浪为模型的，只要用户与系统互动后，就可以一个圆形动画的方式进行模拟。对此，一个简单的例子如图 13.2 所示。

通过这种方式，可以使用户更清楚地知道与哪些元素的交互是可能的，以及是否实际进行了交互操作。就 VICAMPO 应用软件而言，具有涟漪效应的选项如图 13.3 所示。

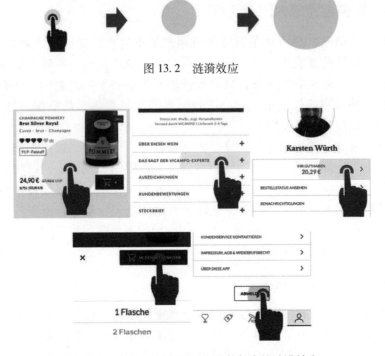

图 13.2 涟漪效应

图 13.3 示例：VICAMPO 应用软件中的涟漪效应

此外，还有许多细节可以简化用户对应用软件的操作。例如，对应于用户的输入操作，文字内容应该始终可见。占位符不应在第一个字符之后就完全消失。图 13.4 所示为 VICAMPO 应用软件中的文字内容。首先，仅占位符可见。一旦用户开始书写，它就会消失。然后，占位符作为一个标签，出现在文本字段的上方。通过这种方式，用户始终可以了解文本的上下文。此外，还可以通过确认，查看所输入的字段是可选字段，还是错误输入。

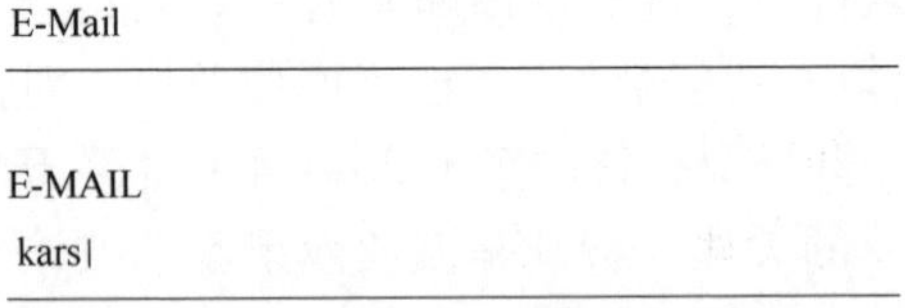

图 13.4 在文本区域内，文字输入的前后变化

这里的另一个示例是主题键盘的正确显示。根据用户输入的不同，可提供不同的键盘模板（如数字、QWERTZ、电子邮件）。这还包括正确定义的返回按钮（如继续、完成、提交），以简化用户操作。

第 13 章
实例：使用 VICAMPO iOS 软件优化在线葡萄酒交易中的客户互动

13.4 性能优化

根据应用软件的类型，要显示的内容可能会非常复杂。在这种情况下，性能是一个非常重要的因素。例如，一个包含大量信息的产品列表，这些信息应该已经在第一层界面显示，但如果欠缺一定的优化，可能将导致操作性能下降。因此，在本机应用软件中，采用可重复使用的单元是必不可少的（图 13.5）。借助这些单元，仅需要创建可见区域内的元素以及其上方和下方的单元。然后，根据滚动方向，位于视野之外的末端单元被移出，并被放置在开始位置。这样，仅需要生成有限数量的单元，就可以重复使用这些单元，并可以填充新的内容。

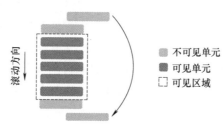

图 13.5 可重复使用单元的原理

除了这项技术之外，如果需要显示单元，还必须确保所需的数据信息已经存在。这意味着，所有的计算、格式化或加载过程都已经完成，只需要插入具体内容即可。

13.5 在 iOS 操作系统环境中进行开发

在开发 VICAMPO 应用软件的过程中，使用了苹果公司的移动操作系统 iOS。这一操作系统让开发人员很容易上手。只有少数碎片化设备通常被限在两到三个版本。然而，新的 iOS 版本的快速扩散既是一种诅咒，也是一种祝福。2017 年 9 月，即 iOS 10 版本发布约一年后，该操作系统已经占据了近 89% 的市场份额[7]。

因此，从 iOS 10 版本开始，开发人员可以更轻松地开发应用软件，而不必再考虑兼容早期版本的用户。但是，这种做法也可能是非常有害的。对于一个应用软件来讲，如果它的发布日期大约在一个新的 iOS 版本的发布期间内，这可能会迅速导致大量旧用户的应用软件崩溃和出错，尤其是在开发期间忽略了这一点。例如，iOS 11 于 2017 年 9 月发布，仅在一天以后，就有超过 16% 的用户下载和安装了新版本[8]。大约一个月后，安装率已经达到 56%，领先于 iOS

10[7]。因此，重要的是在开发过程中就注意将来的操作系统版本，并在必要时，为开发人员提供预发行版本。如果可能出现的错误已在预发行版本中得到纠正，则通常在 iOS 版本更新期间发布一个应用软件的更新版本也没有问题。这对开发而言，还不会产生额外的成本。

软件编程可以在苹果公司免费的开发环境 Xcode 中进行，该环境已经集成了所有常见的、基于 iOS 设备的模拟器。只有在 App Store 中发布应用软件，或者使用苹果公司的 Testflight 进行测试时，才向开发者收费。目前，这项的年费约为 99 美元[9]。集成开发环境 Xcode 于 2003 年首次发布，当时主要用于 OS X 的软件开发。直到 2007 年，Xcode 3 才集成了对 iOS 的支持，辅助首款苹果手机 iPhone 的开发。从那时起，开发人员可以使用集成的 iPhone 模拟器。当时的编程语言是 Objective-C。

在这之后，经过多次更新，Xcode 当前已经有了第 9 版，苹果公司在 2014 年推出了特别为此开发的编程语言 Swift。它旨在替代迄今为止所使用的编程语言 Objective-C。Swift 基于和汇集了其他编程语言的各种思想方法。除了其前身 Objective-C 的想法，还融入了 Rust、Haskell、Ruby、Python、C#、CLU 等程序设计语言的思想[10]。自 2015 年以来，Swift 都是开源的[11]，并且每年都推出新的版本。2017 年 9 月 19 日发布了 Swift 的第 4 版，字符串和集合的处理，以及与包管理器的功能得到了显著的改善[12]。

由图 13.6 可知，在 2014 年，第一个 Swift 版本发布。从那时起，软件开发人员对两种语言的喜好和兴趣已经明显分化了。但令人惊讶的是，随着时间的推移，人们对 Swift 的兴趣有所下降。这可以归因于以下事实：许多应用程序以及第三方代码都是用 Objective-C 编写的，并且有时转换很复杂。因此，许多系统框架、函数库和代码示例仍以这种"旧"语言提供，这也是 Objective-C 在 2017 年 10 月的 TIOBE 指数中，仍仅落后 Swift 一位的原因。

在托管平台 GitHub 中，每两个快速拉取请求（Swift-Pull-Request）中，就会有一个请求发送到 Objective-C[14]。因此，Swift 的前身还不能被注销，Swift 的开发人员也必须为此做好思想准备，即第三方代码仍可以用 Objective-C 编写。因此，在每个软件开发项目中，都必须准确地检查使用了哪些框架系统，以及以用哪种语言编写了框架程序。虽然可以在 Swift 软件项目中引入和集成 Objective-C 框架，但可能需要付出一定的努力，这一点必须要予以考虑。除了各自偏好不同之外，图 13.6 还显示，从 2017 年开始，软件开发人员对 Swift 的兴趣停滞不前。然而，Swift 在 TIOBE 排行榜中仍超过了 Objective-C，但与前一年相比，这两种语言均下降了四位和七位。据该排行榜的发布者称，这种发展与不断增长的混合应用程序软件有关：

"直到最近，使用 Java 编写 Android 应用程序，使用 Swift/Objective-C 编写

iOS 应用程序仍然很普遍。这其实非常麻烦，因为必须要维护两个功能几乎相同的代码库。因此，目前开发了一些移动式混合应用软件的框架，现在它们已经很成熟，变得非常流行。该领域的市场领导者是微软（Microsoft）的 Xamarin（C#）、Apache 的 Cordova（JavaScript）和 Ionic（JavaScript）。而这样的后果就是，诸如 C#和 JavaScript 之类的语言越来越流行，而 Java 和 Swift 之类的语言逐渐被冷落。"[15]

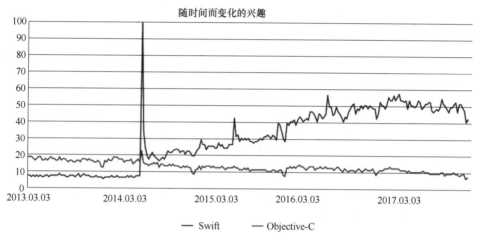

图 13.6　Swift 自发布以来，信息技术行业对它的兴趣远远超过 Objective-C[13]

几年前，混合应用软件仍在与初期的一些问题进行抗争，而现在这些问题基本得到了解决，并且带来的优势也越来越明显。综上所述，Swift 是原生 iOS 编程的明确未来。然而，除了原生开发环境外，还应更加关注混合方法。

13.6　推送通知

推送通知几乎在每个应用软件中都很常见。可以通过软件开发工具包（SDK）集成许多完整的解决方案，或者使用苹果公司的软件开发工具包（Apple SDK）来构建自己的解决方案。一旦解决方案被集成，通常就可立即开始发送推送消息。但是，单击"通知"选项，只会打开应用软件，用户会看到上次打开的界面。因此，它可能与通知无关。

为了能够调用特殊视图甚至产品，必须实现一种机制，用来将统一资源定位地址（URL）附加到推送消息中，然后由应用程序进行注册，并做出适当的响应。VICAMPO 使用 SalesForce 的 ExactTarget 进行对现有客户的营销。除了纯电子邮件营销之外，该服务还支持包含链接的推送通知。SalesForce 将此技术称为 OpenDirect URL。通过制定这样一个模式，可以在应用程序中执行先前所定义的操作。在 VICAMPO iOS 应用软件中，使用后缀 "vicampoApp：//"，以引入这些链接。借助使用表 13.1 中的各种前缀，可定义其确切的操作功能。

表 13.1　VICAMPO App 的 Open-Direct-URLs

统一资源定位地址（URL）-前缀	功　　能
recommendations recommendations？product_id＝12 recommendations？product_id＝12&campaign_id＝81	调用"推荐"屏幕。如果提交了 product_id（可能带有 campaign_id），则会在推荐界面中显示所推荐的葡萄酒
offers offers？product_id＝34 offers？product_id＝34&campaign_id＝8	打开"报价"界面。如果提交了 product_id（可能带有 campaign_id），则报价界面内的葡萄酒将被调用
mywines mywines？product_id＝23 mywines？product_id＝23&campaign_id＝1	调用"我的葡萄酒"界面。如果提交了 product_id（如有必要，可带有 campaign_id），则将调用"我的葡萄酒"界面中的葡萄酒
profile	调用配置文件

必须在应用软件中实现相应的操作，然后可以通过图 13.7 的用户界面创建消息，并自动进行相关处理。

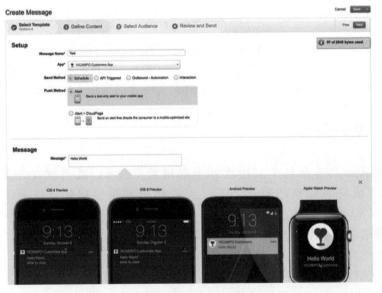

图 13.7　在 ExactTarget 中创建推送通知

通过图 13.8 中的 OpenDirect 文本输入区，可以输入统一资源定位地址（URL），并将其传输给应用软件。以这种方式，如可以使顾客了解所希望的一种葡萄酒是否能够供货。打开通知选项后，用户将直接进入"我所购买的葡萄酒"界面。

图 13.8　在 ExactTarget 中添加 OpenDirect-URL

13.7　现状和进一步的工作

从概念开发到软件发布，VICAMPO 应用软件的功能和设计，始终是通过与客户合作的测试来验证的。通过这种方式，可以确保这一应用软件的功能尽可能地满足客户的期望。因此，即使在实现之后，还要对其功能进行 Alpha 和 Beta 测试。Alpha 测试主要是检查用户交互、界面形式等其他功能，这些功能在概念阶段无法通过原型进行模拟。

例如，这包括客户的特定内容、动画或界面过渡。通过这种方式，可以发现某些较小的概念错误，以便在发布之前的剩余时间内进行更正。随着 Alpha 测试的完成和对更改内容的确定，这一软件的 1.0 版本的功能范围才最终确定。从这时起，将在后续的 Beta 测试阶段，着重测试现有的功能和稳定性。经过这些广泛的测试，软件达到了预定的质量，并在苹果 App Store 中发布，可供下载。

由于该软件的第一个版本定向为最小可行性产品，因此，它现在已扩展补充了许多新的功能，如对其他语言的支持。为了在功能范围不断扩大的情况下，仍尽可能地简化操作，高效地推进开发工作，同时保证软件的质量，我们对该软件进行了大量的修改和重构，其中包括集成了若干新的功能单元和用户界面改进。通过对软件代码的持续维护，可以在很大程度上自动化地测试现有功能，这意味着新版本软件的发布周期将大大地缩短。

参考文献

1. Tea M (2017) A massive guide to building a RESTful API for your mobile App. Savvy Apps. https://savvyapps.com/blog/how-to-build-restful-api-mobile-app. Zugegriffen am 19.11.2017
2. Barton T (2014) Grundlagen für E-Business. In: E-Business mit Cloud Computing. IT-Professional. Springer, Wiesbaden
3. Wikimedia Foundation Inc (2017) JavaScript object notation. Wikimedia Foundation Inc. https://de.wikipedia.org/wiki/JavaScript_Object_Notation. Zugegriffen am 18.11.2017

4. Betts T (2016) Mobile performance testing – JSON vs XML. infragistics. https://www.infragistics.com/community/blogs/torrey-betts/archive/2016/04/19/mobile-performance-testing-json-vs-xml.aspx. Zugegriffen am 18.11.2017
5. Geiger J (2017) Sicherheitslücke in WPA2. CHIP Digital GmbH. http://www.chip.de/news/Sicherheitsluecke-in-WPA2-Wie-Sie-Ihr-WLAN-jetzt-trotzdem-verwenden-koennen_125521601.html. Zugegriffen am 18.11.2017
6. Google LLC (2017) Material Motion. https://material.io/guidelines/motion/material-motion.html. Zugegriffen am 18.11.2017
7. Mixpanel (2017) Mixpanel trends. https://mixpanel.com/trends/#report/ios_11/from_date:-41,report_unit:day,to_date:-1. Zugegriffen am 23.10.2017
8. Floemer A (2017) iOS 11 nur zwei Tage nach Release weiter verbreitet als Android 7 und 8 zusammen. yeebase media GmbH. http://t3n.de/news/ios-11-update-verbreitung-859691/. Zugegriffen am 18.11.2017
9. Apple Inc (2017) Choosing a membership. https://developer.apple.com/support/compare-memberships/. Zugegriffen am 18.11.2017
10. Lattner C (2017) Chris Lattner's Homepage. http://nondot.org/sabre/. Zugegriffen am 18.11.2017
11. Apple Inc (2017) Swift 2.0. https://developer.apple.com/swift/blog/?id=29. Zugegriffen am 18.11.2017
12. Grüner S (2017) Swift 4 erleichtert Umgang mit Strings und Collections. Golem Media GmbH https://www.golem.de/news/apple-swift-4-erleichtert-umgang-mit-strings-und-collections-1709-130158.html. Zugegriffen am 18.11.2017
13. Google LLC (2018) Google trends. https://trends.google.de/trends/explore?date=today%205-y&q=%2Fm%2F010sd4y3,%2Fm%2F05q31. Zugegriffen am 27.02.2018
14. GitHub Inc (2017) GitHub Octoverse 2017. https://octoverse.github.com/. Zugegriffen am 18.11.2017
15. TIOBE software BV (2017) TIOBE Index. https://tiobe.com/tiobe-index/. Zugegriffen am 15.10.2017

第 6 篇
数字化实施中的机遇和风险

第14章 实施数字化转型：领导原则和工具

克劳迪娅·莱姆克（Claudia Lemke），卡特琳·凯施内尔（Kathrin Kirchner），瓦尔特·布勒内尔（Walter Brenner）

数字化及其现代化数据和信息处理技术，不仅改变了我们的日常生活，而且对企业的价值创造和业务模式产生了持久性的影响。当前，数字和网络技术正在决定国家经济和社会组织的变革，并将我们的现实世界转变为数字时代。对于这些新型技术的机遇和风险，都需要从企业的角度加以认识、理解和应用，以便成功地塑造这一转变。基于数字化转型的独有特性、发展阶段和挑战，本章将介绍企业成功转型所必需的管理工具。重点是要改变数字化领导力的原则，以及对组织管理的相关影响。建立数字治理机制将能够控制这一变革过程，并通过一些基本的管理建议加以补充。然后，将概述若干实施数字化转型的一些核心工具。

14.1 引言

瑞士数字咨询公司 etventure[1] 对德国和美国企业的数字化现状进行了比较研究，从中得出了并不完全令人惊讶的结果，即德国在 2017 年时，还远远未能利用数字化的机会。接受调查的大型企业表明，其所有的部门领域仍还有追赶的必要性：从数字化的重要性和挑战，到具体的实施方法，再到建立一个与之相适应的企业文化。在接受调查的德国企业中，尽管有近 50%表明数字化是他们企业的三大主题之一，而且约有 35%的企业也将这一点作为管理层的任务，但由于各种各样的因素，数字化的实施以失败而终。而其中所遇到的困难和障碍，则被认为是员工普遍缺乏安全感，缺少对此承担责任的特定组织部门，没有相应成熟的经验，以及员工不具备所需的专业能力和岗位资格。对美国企业的研究表明，那里只有 3%的高管成员负责数字化问题，而接受调查的企业中，约有 81%具有相应的内部信息技术组织。约有 90%的企业员工具有出色的资格和能力，美国企业在这一方面已取得了明显的成功。因此，一半的美国企业可以在短时间内，取得具体的成果。

这项研究的结果再次表明：与企业结构、领导原则和工具有关的具体问题，将决定企业数字化是否可以取得持续性的成功。当前，数据驱动的算法和人工智能无疑是促进企业进一步数字化的推动力，但只有在整个企业的组织结构进行重组的前提下，才能确保成功，并能对业务模式中的产品和服务产生持续的影响。

本章的出发点是根据数字化转型一词的定义、分类和系统化，概述了一整套管理原则和工具，以通过合理的方式应对数字化所提出的挑战。

14.2 数字化转型的本质

14.2.1 概念与发展

如今，我们可以观察到，数字和网络技术正在积极地影响着社会成员之间的交流互动和个人的行为举止，显而易见，整个世界正处在一个由技术驱动的根本性变革时期，这一事实给我们每个人都留下了深刻的印象。这完全是一种范式的转换，信息和通信技术已不再被仅仅视为一种工具，而是被看作我们日常生活中的一个固有部分。同时，数字和网络技术已成为"环境、人类学、社会和解释的力量"，创造和塑造我们的精神世界和物质现实，改变我们的自我形象、彼此之间的关系以及与我们自己的关系。而所有这些还将不遗余力地、全面而不懈地进行下去[2]。

随之而带来的新型价值观念和规范的变化对企业的影响也日益增强。这使他们不仅面临着巨大的挑战，需要利用新的数字化和联网技术，为企业经营增值找到正确的策略。而且，企业还必须重新设计其运营原则和员工管理形式，由此就必须引入和使用新型的组织方法和管理工具，以确保可持续的积极性变革，并尽可能降低对企业及其员工的不利影响。因此，如要成功地实现企业数字化，其中至关重要的一点，就是要重新思考和实施企业的文化价值和规范。只有这种变革性的思维转变，才能成功地应对数字化技术的挑战。

在这种情况下，数字化转型本身就被视为"由数字和网络化主导，引起社会、政治、经济和生态深刻动荡的象征"[3]。数字化转型在本质上是基于数字化和联网技术，实现超连通性。从构成成分来讲，它是一个由员工、企业和组织机构、日常事务或实际物体对象，如机器设备、建筑物以及整个城市或地区，所构成的完整和可能的组合网络。

这种超连通性创建了全新的数字或数字交织的产品和服务，形成了全新的企业结构和经营流程，并完全重新定义了其业务模式。各种企业组织结构和技术驱动力，都将围绕着数字和网络技术的这种能力排列，包括安全和数据保护、云计算、物联网、工业4.0、智能化世界、机器人技术、人工智能和大数据[4]。

因此，数字化转型正在改变企业的整个价值创造结构和网络，从而决定其产品和服务的业务模型。

如果仔细地研究数字化转型一词，会发现它涵盖了各种维度和视角[5-8]。不同定义的基本共同点是实施的形式或变更过程，与数字化转型的结果相结合的观点[3]。因此，从超连通性的意义上讲，数字化转型还涵盖了各个发展阶段，这些阶段出现在企业迈向全面数字化和网络化的道路上。同时，这些阶段也直接地显示了数字和网络技术在企业运营中的不同渗透程度。数字化转型可以分为四个发展阶段，如图14.1所示。

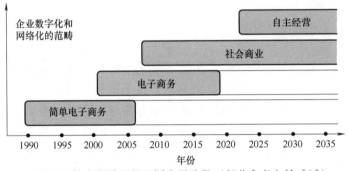

图14.1　数字化转型的不同发展阶段（部分参考文献［3］）

因此，数字化转型的第一阶段还仅仅是创建简单的企业网站，这主要是出于基本互联网存在的商业原因。例如，在1993年，世界上大约有130个网站，而1996年已经超过10万个[9]。当时，雅虎（Yahoo）或Alta Vista等企业以搜索网站的想法开始了他们的第一个业务模式，随后，在1994年，亚马逊（Amazon）成立，实现了在线图书零售的愿景。即使在那个时期，人们也在谈论这种业务模型的颠覆性影响[10,11]，但既定的企业界仍然假设了一个可逆的转变过程。这些初始网络技术的变化创造出了电子商务的概念，通常指通过互联网进行的交易或支付操作。

电子商务的概念本身拓宽了电子商务的视野，在电子商务中，一些具有价值创造结构的企业脱颖而出，并将信息和通信技术理解为更新的推动力[12]。其中，发达国家的一些领先企业利用了这些机会，如以数字市场的形式专门为网络合作伙伴建立在线业务，重新设计其采购或销售模式，从而获得市场竞争的优势。

得益于万维网平台2.0的交互功能[13]，从第三阶段开始，企业可以通过参与各种社交网络，借助思想平台、意见和门户网站，直接将潜在的客户纳入其数字化的进程中。这种新型的共同创造和共同消费模式，成为以客户为中心的数字化业务模式的驱动力[3]。这就是社会商业。许多企业越来越多地认识到，它们需要始终如一地确定客户的实际需求和兴趣变化。客户的反馈信息、购买和兴趣行为、经验和经历，或者所谓的客户旅程[3]，都为企业经营提供了新的起点，促使客户更多地参与进来，并提供了适合客户体验的数字化解决方案[7]。这些使某些企业成功地把握住了这一阶段的数字化转型。

自主经营阶段是追求真实和数字化企业的完美融合。企业将具有高度的自动化程度，利用机器人，通过物联网的功能，几乎完全自主地生产产品，并借助数据驱动算法和人工智能做出各种决策。这种追求的结果就是"自动化的生活与经济"[3]，其中，数字化转型的大部分过程都已经得到了充分实施。企业与其客户和供应商，以深度协作和社交的方式进行数字化合作，从而进行数字化产品和服务的创新，并将其体现在自身的数字化业务模式中。为此，所需的企业组织形式必须是敏捷的，这意味着，需要网络化的团队作为一个企业中的组织单元，灵活地应对各种变化[14]。

通常，企业会依次经历数字化转型的各个发展过程，因为他们需要逐步地获得经验和技能，以为下一个更高的阶段积累必要的知识。然而，数字咨询公司 etventure 的研究报告中所介绍的数字表明，大多数企业的数字化成熟度各不相同，并且往往介于第二阶段和第三阶段之间，这与其他研究报告所表明的结果一致[15,16]。和以前一样，通过数字化更新现有业务模式的需求，仍然只在成熟的企业中被有限的看到[17]。

14.2.2　数字化转型的影响

数字化转型的机遇和风险，将在不同的层次上产生影响[18]。这些影响涉及个人、企业和社会，在数字化时代，将兼具各种发展潜力和挑战。图 14.2 所示为数字化转型对于上述三个层次的影响。

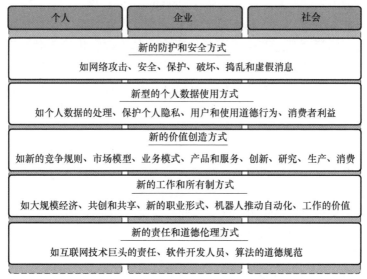

图 14.2　数字化转型的正反面影响

14.3 企业数字化的领导原则

14.3.1 数字化领导力

全球经济根本性的变化、科学技术的高速发展,以及个人和团体不断变化的社会行为,给当今的企业管理层提出了一系列新的挑战。在数字化转型的背景下,他们需要一套新的技能和领导素质,才能成功地塑造更高的企业数字化和网络化水平。其核心是识别技术的颠覆性力量,并使其为自身企业所利用[14]。这种颠覆性的力量,或者说积极性的摧毁,可以破坏企业已有的市场和业务结构,使一个企业就此倒闭,但也可使其获得新生[19]。当今的企业领导必须在多个级别层次上应用这种能力。一方面,他们要了解如何通过各种数字化和联网工具重构自己的工作环境,以及如何以创新和有效的方式去利用它们。另一方面,他们要能正确地利用社交网络和基于媒体的交流,以满足以客户为中心的解决方案的需求,并以此制定技术驱动的企业战略决策[8]。

企业的领导层必须表现出"敬业型领导"的姿态,具备一定的数字和网络技能[6],与企业内外的各类群体建立关系。他们要从战略性的角度出发,利用这种技能来领导和管理企业,实现所制定的企业经营目标[6]。只有具备了这种能力和资格,管理人员才能与企业员工以相互平等的姿态共处,激励团队内个性、专业和特长各不相同的员工,随机应变,灵活地执行组织和领导工作[14],促进实现企业价值创造的数字化转型的战略。

例如,德国钢铁贸易商克洛克纳(Klöckner)的首席执行官,吉斯伯特·吕尔(Gisbert Rühl)作为一个典型的敬业型领导,在这场数字化变革中,对改变克洛克纳公司的管理观念产生了深刻的影响。基于数字化趋势对克洛克纳公司形成的潜在威胁,他开始接触数字创新所需的基础知识,引入硅谷的某些成功运作方式,自己首先踏上了学习和理解数字化技能的旅程[20]。如今,克洛克纳公司运营一个在线钢铁交易平台,根据其自身的声明,该平台在2017年的销售额已达到10亿欧元。

因此,很多传统和成熟的企业都已经正视了数字化对自身企业的颠覆性影响,希望能够积极正确地利用这一新型的技术[17],这是建立有效的数字化领导力的基本前提。研究表明,数字化程度高的企业比数字化程度低的企业产生更高的销售额,获得更多的经营利润,因此具有更高的企业价值[15]。

数字化领导力有以下四个层次:
1)管理人员自身的个性。
2)直接的工作和管理范畴。

3) 整个企业。

4) 企业由于自身的数字化转型，对相关行业或整个市场产生的影响。

所有这些层次都需要崭新的、额外的领导技能能和能力，才能挖掘出企业数字化的实用潜力。通常，这也导致了领导风格的改变，被称为参与式领导[6,7,22,23]。数字化领导力的核心是将各种行之有效的管理方法巧妙地结合起来，以创新、敏捷和动态的方式去理解、获取和实现企业数字化和网络化的可能性[22]，图 14.3 所示为数字化领导力的四个层次，以及必要的方法和技能。

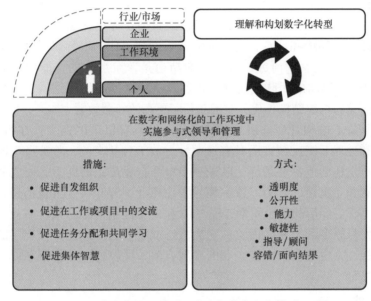

图 14.3　数字化领导原则（内容部分参考文献 [3,4]）

在数字化时代无所不在的网络世界中，每个人都扮演了不同的角色。与此同时，这也改变了每个人的工作态度[3]。某些企业员工，尤其是数字原生代[24]，可以通过网络和社区，更迅速地认同自己，共同分享和创建新的知识和技能，并在解决实际问题时，有意识地以数据驱动的思维进行探索和解释。他们更容易接受现实和数字网络世界，以及创造性和自动化活动的并行性。

当今，企业的领导层首先必须更多地促进员工的自我组织。企业员工更希望独立地完成自己的任务，并且希望自己的上级在某些问题和解决方案中扮演教练、陪练或专家的角色。因此，促进各部门和企业之间的网络式合作以及专题社区和专家成员之间的交流，被认为是实现这种自发性组织的必要条件。企业的领导层只需要进行监督和协调所下达的工作任务，使其遵循和符合拟定的企业经营目标。例如，开源的软件项目托管平台 GitHub（www.github.com）之类的服务平台，或者共同工作空间（Co-Working-Space）之类的工作形态，都说明了网络化组织和协作的优势。

数字化领导力的特点之一还在于促进共享信息和知识,以及激励和满足员工共同学习的意愿。企业管理者应为员工创造前提条件和激励措施,以加强企业内部的知识共享和交流学习[25]。此外,应在信息技术和设施上确保所获得的知识或解决方案能够完整地存档,公开发布到各种企业内部的信息平台上,如社交内网[26]或企业社交媒体[27]。这也将鼓励、促进和发挥集体的智慧,更有助于自发性组织的工作方式,并在企业内部促成知识的共享。这样的结果就是可以构建一种敏捷的员工组织形式,以不断迭代和实验的方式,开发以客户为中心的解决方案,并灵活地利用人力资源。通过使用先进的数字和网络技术,可以在不同的工作环境和地点,以移动的方式进行工作。麦肯锡(McKinsey)管理咨询公司进行过一项研究,所得出的结论是,在当今的企业中,只有不到25%是以绩效为导向的团队,能够真正实现这种敏捷的组织结构,而且与传统的、更加固化的组织结构相比,它们获得了更高的经营效益[28]。

一个具备了这些管理方法的领导者,一般具有以下的能力:在行为举止、下达任务和处理下级反馈方面具有透明性;敢于公开交流,聆听员工的意见和看法;有意识地创造各种条件,以进一步增强企业员工的能力,使之并具有敏捷性思维和独立决策的能力。数字领导者应该能理解和接受下级的错误,并将其作为一个学习经历和经验积累过程[29]。他们要注重实际结果,不应该仅是一个有权力发号施令的上级,而更应充当教练或指导者。因此,管理层的领导力更趋于间接性,主要在于指定企业的发展方向、代表公司的价值观以及实现企业的运营目标[3]。

14.3.2 数字治理

可持续和有效的数字化只能通过企业文化的变革来实现,这就像企业的重大重组和改组,只能通过组织结构变革才能成功进行一样。同时,数字和网络技术还积极地促进并加速企业价值观、道德规范和企业文化的变革。在推进数字化的过程中,各种反馈信息可以是企业员工态度的变化、生产自动化程度提高带来的效益以及以数据驱动创造的更大的决策空间,所有的这些都产生了积极的作用和影响。

这种企业文化的变革,借鉴了企业组织结构发展的基本要素。例如,美国现代社会心理学家库尔特·勒温(Kurt Lewin)的三级模型。首先,企业为即将进行的变更做好准备(解冻),其后才可以进行实际变更(移动),最后,以适当的措施和激励机制稳定所达到的新状态(重新冻结)[30]。对于应对数字化转型的挑战,这种阶段性的方法同样适用。在这里,企业也应该为变革做好各种充分的准备,然后积极地实施变革,确保状态的稳定性。为此,我们在文献中还推荐和列举了一些其他的模型，如数字化转型指南[7]和数字化核心[8]。

数字治理为有效地进行数字转型提供了一种监管框架。它是数字化变革的基石，是基于企业数字化战略的所期望的结果[31]。通过该战略，可以贯彻实施新型的产品和服务和业务模型。它为所有企业员工获得所需的能力和资格创造了相应的前提条件，使员工成功地适应数字化转型引发的企业组织和工作流程变化。这种企业结构的变化还包括进一步减少领导层的等级，促进企业内部和外部的网络化，以实现敏捷的组织方式，鼓励知识共享和集体学习。通过数字化平台和企业社交网络，企业员工之间的交流与互动会越来越多。这些企业结构都将加速所有工作流程的数字化进程，无论其自动化的基础水平如何[32]。

建立企业中的数字治理机制，可以基于某些数字化竞赛的特征[7,15]。通常，取胜者拥有统一的数字化目标的构思，通过建立特定的企业结构，在数字化方面取得可衡量的成功进展，并拥有其独特的数字企业文化[15]。它包括数字化所需的领导技能和基本的企业家才能[7]。以这种数字化先驱角色进行整个企业的数字化管理和控制，可以实现所制定的战略目标和运营任务。因此，对于企业的领导者而言，通往数字化成功的道路也可以作为衡量数字化转型水平的尺度，要尽可能使所在企业成为行业中"游戏规则的改变者"[33]。

数字治理的功能主要是在一些组织结构方面[3]。例如，应该确定具体的治理机构，将各种数字化项目、计划和活动组合在一起，并对创新过程中整个企业受到的影响进行全面统一的了解。这里的重点是协调，即优化资源的使用，引入统一的规则和标准。因此，就能保证一个经过优化和协调的数字化过程，以实施各种数字化措施。但是，这需要建立相对成熟的数字化管理机制。此外，这通常要明确地引入一个新的领导职务，来具体负责实施数字治理。例如，首席数字执行官（CDO），他负责创建企业统一的数字化愿景，并且承担各个数字化项目之间的协调功能。此外，企业的领导成员不仅要充当企业文化变革的推动者，还需要均衡考虑既有的经营利益和今后的数字化运营效益。要对这两个业务领域辅之以分散的分布式数字单元，以便在各自的部门领域中实现数字化。所用基础设施、所需技能以及某些工具和法规的协同效应将是可见的，并且可以使用。数字化转型因此得以制度化，并能确保其措施的成功实施。

数字治理包含了一些规范性准则，在企业中应该根据这些准则促进数字化的进程，其中的内容为[3]：

● 详细描述企业的数字化方案，介绍企业的价值创造、产品和服务以及整个业务模型的情况。

● 介绍以客户为中心的经营潜力以及实施创新的可能性。

● 对企业的产品和服务，确定整体或者部分以及使用新型颠覆性业务模式的潜力。

- 制定有关数字规划中集中或分散决策的标准。
- 制定数字化资金的投入标准,综合考虑企业现有的信息技术。
- 描述新型的企业组织结构和实施进程,以促进数字化项目的协调、决策和协作。
- 在数字治理及其合作的背景下,确定参与者的职位、职责范围、任务和所需的能力。
- 确定所需的基本的信息技术技能、安全和风险标准,以及执行过程和参与者的角色。

14.3.3 若干企业数字化的运作建议

成功地实施企业数字化,还需要兼顾现有的信息技术及其核心系统,使之能够与新型的创新系统同步并行运作[3,18]。现有的企业核心信息技术系统,或者记录系统,通常是经过长期的运营和维护,稳定、持久和安全的运作系统,如企业资源规划系统,是企业信息技术不可缺少的基石,也是成功地进行数字化的先决条件。而参与系统或创新系统主要是作为社交和移动通信的交互系统。利用这些系统的主要目的是以客户为中心,引入以产品和服务为重点的商业模式,并逐步地实现数字化。这当中包括数字平台、应用软件、社交网络构件或数字型辅助产品,如物联网功能。在企业现有的信息技术和新型数字化技术之间,存在着不同的动态管理方式,即双模态形式[34]。图14.4所示为这两种系统的不同模式。

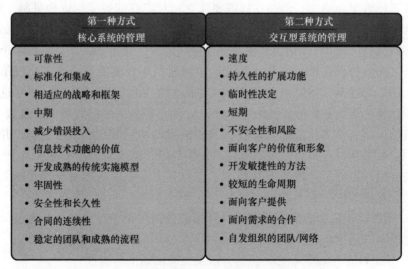

图 14.4 并行同步设计一个双模态信息技术系统[34]

从信息技术的角度来看，定义规则和标准以统一这两个不同的信息世界是非常重要的，这样企业数字化才可以持久地进行下去。为了实现数字化的具体建议，尽可能与现有的信息系统流程保持一致似乎是稳妥且明智的做法[3]。

一个信息技术项目周期通常有四个主要阶段（创新、计划、开发、运营），并由一个横向阶段（企业组织）给予补充。此信息技术生命周期内的第一个组成部分"创新"侧重于管理，以识别和落实数字和网络技术的创新。此处的核心是以客户需求为中心，确定企业可以实现哪些数字化解决方案的构想，以更新其业务模式、产品和服务。数字化创意应始终从客户需求的角度进行。这种思维方式不仅为开发有价值的解决方案提供了保证，而且还能促进企业内部进行调整，以适应客户的实际需求。根据敏捷组织的能力[28]，应该将这些创意作为一种尝试，通过产品原型进行检验和评估。在"计划"阶段，工作的重点就是定义和确定所有的数字化创意和项目及其战略同步。数字投资主要基于数字项目的性质、对整个企业的实施效应，以及战略和竞争维度[7]。图14.5所示为数字项目中可能的投资决策方式。

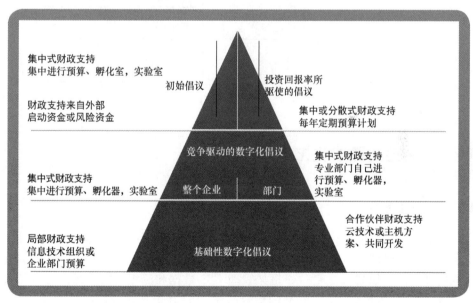

图 14.5　数字投资组合[3]

在"开发"阶段，主要是具体实施企业的数字化创意，制定可行的数字化解决方案，然后将其移交给企业，进行长期的运营。而横向阶段的组织，主要包括实施数字化转型的管理任务，如创建企业文化变革的先决条件，充实数字化领导的技能和建立数字治理。为此，企业管理层的明确批示和确认、相互沟通的机制以及远见卓识的战略，对数字化的全面进行可谓是至关重要[15]。图14.6总结了如何将最主要的管理任务分配给上述流程的组成部分，以作为有效实施数字化的最基本建议。

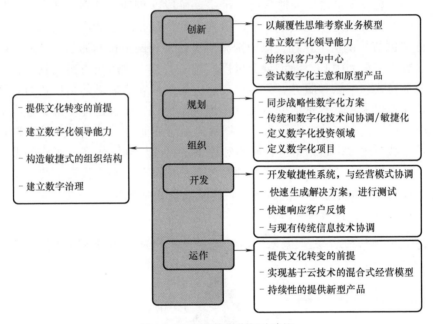

图14.6　企业数字化行动建议

14.4　企业的数字化工具

14.4.1　概述

针对所提出的数字化转型任务，有效的实施管理就需要适当的工具或手段。这包括传统的管理手段，如战略规划或业务模式设计[35,36]，还包括信息技术特定的管理手段，如需求管理[37]、框架管理[38]、数据和流程建模或运营安全和风险管理[39]。另一方面，许多新型的信息技术手段对于有效的数字化也很重要。例如，可作为数字创业和内部创业工具的精益创业[29]，用于集体和开放式想法搜索和评估的众包[40]、数据探索和可视化[41]，模块化数字平台或者生态系统[42]。通常，这些手段和工具可用于特定的管理任务，其中某些也适用于多个任务领域，可以更广泛地使用。

在下文中，根据已定义的组成模块进行的数字化设计，介绍了一种在实践中使用广泛的方法，这包括：
- 针对创新阶段的设计思维。
- 针对规划阶段的技术筛选。
- 针对开发阶段的敏捷软件开发。
- 针对运营组件的开发运行（DevOp）。

在数字治理的背景下，跨越部门的组织形式已经在上述三层模型中进行了说明。因此，不再明确介绍其相应的工具。

14.4.2 若干企业数字化工具

目前，设计思维被认为是一种新型的创新方法，借助这种思考方式，可以迭代式地开发以客户为中心的产品，从而解决更为复杂的问题[43]。这包括第14.2.1小节所介绍的三个面向客户的原则，即迭代式工作、原型设计和方案的开放性，这使设计思维成为塑造数字创新最有效的工具之一。这实际是两个方面的组合，一方面，要考虑到客户或用户的要求和实际问题；另一方面，要创造性地寻找相应的解决方案。在分析、评估和选择可能的替代方案时，合理地考虑所有的可能性[44]，也为解决复杂的、多层面的难解问题提供了些一种创新手段。因此，设计思维是一种兼顾处事态度、过程模型和模块化的方法集合[45]。这种处事态度体现在以下原则上：
- 用以人为本的观念去创新。
- 从创造性和非传统思维中寻求非常规的解决方案，是一种发散思维的循环。
- 不断从错误中学习可以产生积极的学习效果。
- 使用不同的产品原型和测试场景，尝试和体验不同的创新思维和想法，并为进一步的优化设计提供有价值的反馈。

另一方面，设计思维的过程模型通常把自身划分为一个宏观和一个微观过程，前者是一种发散和收敛的思维方式，而后者，其实是前者每个行为的细分[43]。一个微观处理周期真实地反映了设计思维的迭代方法。每个处理周期都以问题定义或重新定义开始。接下来的需求确定和汇总阶段主要用于确定客户的需求。然后在下一个步骤中生成解决客户问题的想法，接着开发和实现产品原型，最后进行功能测试。上述的一个微观周期结束以后，就进入了宏观过程的下一阶段，这样上下之间周而复始，具体且持续地推进解决问题的过程。这种设计思维的过程模型如图14.7所示[43]。

对于设计思维中的各种任务，都有相应的方法工具支持，使团队能够跨越部门，系统且有条理地工作[43]。由此可见，设计思维是面向行为的工具、项目管理技术以及原型创建和测试方法的结合。在参考文献［43］中，详细介绍了

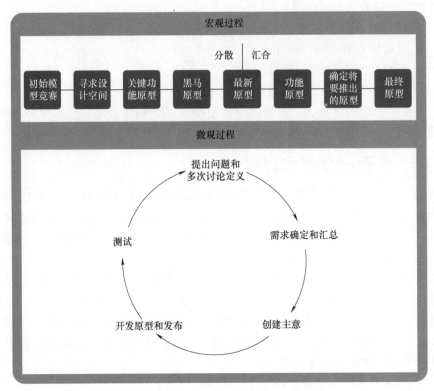

图 14.7　设计思维的宏观和微观过程[3,43]

设计思维的理念，其中包含了大量的实用方法。

当今的创新管理，尤其是在企业数字化的背景下，大多都利用设计思维的优势。例如，软件制造商思爱普（SAP）或国际商业机器股份有限公司（IBM），都是使用这种思想来开发产品和实施以客户为中心的项目。然而，设计思维是最可行的，因为它非常关注用户，更全面地考虑客户的实际需求，以在此基础上快速地提出数字解决方案。因此，设计思维已经与数字化转型，在其应用潜力方面，紧密地交织在一起。

由于数字和网络技术已经全面地渗透到整个工业企业和社会生活中，因此技术筛选工具应在规划过程中占据一席之地。它包括搜索、检测和过滤，具有某些特征的技术，目前主要具有数字化和网络化的潜力[3]。这涉及对社会形势和技术趋势的系统性的早期观察、分析和检测，以评估各种技术的成熟度，以及对企业的可能用途。技术雷达非常适合此类任务，它在四个不同的阶段中，将技术系统化，对其进行定性评估，并在此基础上开发最合适的技术组合（图 14.8）。

在识别、选择和评估阶段，首先要收集现有的各种技术，而并不需要确切

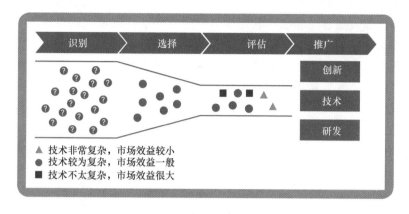

图 14.8　技术发展的观测雷达[3,46]

知道它们是否以及在何种程度上实际使用。因此，这仅仅是全面地观察当今最新的技术发展趋势。这一观察识别的时间范围比较大。而在下一阶段将更详细地检查所收集的技术，并根据所确定的标准进行选择。在这里，技术的成熟度是一个重要的决策因素，通常可以将技术划分为具有较高创新潜力、较高媒体知名度、首次成功或不成功投入实际应用的技术[3]。在这种情况下，也可以观察已成熟的投入实际应用的技术，但是在第一个阶段，通常不会收集到这些技术，因为它们通常已经出现在"雷达屏幕"上。经过进一步评估的若干标准随后进入第四阶段，即实际应用所选取的技术。

尽管技术筛选是一种规划工具，但它也可以很好地用于创新任务，因为系统地观察技术趋势可以在早期发现和利用其创新潜力。它还可以协助企业更好地应对技术发展的高度动态性，以及不断缩短的技术生命周期[3]。同时，可以发现一些发展趋势，虽然由于特定技术的限制，这些趋势还无法实现，但这些趋势说明了某些主题的发展方向。

敏捷软件开发[47]代表了一种新的可选技术，无须使用传统的过程模型，如瀑布模型或螺旋模型，即可快速地进行软件开发。它是一种增量式的软件开发形式，整个开发过程基于参与方之间的密切协作和沟通。它试图在多个时间较短的工作步骤中，逐步地推出单一的软件产品，即增量式软件。紧接着，这些软件产品将由用户直接进行测试检验，从而能够迅速地完成一个完整的软件开发过程。例如，迭代式增量软件开发过程（www.scrum.org）就是这类敏捷软件开发中著名的代表，目前在数字化解决方案中应用最广泛。

在软件开发领域，迭代式增量开发是一个迭代式、循序渐进的开发过程，该过程由几个冲刺单元组成，每个冲刺单元都会创建一个可用的软件增量，即冲刺结果（又称为版本）。这种过程一般要持续4~6周，其中包括典型的软件开发任务，如收集客户需求、软件编码和质量保证，以及代码审查或者系统测试。按照这一方法的规定，在一个约定冲刺中，不能再添加任何新的任务要求。多个冲刺要一直推进下去，直到多个分结果可以合并，形成一个完整解决方案为止。实际上，通常是多个开发团队并行工作，采用这种方式能够实现大型的软件开发[48]。

在迭代式增量软件开发过程中，有三个主要的项目角色：
- 产品负责人或产品所有者（PO）是客户的代表，决定所开发系统的功能。他还协调所有的项目参与者。同时，他也是一个团队成员，紧密地参与开发过程。
- 开发团队是一个具备各种职能的小团队，理想情况下，开发团队由3~9名开发人员组成。他们自发地组织起来，负责系统创建、软件开发和交付任务。
- 团队教练（SM）作为团队的带头人，要确保拟定项目的实施，并负责解释有关的理论方法、实践和规范标准。并将这些价值观传达给客户，在项目进行过程中促进团队间的交流互动，从而优化协作。

在整个开发过程中，还需要有两个基本文档进行业务支持：
- 产品订单包含了系统的所有优先需求和相应的成本估算。它构成了各个冲刺过程的基础。在每次冲刺之后，如果客户的需求发生变化，可以修改此文档。
- 冲刺订单包含在一个迭代过程中，作为项目实施的所有产品要求。

为了使团队内部相互交流，实现各个角色间的必要协作，还引入了四种不同的会议形式：
- 冲刺计划会议启动了每个冲刺会话，并且决定当前冲刺的具体任务和实际内容。
- 冲刺评审向产品负责人汇报有关冲刺结果的反馈。介绍所获得的增量结果，并作为后续反馈的基础。
- 冲刺追溯会议是一种团队内部会议，有助于技术合作和反映自身团队中的协作状况。
- 项目状况会议，又称每日站立会议（Daily Scrum Meeting），就是根据固定的沟通规则，每天都举行一次短暂的汇报会议，用于了解每个团队成员的冲刺进度，并同步当天的所要完成的必要任务。

图14.9形象地描述了迭代式增量软件开发过程。由图可见，在软件开发过程中，前端阶段和后续阶段分别对应一个开发阶段的事先准备工作和事后处理工作。而真正工作的是实际开发阶段，在这个阶段中，会议和冲刺迭代进行。

第 14 章
实施数字化转型：领导原则和工具

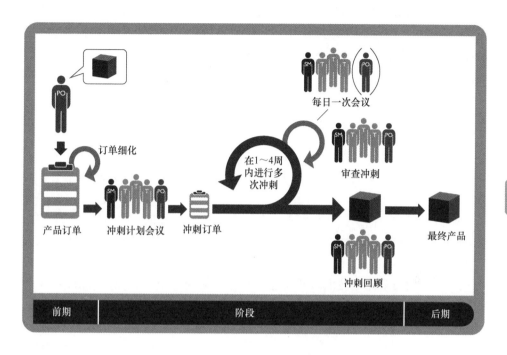

图 14.9　迭代式增量软件开发过程[3]

这种方法支持动态的开发工作，在实施数字化转型的项目背景下，它可以适应各种各样的开发任务。由于客户密切地参与到开发过程中，就其敏捷性而言，它也可以用于创新任务，尤其是以客户为中心的考量。这种以客户为中心的解决方案，其实际能力还可进一步增强。而且，自我负责、自我组织的工作方式也可以作为一种敏捷组织结构的模型。在软件开发领域，开发运行工具被认为是一种新型的方法，它更强调促进软件开发和实际运行之间的协作，而这两个过程在以前是相互分离的。它再现了一系列通用的文化价值观、流程和工具，用于在企业内部进行协调一致的软件开发，从而提升和塑造员工的自我形象[3]。开发运行方法主要支持软件开发的敏捷性，同时兼顾软件运行的稳定性。通常，从传统意义上讲，这两个负责部门或团队有着完全不同的沟通方式和任务领域。这种在开发和运行意义上进行的直接的协调、所有参与者的集成、明确定义的流程，以及开放的工具支持，都确保了能够向用户持续地交付新型的软件产品[49]。它具有以下几个特征[50]：

- 表现为一种协作文化，促进团队的开放式沟通，在互相尊重与责任承担之间协调工作，进而弥合了传统的开发与运营之间的分割。这包括专心聆听和了解对方、相互学习培训和建立共同的价值观。

- 自动化和工具提高了工作中的透明度和可理解性，因此两方都可以更好地互相理解。它们可以优化过程处理，尤其是从软件到生产中的快速转移，还可以简化系统维护和进一步的开发任务。这些自动化过程包括两个主要部分，如前期的代码创建、测试、软件分发、发布和配置管理，后期的变更管理和使用监控。因此，还可以实现更多的功能，如持续交付，可用于自动化软件的发布[51]。

- 必须在保证目标协议的前提下，衡量和评估参与人员的工作技能，使之适合开发运行的工作方式，使这种合作形式可持续发展。此外，产品的性能检验和运行监控也很重要。为了完成这些开发任务，自动化和工具支持必不可少。

- 以必要的文档形式共享知识和信息，可以确保团队协作的可持续性。这种文档要保证开发人员和管理员都能正确地理解它们。定义的过程模型、标准和方法也包含这一特征。

- 软件的质量保证被视为开发运行不可或缺的一个组成部分。来自自动化和工具支持的数据，可用于更深入地认识如何开发高质量的系统。

- 采用组织结构和标准，促进了持续和面向目标的协作，提供了所需的工作框架。这还包括使用某些常见的参考模型，如能力成熟度模型集成（CMMI）或信息技术基础架构库（ITIL）。开发运行也致力于在信息技术中，实施面向服务的概念，以便所提供的服务能够真正满足用户的需求。

现在，开发运行是公认的一种方法。不仅是具有明确数字化业务模式的企业，如 Zalando 公司，使用这种软件工具进行产品开发和管理[3]。它还采用了敏捷软件开发的理念，因此更具有发展潜力，进行快速软件开发和实现以客户为中心的解决方案，同时确保所开发的产品稳定运行。

14.5　总结与展望

今天，大多数已成熟的传统企业都面临着数字化和网络化的巨大挑战。同时，对于大多数企业领导者来说，随之而来的数字化转型将是不可逆转的。因此，这并不是一种战略选择，而是一个确保企业未来生存和发展的必然。

本章提供和介绍了一些切实地实现企业数字化转型的方法，并取得持续性的发展。这主要包括改变企业的领导原则和组织结构。数字化领导者要从内心真正地理解数字化和网络化的巨大影响[3]，并作为一项具体的任务纳入日常的工作中。他们需要具有超群的能力，激励、启发和动员周围的员工群体，并且能够独自地领导。通过创建企业内部网络式的组织结构，使员工以自我组织的方式进行数字化工作。

第 14 章
实施数字化转型：领导原则和工具

作为这种新的领导形式的框架，每个企业都需要建立一个数字治理系统，提供控制数字化组织和流程指南和规则，并为成功进行企业文化变革奠定基础。为了有效地实施企业数字化，企业管理层可依靠所积累的丰富经验和行之有效的手段，以崭新的、先进的管理工具给予补充和扩展。这里介绍了四种可供选择的技术，通过这些技术，可以设计、实施和运营以客户为中心的、敏捷的且互相协调的数字化解决方案。因为归根结底，数字化就是进行信息技术管理，但它已变得越来越复杂，需要使新、旧信息系统相互协调。

参考文献

1. Etventure (2017) Studie 2017: Digitale Transformation und Zusammenarbeit mit Startups in Großunternehmen in Deutschland und den USA. https://www.etventure.de/innovationsstudien/. Zugegriffen am 19.02.2018
2. Floridi L (2015) Die 4. Revolution: Wie die Infosphäre unser Leben verändert. Suhrkamp, Berlin
3. Lemke C, Brenner W, Kirchner K (2017) Einführung in die Wirtschaftsinformatik. Band 2: Gestalten des digitalen Zeitalters. Springer Gabler, Berlin
4. Oswald G, Kleinmeier M (2017) Shaping the digital enterprise, trends and use cases in digital innovation and transformation. Springer, Cham
5. Bounfour A (2016) Digital futures, digital transformation, from lean production to acceluction. Springer, Cham
6. Li C (2015) The engaged leader, a strategy for Your digital transformation. Wharton Digital Press, Phildelphia
7. Westerman G, Bonnet D, McAfee A (2014) Leading digital: turning technology into business transformation. Harvard Business Review Press, Boston
8. Raskino M, Waller G (2015) Digital to the core, remastering leadership for your industry, your enterprise ans yourself. Bibliomotion, New York
9. Gunelius S (2013) The history and evolution of the internet, media, and news in 5 infografics. ASCI. http://aci.info/2013/10/24/the-history-and-evolution-of-the-internet-media-and-news-in-5-infographics/. Zugegriffen am 19.02.2018
10. Kelly K (1998) NetEconomy, Zehn radikale Strategien für die Wirtschaft der Zukunft. Econ, München/Düsseldorf
11. Shapiro C, Varian HR (1999) Information rules, a strategic guide to the network economy. Harvard Business School Press, Boston
12. Kalakota R, Robinson M (2001) Praxishandbuch E-Business, Der Fahrplan zum vernetzten Zukunftsunternehmen. Financial Times Deutschland, Frankfurt
13. O'Reilly T (2005) What is web 2.0, design patterns and business models for the next generation of software, O'Reilly. http://www.oreilly.com/pub/a/web2/archive/what-is-web-20.html. Zugegriffen am 19.02.2018
14. Wouter A, De Smet A, Lackey G, Lurie M, Murarka M (2018) The five trademarks of agile organizations. https://www.mckinsey.com/business-functions/organization/our-insights/the-five-trademarks-of-agile-organizations. Zugegriffen am 19.02.2018
15. Westerman G, Calméjane C, Bonnet D, Ferrraris P, McAfee A (2011) Digital transformation: a roadmap for billion-dollar organizations, MIT Center for Digital Business. https://www.capgemini.com/resources/digital-transformation-a-roadmap-for-billiondollar-organizations/. Zugegriffen am 19.02.2018

16. Mulesoft (2018) Mulesoft connectivity benchmark report 2018, Mulesoft. https://www.mulesoft.com/de/lp/reports/connectivity-benchmark. Zugegriffen am 01.03.2018
17. Bradley C, O'Toole C (2016) An incumbent's guide to digital disruption, McKinsey Quarterly May 2016. https://www.mckinsey.com/business-functions/strategy-and-corporate-finance/our-insights/an-incumbents-guide-to-digital-disruption. Zugegriffen am 19.02.2018
18. Lemke C, Brenner W (2015) Einführung in die Wirtschaftsinformatik. Band 1: Verstehen des digitalen Zeitalters. Springer Gabler, Berlin
19. Christensen C (2016) The innovator's dilemma, when new technologies cause great firmst o fail. Hardvard Business Review Press, Boston
20. Keese C (2016) Silicon Valley, Was aus dem mächtigsten Tal der Welt auf uns zukommt. Penguin Verlag, München
21. Stüber J (2017) Wie Klöckner zum „amazon des Stahlhandels" werden will. Gründerszene.de. https://www.gruenderszene.de/allgemein/kloeckner-amazon-des-stahlhandels-transformation. Zugegriffen am 19.02.2018
22. Petry T (Hrsg) (2016) Digital Leadership, Erfolgreiches Führen in Zeiten der Digital Economy. Haufe, Freiburg
23. Brandes U, Gemmer P, Koschek H, Schültken L (2014) Management Y, Agile, Scrum, Design Thinking und Co.: So gelingt der Wandel zur attraktiven und zukunftsfähigen Organisation. Campus, Frankfurt/New York
24. Prensky M (2001) Digital natives, ditigal immigrants, part 1. On the Horizon 9(5):1–6
25. Razmerita L, Kirchner K, Nielsen P (2016) What factors influence knowledge sharing in organizations?: A social dilemma perspective of social media communication. J Knowl Manag 20(6):1225–1246
26. Mergel I (2016) The social intranet, insights on managing and sharing knowledge internally: IBM Center of The Business of Government, Using technology series
27. Leonardi PM, Huysman M, Steinfield C (2013) Enterprise social media: definition, history, and prospects for the study of social technologies in organizations. J Comput-Mediat Commun 19:1–9
28. McKinsey (2017) How to create an agile organization, Survey Oktober 2017. https://www.mckinsey.com/business-functions/organization/our-insights/how-to-create-an-agile-organization. Zugegriffen am 01.03.2018
29. Ries E (2014) Lean Startup, Schnell, risikoarm und erfolgreich Unternehmen gründen, 3. Aufl. Redline, München
30. Lewin K (1947) Frontiers in group dynamics, concept, method and reality in social science, social equilibria and social change. Hum Relat 1:5–40
31. Bharadwaj A, El Sawy OE, Pavlou PA, Venkatraman N (2013) Digital business strategy: towards a next generation of insights. MIS Q 37(2):473–491
32. Arntz M, Gregory T, Zierhahn U (2016) The risk of automation for jobs in OECD countries: a comparative analysis, OECD social, employment and migration working papers. No. 189. OECD Publishing, Paris
33. El Sawy OA, Pereira F (2013) Business modelling in the dynamic digital space, an ecosystem Approach. Springer
34. Gartner (2016) Deliver on the promise of bimodal. https://www.gartner.com. Zugegriffen am 19.05.2016
35. Osterwalder A, Pigneur Y (2011) Business Model Generation, Ein Handbuch für Visionäre, Spielveränderer und Herausforderer. Campus, Frankfurt
36. Gassmann O, Frankenberger K, Csik M (2013) Geschäftsmodelle entwickeln, 55 innovative Konzepte mit dem St. Galler Business Model Navigator. Hanser, München
37. Rupp C (2014) Requirements-Engineering und Management. Aus der Praxis von klassisch bis agil. Hanser, München

38. Winter R (2014) Architectural Thinking. Wirtschaftsinformatik 56(6):395–398
39. Krcmar H (2015) Informationsmanagement. Springer Gabler, Berlin
40. Howe J (2006) The rise of crowdsourcing. Wired Mag 6(14):1–4
41. Keim D (2001) Visual exploration of large data sets. Commun ACM 44(8):38–44
42. Parker GG, Van Alstyne MW, Choudary SP (2016) Platform revolution, how networked markets are transforming the economy and how to make them work for you. W.W. Norton, New York/London
43. Uebernickel F, Brenner W, Pukall W, Naef T, Schindelholzer B (2015) Design Thinking, Das Handbuch. Frankfurter Allgemeine Buch, Frankfurt
44. Kelley D, Kelley T (2013) Creative confidence, unleashing the creative potential within us all. Crown Business, London
45. Brenner W, Uebernickel F (2016) Design thinking for innovation, research and practice. Springer International, Cham
46. Rohrbeck R, Heuer J, Arnold H (2006) The Technology Radar – an instrument of technology intelligence and innovation strategy. Proceedings of the 3rd IEEE international conference on management of innovation and technology, S 978–983
47. Cockburn A (2006) Agile software development, the cooperative game. Addison-Wesley, Upper Saddle River
48. Goll J, Hommel D (2015) Mit Scrum zum gewünschten System. Springer Vieweg, Wiesbaden
49. Verona J (2016) Practical DevOps. Packt Publishing, Birmingham
50. Erich F, Amrit C, Daneva M (2014) Report: DevOps literature review. University of Twente Tech Rep, Twente
51. Wolff E (2016) Continuous Delivery: Der pragmatische Einstieg. dpunkt, Heidelberg

第 15 章 数字化安全

萨沙·鲍鲁斯（Sachar Paulus）

没有可靠的安全性，数字化就不可能真正发挥其作用。数字化的两个基本特征，即标准化和网络化，使信息系统很容易受到入侵和攻击。为了控制这种不断增加的风险，就需要一个信息安全管理系统（ISMS）。许多企业都提出了此类要求，这也反映了当前的技术状态。针对这些要求，数字化系统的软件框架必须考虑其相应的设计模式和流程。因此，建议数字化用户引入和运行一个信息安全管理系统。

15.1 引言

数字化听起来既容易又快速——至少我们得到了承诺：实现数字化，一切都将变得更加便捷。事实上，数字化的确实现了许多新型的应用，节省了资金，并加速了操作流程[1]。但这并非没有风险和危害：由于系统的联网和通信协议的标准化，各种攻击和入侵变得越来越容易，如果没有适当的安全防护措施，数字化将面临相当大的风险[2]。

因此，本章提出的问题是：如何引入数字化技术，并且尽可能地降低可能的风险？为此，在制定数字化方案的过程中，从不同的方面思考了信息技术和数据安全的问题，以及对此提出了要求并实施方针和建议。

本章首先概述了各种各样由数字化引发的风险，讨论了数字化安全的确切含义，针对这一问题，介绍了信息安全管理系统。随后，基于当前有效的法律规范，得出对数字化软件框架的要求。最后，提出了若干处理数字化安全问题的建议。

15.2 数字化风险概述

15.2.1 示例

许多人都非常谨慎地看待数字化——因为这通常都涉及"安全问题"。但是，更具体地讲，安全问题到底意味着什么呢？数字化风险多种多样——这可以从技术风险，如云解决方案中对互联网的依赖性，到实际应用中的风险，如担心"黑客"侵入自己的银行账户，再到更多的个人风险，如上网成瘾、过渡消费等。所有这些担忧和焦虑，都可归纳为"数字化的安全问题"。

15.2.2 分界线

当然，数字化还有其他的风险。例如，由于商业模式的改变而引发的负面社会影响——新的参与者具有巨大的能力和潜力，能够在市场上迅速获得成功，但这往往以侵占和牺牲现有市场占有者的经济利益为代价。如果现有的传统企业不能迅速地适应这一迫切形势，他们将被排挤在后或淘汰，因此这类企业往往将数字化视为一种巨大的威胁，尤其是他们还不理解数字化也可为他们带来新的发展机遇。或者，还有另一方面的风险，如企业员工自身利益的改变。但本章将不讨论此类个人风险，希望有兴趣的读者参考本书中的相关章节。

本章重点介绍数字化带来的风险，主要讨论由于技术创新直接和立即引发的风险。在大多数参考文献中，这也被称为"网络风险"或"网络安全风险"。它们通常来自外部的入侵者。如果没有外部入侵者，就不大可能出现数字化安全风险，如这类风险可能是无法与互联网连接、无法访问云端的关键性企业数据，但这些还不是根本性的威胁，是可以通过信息系统供应商提供更好的服务来避免的。因此，这类情形也不再进一步考虑。

15.2.3 安全入侵的类型

安全入侵可分为以下几类：企图恶意从企业中盗取有价值的数据信息，如生产图纸机密、客户数据或企业最新发展。搞破坏的目的是恶意更改企业信息或生产数据，以损害企业的经济利益或形象。同样，企业数据信息也被用于敲诈勒索的筹码。入侵者为了达到他们目的，将使用各种各样的手段，这包括利用万维网进行作案，如通过网络软件侵入企业内部网络，安装恶意软件（病毒、特洛伊木马），渗透入企业后诱使企业员工泄露数据信息（如通过网络钓鱼），或者无意识地访问黑色网站（通过所谓的偷渡），然后将破坏性的软件安装到企业的信息系统中。最后，还有窃取和破解用户密码，发送垃圾邮件，窃取他人身份，如登录数据或信用卡数据，这些都是网络犯罪活动的一部分。

因为数字化允许进行远程操作，这便给外部入侵提供了更多的可能性——联网和使用标准化协议使通过互联网进行犯罪变得更加容易。

15.2.4 粗心与疏忽

近年来，随着信息和网络技术变得越来越安全，恶意入侵已将攻击重点转移到了企业员工身上。因为在大多数情况下，只有内部有人洞开一面时，对企业信息技术系统的入侵才能成为可能。相应地，骗取和说服员工的技巧变得愈发狡诈。这里，可以用网络钓鱼为例对此进行解释。网络钓鱼是一个人为造就的名词，由"密码"和"网络钓鱼"组成，在信息技术行业被称为钓鱼式攻击，即通过电子邮件引诱获得受害者的密码。最初的网络钓鱼电子邮件会以一个站不住脚的理由要求受害者登录一个网站，以便访问其登录数据。在此期间，甚至不再需要注册，因为受恶意代码污染的网站可以接管计算机系统的管理权限。

因此，员工的警惕性和敏感性就变得更加重要，因为通常在这种情况下，安全保护软件也无法抵抗这类入侵形式。只有当信息系统进行了最新的更新时，才能对此类攻击有所限制，但攻击本身只有在人类参与的情况下才能避免。然而，这可能是非常困难的，因为多数欺骗行为看起来非常真实且可信。因此，不断地引入和使用最新的技术，保持极高的注意力和判断能力至关重要。

通常，就一个信息系统的安全性而言，其中非常重要的一点就是要充分地考虑企业员工的行为影响，只有这样，才能对信息的安全状况有更加全面的了解。从总体上看，研究使用"社会技术系统"[3]的概念，可以检查并促进一个系统的可信赖性。

这里比较有意义的是比较不同的信息系统使用人员。德国网络安全协会将信息系统使用人员进行了一个有趣的分类[4]：主要是根据两个标准，即正确的行为动机和做出正确判断的能力。在这种行为模式下，可以筛选出四种类型的人员，即天真的、不参与的、无忧无虑的和称职的。

15.2.5 数字化导致社会的贫富差距

数字化虽然提供了很多机遇，但同时也加剧了社会生活中的贫富差距。无论如何，今天的社会已经出现了一条鸿沟，一边是能够掌握这种新型技术的人，而另一边是不具备这类能力的弱势群体。后者将更容易成为入侵者的受害者，因此更重要的是要尽可能平稳地推进数字化过程，从而确保社会稳定和群体均衡。

15.3 什么是安全

安全并没有非常明确的定义，或者太多的说法。此外，安全是主观的，或者说很难在机构组织中以所谓平等的客观看法对此达成一致。因此，建议使用一个考虑这种主观性但可以统一使用的定义。在此，我们使用以下定义："安全是没有不可接受的风险"（参见 IEC 61508）。这样，就可以用传统的方法对风险进行更客观地评估，但是风险范围仍要由个人来决定，如在具体业务中负责决策或承担风险的个人。

按照上述观点，风险是预期的损害，可在给定的期间（通常为 3 年）内定义为其发生概率/频率与损害程度级别的乘积。通常，风险以金融货币进行估值，毕竟，从商业角度来看，根据风险的大小（对可能造成损害的预期值）预备风险准备金是必要的。但是，对于相对简单的应用程序，只需定义风险发生概率和损坏程度级别即可，如 3×3，即共产生了 3 次风险，每次的损坏程度级别都是 3 级。

15.3.1 没有 100% 的安全

显然，不可能有 100% 的安全：在实践中总是存在着一些可以或必须接受的风险，但由于工作量或过多的限制条件，人们将无法保护自己免受这些风险的影响，如家中的电脑被盗。在某些情况下，人们可能并没有真正地意识到某些风险，如当访问第三方网站时，受到路过式下载攻击。这很清楚，即安全是一种相对状态，它取决于风险特征和（个人）保护需要。

更具体地讲，安全是一种非常不稳定的系统状态，也就是说，它始终在变化。因此，保持一定的安全级别是非常困难的，这需要大量的资源支出。通常，以下几个关键性因素都会对当前系统的安全状态产生影响。

- 入侵者的动机和技术能力：对一个企业或一项技术突然产生极大的兴趣，如受后台客户的委托，将会极大地影响被入侵者的安全状况；反之，如果入侵者的兴趣和利益减少，则安全性可能又会突然显著地提高！
- 预防措施的有效性：就常见的安全问题而言，其中最重要的一个因素是，为减少风险而采取的措施能够如预期所希望的正常工作，而不是再引发其他风险。例如，要登录一个信息技术系统，通常要求用户密码必须满足最低的复杂性要求，以便可以很好地抵御暴力破解和"猜测"密码，但这会导致用户出于方便记忆的原因，以数字或书面的形式对密码进行保存记录，其结果就是虽然采取了有效措施，但却产生了更高的风险。
- 完美无瑕的系统：大多数网络攻击（如果防火墙已经被社会工程克服）

利用软件中的技术错误,即所谓的漏洞,对系统发起攻击。通常,这些漏洞是由软件开发人员的疏忽或不专业引起的,这就导致这类漏洞是系统软件固有的。一旦外部的恶意入侵者发现这些漏洞,就会利用这种漏洞构建利用程序(这类漏洞可由黑客编写的程序识别发现)。所以,要通过不断地监视、记录,及时公布所发现的软件漏洞信息,通知软件供应商要在何时,以及修复哪些软件漏洞。因此,定期地评估当前系统的安全状况是非常重要的。

15.3.2 安全是一个过程

由于系统安全本身具有很大的波动性,尤其是其状态变化极快,所以信息技术和安全被认为是一个变化的过程[5]。这意味着只能通过一个运行良好、可持续的安全保证流程,才能维持一个可以接受的安全状态,尽管系统状态有所波动。这些过程主要包括风险分析、措施选择、措施的有效性检查或漏洞管理等。

15.3.3 安全目标和保护要求

如何描述"安全"的目标?首先,可以同时考虑所有的风险,而正如我们将看到的,信息技术管理系统也可以做到这一点,但是这种过于全面细致的方法,无助于确定最基本的针对大量风险的保护措施。希望一次性地将大部分风险降到最低程度是不现实的,也是不可能的。为了实现这一目标,可以采用一种较为简化的方法,即将风险映射和描述为信息或流程的安全属性。一般来讲,信息安全目标可以是系统和数据的可用性、机密性和完整性,而典型的流程安全目标具有可追溯性、不可否认性和完整性。谈到安全目标,或者要保护的目标,虽然存在着不同的观点或安全模型,还有其他的安全目标,但从理论上讲,所有的安全目标都可以归纳总结为可用性、保密性、完整性[6]。

因此,安全措施通常要按照所要实现的目标进行分类:如防病毒软件用来确保系统的完整性,加密技术用来确保系统的保密性,负载平衡或备份用来确保数据信息的可用性。与此相反,也可以针对数据信息、系统框架和运作流程,确定最基本的防御措施,以将风险降低到最低的可接受级别。这就是下面将要谈到的保护信息、系统或流程的必要性。

15.3.4 信息技术安全、数据安全与隐私保护

很多示例表明,将安全措施与安全目标直接挂钩,往往取决于对其中一种措施的偏好,以及观察安全性的不同角度。当所关注的重点是信息技术安全、数据安全和隐私保护这三个高度重叠而又不完全相同的领域时,要对这三个概念有一个更清晰的认识。

- 信息技术安全：旨在保护信息技术的基础框架、硬件系统和应用软件。对此，最重要的负责人应是信息技术经理。他的责任在于保证所提供的服务能够尽可能平稳地（而且低成本）运行。保护实际处理的信息不是优先事项。其技术措施主要用于信息技术本身的安全。

- 数据安全：旨在保护需要保护处理的数据和相关的流程。它是确保数据和流程的安全目标，而实际提供处理的系统不是重点。相反，只要能确保预定的安全目标，信息所有者甚至可能不在乎使用哪种信息处理系统，如果真的需要，甚至可用笔和纸。因此，通常采用非技术措施来达到所指定的安全目标。

- 隐私保护：旨在处理个人数据时，尊重和维护个人的隐私权利。这应从涉及个人数据的角度考虑，并确定适当的降低风险的措施。在隐私保护中，这些措施称为技术和组织措施（TOMs）。

这三个概念所追求的目标可能是完全不同的，在某些情况下，甚至可能是互相矛盾的。但是，相应的措施通常（几乎）是一致的。

15.3.5 风险评估

除了确定安全措施的有效性和系统漏洞的影响之外，评估安全状况的关键因素是风险陈述，如风险发生的可能性、造成的损害程度、措施对降低风险的效果，甚至可能是高级风险模拟模型中的风险传播和聚合。因此，就风险分析和评估的意义而言，确定相关的指标参数尤为重要。

风险的经济损失程度，即可预期的损失程度，可以使用两种方法进行评估：第一种方法是将损失所造成的直接和间接成本相加，如由于企业经营销售额下降导致企业竞争力下降。而第二种方法是估算将损失恢复到损坏之前的状态所需的成本，这比较适合评估企业形象丧失的风险。

与系统性风险（这类风险事件可以出现在众多场合，如恶劣的天气、车辆事故或意外的火灾）相反，信息系统安全风险发生的概率可能无法通过统计数据来确定。因此，在这里考察外部入侵的途径（又称弱点）和入侵者的属性将会更有帮助。例如，漏洞的知识和可利用性，以及入侵者的动机和能力，可以用作确定概率的标准，对此，可采用开放式万维网应用程序安全项目风险等级（OWASP Risk Rating）进行评估。当然，这意味着不再可能定量地确定风险发生的概率，或者必须人工进行估算。

如果要更详细地进行风险管理工作，那么确定各个具体的细节是极度困难的。最终，应该对所有风险有一定程度的容忍，以获得结果的可比性，因为风险管理的目标是要接受某些风险，以减少措施所需的工作量。

15.3.6 自恢复能力

目前,信息技术中非常流行的是人工智能系统,或者是至少具有机器学习能力的系统。从安全的角度来看,长期目标应该是使信息系统本身在一定程度上能够进行自我修复,从而在没有运行中断或较少的干扰情况下,继续提供预定义的、客户所期望的服务。这被称为自恢复能力,也就是即使在发生故障干扰的情况下,也能够继续保证所预期的运行功能。这类似于我们人类的机体,在病毒和细菌的攻击下能够继续生存,但也能够启动自愈措施,以恢复全部的生命功能。

15.4 安全管理

如前所述,信息系统的安全状态处于不断地变化之中,为了将自身的系统安全状态保持在一个可以接受的水平,可以引入和使用安全管理系统。这类似于生产过程中的质量管理系统,它可定义所希望的安全级别,以及为实现和维持相应安全状态的各种保护性措施。通常,这种管理系统称为安全管理,或者就其工作重点,也称为信息安全管理系统(ISMS)或信息技术安全管理。目前,就安全标准而言,可参照ISO/IEC 27001对自身的信息系统进行认证。

对于一个信息安全管理系统而言,至关重要的是其适用范围,以及对此所制定的保护目标。该适用范围规定了在企业组织的哪些业务部分(包括地点、部门、流程)应实施信息安全保护措施,以达到安全保护的目的,并且要具体地确定哪些安全性要给予保证。通常,信息技术服务商会对外宣传他们拥有ISO 27001证书,但因为他们并不真正地了解客户,进而就不清楚客户所希望达到的安全目标究竟是什么。如果信息技术服务商具有信息技术基础架构库(ITIL)或者得到ISO 20000认证,就能够为其客户提供更值得信赖、可持续的信息安全服务。相反,ISO 27001的另一个目的是向企业数字信息负责的部门证明他们能够以可持续且同样安全的方式处理企业信息。

与产品质量管理系统相比,信息安全管理系统必须快速地做出反应,以维持信息系统的安全级别。此外,其中大多数组成部分,特别是与管理系统调控有关的部分,两者基本上是相同的。因此,即使有一些特殊性,信息安全管理和质量管理之间也存在着一些协同作用。类似于数据隐私保护,新发布的《欧盟通用数据保护法规》(下文将详细介绍),要求数据保护管理系统与信息安全管理系统在内容上要基本相同。唯一的区别是识别和评估安全风险的角度。所要求的共同点是要不断地努力,完善信息技术系统的安全性,并将结果记录存档。

有关信息安全管理系统的基本组成部分,将在下面进行详细介绍。

15.4.1 指南和目标

首先,必须确定所需要达到的安全目标。为此,要收集企业业务中所处理的数据信息,并评估其对企业经营的重要性。由此制定安全目标和必要的保护要求,并将其以文件的形式记录和存档,作为企业信息技术安全指南或指导方针。这一点很重要,因为此后就要确定维护安全所需的行动措施,以确保信息系统的安全,并且确保信息系统的所有部分都100%安全是根本不可能的。信息系统安全指南就是要大规模地定期检查企业的信息系统是否处于最新的安全状态,如运营业务发生了更改,就必须重新调整安全目标。

15.4.2 风险管理

信息安全管理系统的核心是要尽可能地掌握信息技术安全和风险的最新信息。为此,必须在企业组织中建立一些安全保护流程:在每个部门领域中,都必须定期记录和评估所出现过的风险,将这些风险信息汇总并相互进行比较,了解所对应措施的有效性。当然,还要始终记录安全状况的变化(如入侵者、紧邻的攻击、漏洞等)及其风险评估。

所记录下的信息和数据必须提交给企业的管理层,以便做出正确的判断和决定,即哪些安全风险是可以接受的,是否要启动相应的措施以降低风险造成的损失(包括必要时暂停关键业务活动)。由于信息系统安全时刻处在不稳定的动态变化中,考虑信息系统安全对企业经营的重要性,这要求企业管理层定期地研究讨论这一主题。虽然对于生产制造企业,每月定期召开一次信息系统安全会议即可,但在金融交易行业,如银行,几乎每天都要关注安全问题,对营业数据进行更新和备份。原则上,可以采用以下经验:每两次信息安全管理会议之间的时间间隔不宜过大,即不应大于企业可能受到黑客攻击而遭受严重损害的时间[7]。

15.4.3 预防措施

为了从一开始就尽可能地避免将要出现的安全风险,理应事先采取各种预防措施。这可以是某些标准的信息技术安全措施,如防火墙、网络分段、反恶意软件方案等,也可以是专门针对一些特殊风险的防御手段,如数据信息加密,或者对某些特殊应用采用专门的信息技术系统。目前,已有多种预防措施的最佳做法,若干推荐建议如下。

- ISO/IEC 27001 附录 A 中列出的措施:列出了认证所必需的 135 项措施,这也意味着可以出于适当的原因取消选择这些措施。这些措施基本上构成了公认的安全措施目录，涵盖了所有的重要领域。

- 德国联邦信息技术安全局颁布的信息保护内容和基本措施：针对许多信息技术系统，这里收集了大量非常详尽且具体的保护性建议，以消除信息系统的薄弱环节，并降低安全风险。
- 德国保险业协会标准 3473 推荐的安全措施：德国保险业协会进一步精简了 ISO/IEC 27001 中的部分安全措施，提出了许多值得推荐的建议。

必须定期检查这些措施的有效性，因为只有当这些措施真正能发挥其作用时，才能保护企业信息系统免受外部入侵和破坏。通常，这是通过抽样审核来完成的，如每三年定期检查所有组织措施和安全保护设备，如果每年进行两次审核，则每次审核中都要检查大约 1/6 的安全措施。如果在审查过程中发现某些措施已失效，或者无法充分发挥其作用，则必须重新评估系统的安全等级。这些失效的措施将会降低系统的安全性，因此必须采取其他措施修补这些安全漏洞（虽然希望这种情况仅是暂时的）。

15.4.4 应变响应

正如前面多次强调的那样，信息系统的安全状态非常不稳定。因此，信息安全管理系统的应变响应过程非常重要。这一过程包括以下三个部分。

- 薄弱环节管理：检查信息技术系统中新出现的、已知的安全隐患，确定它们是否对企业运营产生重大的影响，如果是，应采取什么措施给予补救。在许多情况下，有补丁工具可将它们有计划地安装到信息系统内。但是，即使没有这种修补工具，也必须采取适当的补救措施，暂时将安全隐患的范围降低到最小。无论如何，都必须首先评估安全隐患对系统安全的影响，并将评估结果报告给企业的负责人。要使信息技术安全管理能够正常发挥作用，其先决条件在于了解企业中使用的所有信息技术系统、企业数据和应用软件工具。这通常是一个重大的挑战。
- 入侵事件管理：虽然安全隐患为潜在的入侵提供了机会，并且可能会增加安全风险，但是需要区分入侵事件是实际性的攻击还是仅是一种尝试性的意图。因此，所有的企业员工都要及时地报告工作中的异常情况，并对其进行跟踪评估，在必要时启动进一步的预警级别。当出现信息安全入侵事件时，所造成的损害可能会在很短的时间内变得非常严重，如通常可以在不被注意的情况下发送内部信息。因此，能够非常迅速地做出反应非常重要。相应地，必须迅速与受到入侵影响的员工和信息技术专家取得联系，并尽快地在短时间内互相交流（也可以是虚拟式的），然后由他们组成计算机系统应急响应小组。如果入侵事件无法在较低的级别内得到遏制，则下一步就应是一个升级过程，将此作为一种严重的祸患给予紧急处理。

- 紧急危机管理：如果事件的发展将对整个企业的运营产生重大的负面影响，而且出于企业名誉和形象原因，信息安全事件可能很快会发生。这时必须由一个危机团队（至少有若干企业的高级领导层成员参与）接管这种紧急情况，全权处理。为此，必须建立培训、报警和演练流程。

15.4.5 责任

原则上，企业的管理层要始终承担处理风险的责任（另请参阅"商业义务"部分）。管理层可以适当地自行做出安全决策，一般只要决策不是疏忽大意即可。

通常，企业多是委任专职的信息安全员实施所描述的信息安全管理活动。他并不承担系统安全的管理责任，而只是正确、及时地实施流程和实际操作。通常，还应该由信息技术专家提出实施建议，并参与对操作结果的评估。

如果企业组织的规模太大，无法简单地仅委任一个代表来承担整个安全工作，则需要成立一个信息安全组织。在该组织中，除了组织人之外，还应包括各个部门或地区的负责人。

原则上，把企业的信息安全责任完全归于信息技术部门并不是一个好主意，原因就在于：信息技术部门仅提供系统环境和技术服务，而各个专业部门才是对信息数据进行使用和管理的一方。因此，只有专业部门才能从自身利益和运行的角度，对可能的安全风险进行最切合实际的评估；信息技术部门仅能从有限的、偏重信息技术的方面进行完全不同的评估。因此，这类企业的信息技术安全问题，应该委托给一个专业的管理团队。

15.4.6 安全意识

当前，外部攻击者最大的目标还是人，即企业的员工。通常，如果妥善管理，信息技术系统会非常安全。仅当企业内部员工疏忽大意时（大多数是在不知不觉中），才会给攻击者有机可乘的机会。为了降低这类人为造成的风险，有必要对员工（以及外部人士）进行风险教育，并要求他们以遵守企业信息技术安全规定的方式行事。最好采用适合企业组织文化和更具警觉意识的措施来达到这一点。

这里有两个完全不同，但很重要的再学习目标：第一，提高员工的识别能力，如评估自身行为对安全的影响；第二，增强安全保护意识，如机密类文件不应简单地以电子邮件的形式发送合作伙伴。提高防范能力的措施要有主题性；而增加激励性的措施要有针对性，应更面向目标群体，如针对销售人员，因为每个目标群体都有各自不同的安全保护目的。

15.5 法规和技术状态

哪些企业活动是受法律规范约束的？乍一看，信息技术和数据安全，尤其是数字化的安全活动，是无限制的。但事实并非如此！

15.5.1 信息技术安全法案

德国联邦《信息技术安全法案》，简称 ITSG[8]，旨在充分地确保社会生活中某些关键领域的信息技术安全。该安全法案，一方面涉及关键的信息技术基础设施，另一方面涉及互联网内的信息技术服务。关键的信息基础设施指能源、信息技术和电信、运输和交通、卫生、水资源、食品、金融和保险、政府和行政，以及媒体和文化等领域，直接为超过 50 万公民提供服务。要求关键信息基础设施运营商必须使用信息安全管理系统，相关的详细企业规范都由相应的政府机构给予制定，如德国联邦网络局（BNetzA）和德国联邦信息安全局（BSI），并通过认证，还必须由外部中立的审查机构确认其有效性。信息技术服务提供商也必须运行信息技术安全系统，但并不需进行经营认证。

作为其职责的一部分，关键信息基础设施运营商还可以对其供应商提出安全性要求，以降低整个供应链中可能会出现的风险。在这里，信息技术安全性要求可能会相对较低。在当今的工业 4.0 背景下，已经有针对安全协作的规则，这是对特定行业的具体要求，如汽车行业内的可互信信息安全评估交换模型（TISAX 模型）。

15.5.2 数据保护法规

《欧盟通用数据保护条例》（GDPR）[9]自 2018 年 5 月起取代了《联邦数据保护法》，并规范了欧洲统一的数据保护标准。该保护条例是直接适用的法律；但在德国，仍然有联邦政府和州级别的数据保护法规确定了更多的详细信息，但它们不能取消和废除上述法规的内容！《欧盟通用数据保护条例》的最新内容如下：

- 惩罚将更加严格，监管机构可以根据该文件直接发出处罚单，其金额最高可达其母公司年营业额的 4%。
- 在"被遗忘的权利"或"获取数据"方面，受影响者的权利得到了显著加强。
- 需要一种数据保护管理系统，其与通常的信息安全管理系统的不同之处是，它要求从受影响者的角度观察和评估可能的风险。这样一个数据保护管理系统的核心操作过程与信息安全管理系统没有区别，只是评估和考虑的内容有所不同，至少是从一个完全不同的角度观察问题。

因此，《欧盟通用数据保护条例》需要与《信息技术安全法案》具有相同的能力、流程和透明度，以及其他具体行动，以保护受影响者的权利。

15.5.3　商业义务

妥善处理某些不正当的安全风险是企业在商业交往中的一部分义务。为此，必须使用先进的技术，但这是从法律的角度，而不是从专利和发明的意义上。将信息安全管理系统纳入上述两个法规，因此引入信息安全管理系统实际上是强制性的，即使还未经过认证，但至少是一个管理系统，就如同使用质量管理系统来处理信息安全风险一样。

这可以简单地总结为：为了充分地应对数字化风险，每个企业都应该运作一个信息安全管理系统，至少要有其最基本的安全功能。

15.6　必要的安全方案

对于安全而言，数字化具有两个特别重要的基本特征，即标准化和网络化。网络化使攻击者可以远程准备和进行网络攻击，但标准化使攻击者不必熟悉其目标的技术状况即可下手入侵。这意味着所有安全保护机制都应假定和防御外部入侵者在所有的安全隐患处可能发起的攻击。另外，安全协议类似于密码学的凯尔科夫斯原理，也就是说，一个加密方法的安全性不能依赖于该方法本身的保密性。

该假设不包括当今常见的软件体系结构模式。可惜在当今的数字化解决方案中，其具体的实现中仍然有这些不安全的元素。在大多数情况下，这些更改需求在工业 4.0 参考框架中给予了考虑[10]。下面将详细地讨论一些相应的方案。

15.6.1　将应用流程和用户管理相互分离

通常，一个既安全又简单好用的用户管理的实现是非常复杂的。如果没有充分地考虑系统安全方面的问题，用户管理本身就给外部攻击者提供了渗透和入侵的机会。例如，在会话管理、密码存储或角色管理中，都存在着许多安全隐患。

在理想情况下，先进的应用软件本身不再具有用户管理功能，而是利用外部用户管理提供这种机制。可以使用若干联合和授权过程，允许对信息数据资源进行专用的受控访问，从而实现角色和准许机制，而不必在应用中继续存储保留用户的个人信息。集成外部用户管理的协议，通常是标准化的，如安全主张标记语言（SAML）、开放授权（OAuth 2.0），并且都具有简单易用的库。

15.6.2 基于数据信息，而不是网络的方法

目前，人们仍然坚信，在网络级别上适当地将应用软件与系统进行分离可以确保应用系统的安全。在通信协议尚未标准化，且并非所有硬件设备都联网的时候，这种保护措施就发挥了作用；而现在，这种保护措施不再能发挥其作用。例如，现在的防火墙就可以通过互联网协议拦截大规模的外部入侵攻击，并强制性地维护和执行通信规则。但是，由于大部分网络通信仍然都是通过超文本传输协议进行的，仅通过少数几个始终相同的端口，因此这项任务也变得越来越困难。

在数字化时代，较为正确的方法是，系统之间交换的个人信息可以进行自我保护，这样就不必担忧信息流向何处，以及在数据传输中的风险。现有的安全保护标准和通信协议都可用于此，并且被现代工业4.0技术所采用：数字签名和基于策略的单个消息的加密，如可扩展标记语言（XML）、Java数据交换语言（JSON）[10]。

15.6.3 重点在于设计的安全性和隐私性，而不是功能本身的安全性

许多数字化解决方案都是根据"其他人可以负责安全"的原则开发的。在这种想法背后，通常是这样一种假设，即所需的安全属性可以被功能化。这就意味着，通过实现某些与安全性相关的功能，可以实现整体解决方案的安全性要求，而且这些功能还可以作为附加软件产品销售。例如，为了避免电子邮件中的恶意病毒，开发并出售防病毒软件工具。

而当安全性问题日趋复杂时，这种功能化方案就显现出局限性。虽然实现了简单的保护功能，但这也使安全性本身变得越来越复杂，并且在实际应用中与应用程序交织在一起，导致这些功能失去其应有的效力。相反，应用软件本身必须是安全的。这是通过"设计的安全性"和"设计的隐私性"的方案来实现的[11-13]。

对于设计的安全性和隐私性而言，要求系统和应用程序不依赖于外部的安全保护产品，而是自己提供非功能化的安全和隐私属性。当然，这就需要系统和应用软件制造商的额外投资，但这也更容易实现一个集成系统的总体安全目标[2,14]。

15.7 总结

形象地讲，没有安全保证的数字化，就如同没有降落伞的飞行：要么不得不承担可能的风险，要么只在安全的情况下进行操作。换句话说，只有保证了

信息的安全,才能使数字化得到真正的应用。

新型的创新技术,以及令人感兴趣的软件产品原型,通常在很短的时间内就能开发问世。而另一方面,只有在必要的安全措施实施到位的情况下,才能在生产阶段真正地投入实际应用。由于上述安全问题的高度复杂性,与常规的创新周期相比,安全检验周期所需的时间较长。因此可以说,安全性问题延迟了数字化的进程。

在某种程度上,一个信息安全管理系统使控制风险成为可能。因此,如果希望风险"处于可控状态",很有可能从数字化项目的开始,就要准备好若干可替代的、临时性的预防措施,以能够充分地抵御风险入侵。

作者认为,如果世界愈加趋于网络化,则相应的法律规则就会愈发严格,提出更多的规范化要求,对网络安全进行监管,在关键问题上保证其安全性。

因此,作者的主要建议是实施一个信息安全管理系统。这至少提供了一种可能性,能够安全地进行数字化!

参考文献

1. Baums A, Schössler M, Scott B (2015) Industrie 4.0: Wie digitale Plattformen unsere Wirtschaft verändern – und wie die Politik gestalten kann. Kompendium Digitale Standortpolitik, Bd 2
2. Paulus S, Mohammadi NG, Weyer T (2013) Trustworthy software development. In: IFIP international conference on communications and multimedia security. Springer, Berlin/Heidelberg, S 233–247
3. Baxter G, Sommerville I (2011) Socio-technical systems: from design methods to systems engineering. Interact Comput 23(1):4–17
4. Deutschland sicher im Netz e.V. https://www.sicher-im-netz.de/. Zugegriffen am 05.03.2018
5. Sowa A (2017) Wichtige Begriffe rund um Informationssicherheit. In: Management der Informationssicherheit. Springer Vieweg, Wiesbaden, S 5–15
6. Eckert C (2013) IT-Sicherheit: Konzepte-Verfahren-Protokolle. de Gruyter, München
7. Paulus S (2005) Informationssicherheit. In: Müller KR (Hrsg) Handbuch Unternehmenssicherheit. Umfassendes Sicherheits-, Kontinuitäts- und Risikomanagement mit System. Vieweg, Wiesbaden
8. Deutscher Bundestag (2015) Gesetz zur Erhöhung der Sicherheit informationstechnischer Systeme (IT-Sicherheitsgesetz). Bundesgesetzblatt I(31):1324–1331
9. Europäische Union (2016) Verordnung (EU) 2016/679 des Europäischen Parlaments und des Rates vom 27. April 2016 zum Schutz natürlicher Personen bei der Verarbeitung personenbezogener Daten, zum freien Datenverkehr und zur Aufhebung der Richtlinie 95/46/EG (Datenschutz-Grundverordnung). EG (Datenschutz-Grundverordnung) Amtsblatt der Europäischen Union
10. Adolphs P, Bedenbender H, Dirzus D, Ehlich M, Epple U, Hankel M, Koziolek H et al (2015) Reference architecture model industrie 4.0 (rami4. 0). ZVEI and VDI, Status Report
11. Danezis G, Domingo-Ferrer J, Hansen M, Hoepman JH, Metayer DL, Tirtea R, Schiffner S (2015) Privacy and data protection by design-from policy to engineering. arXiv preprint arXiv:1501.03726
12. Mohammadi NG, Bandyszak T Paulus S, Meland PH, Weyer T, Pohl K (2014) Extending development methodologies with trustworthiness-by-design for socio-technical systems. Trust, S 206–207

13. Mohammadi NG, Paulus S, Bishr M, Metzger A, Könnecke H, Hartenstein S, Pohl K et al (2013) Trustworthiness attributes and metrics for engineering trusted internet-based software systems. In: International conference on cloud computing and services science. Springer, Cham, S 19–35
14. Paulus S (2012) Basiswissen Sichere Software: Aus-und Weiterbildung zum ISSECO Certified Professionell for Secure Software Engineering. dpunkt, Heidelberg

第 16 章　物联网与智能合约：企业数字化的风险

史蒂芬·温德策尔（Steffen Wendzel），戴特列夫·奥尔舍福斯基（Detlef Olschewski）

当前，谈到企业的数字化，主要有两个特别热门的话题，即物联网和智能合约。在本章中，我们将主要讨论这两个主题的安全问题。这里主要介绍了一些已发表的文章在所在企业研究项目中获得的经验，以便为读者提供相关主题的概述信息。特别是，我们确定了与两种技术相关的选定风险的应对措施。

16.1　引言

通常，企业的数字化过程面临着各种安全问题，如外界的威胁、新的信息保护方法、不断变化的法律要求等。在许多文献中，都已广泛和详细地讨论过这类问题，如企业信息技术基础设施和企业之间的通信设备遭受外来攻击时，可能会出现的场景和后果。在本章中，我们也将探讨与此类安全相关的话题，而且重点选择了两个具有代表性的、特征明显的数字化技术：物联网和智能合约。

从其本质上讲，物联网代表了所有设备（"事物"）和个人，基于互联网技术的高度联网。物联网为信息技术提供了各种各样的新的可能性，从纳米技术到分布式传感器，再到将信息技术与物理世界更加紧密连接的新的客户服务[1]。对于企业而言，物联网创造了新的经营机遇，如提供附加服务和新产品。但是，伴随着物联网的巨大潜力，企业同时也要面临众多新的威胁和风险。这些将涉及企业运作的各个方面，如产品设计、客户服务项目、各种应用系统的运行、维护和责任。

智能合约是由数据库支持的流程，已发展成为区块链的一部分。区块链相当于一个共享账本，即分类账。使用分类账就意味着，交易过程只需要进行一次，便可以永久的保存，且全球范围内拥有访问权限的用户都可以看到交易结果。交易过程中的数据以模块的形式进行存储，每增加一个交易都会使区块链的长度增加，这些模块通过唯一的"密钥"前后连接，其中的任何信息都无法被篡改。这些信息看起来很琐碎，但在智能合约的功能中，将变得非常重要。截至2018年2月，比特币区块链的大小接近166GB（https：//blockchain.info/de/charts/blocks-size）。这种规模的文件，一般无法在物联网的分散单元上灵活使用。比特币只能映射很少的算术运算。但还有其他区块链，如以太坊（ETHEREUM）或加密货币（NEO）之类，可以实现更复杂的指令或条件，也可以循环执行。也就是说，这些区块链是可编程的。这就构成了智能合约的基础。

区块链的每个用户，包括参与智能合约的用户，都需要预先向相应的货币提供信用，该信用通过数字货币交换（钱包）进行管理。目的是使选择过程更具自主性，以结构化的方式简化选择过程，并使它们更加透明。作为区块链的一部分，本章将特别介绍用于智能合约的ETHER区块链。这里有可能在区块链中插入执行条件。在实施中，对许多小规模的合同，无须任何更改即可轻松地记录，因为这是在区块链中完成的。但是，如从风险的角度来看，更改一般是不可能的，因为每个修改都意味着一个新的合约。

在以下章节中，我们将首先介绍物联网和智能合约这两个术语。其次，将着眼于讨论物联网的主要风险，然后是智能合约。最后一节将对我们的所有观点做出总结。

16.2 物联网

物联网的概念是由美国麻省理工学院（MIT）的汽车识别实验室（Auto-ID）于1999年提出的，它包括以下几个核心部分[1]：

- 物联网受电子和信息技术驱动，尤其是射频识别（RFID）芯片、传感器技术、智能技术和纳米技术。这些技术创造了新的产品服务和可能性：跟踪和识别所有"物体"（事物）的数据信息，收集传感器数据（也是用于后续处理），提高网络性能，以及开发、连接和集成更小的物体，以实现交互功能。
- 在物联网中，每个元素都被认为都是平等的。这种平等性还包括各种类型的虚拟或者实际的物理设备。此外，在抽象层面上，人与机器之间没有区别。

因此，物联网的一个核心部分就是物体，它们不仅相互交互，而且还与人类进行交互。这些东西衡量和影响各自周围的环境。因此，这些物体就是网络的传感器和执行器（即网络物理系统）以及它们的从属设备，如控制器、云服务器或者网关。

印度韦洛尔技术学院杰安提（Jeyanthi）博士等人就曾指出：可以预见，物联网的安全性将会是一个复杂的问题：

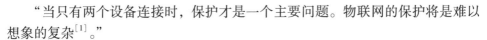

"当只有两个设备连接时,保护才是一个主要问题。物联网的保护将是难以想象的复杂[1]。"

这种假设显然是正确的,且会导致各种风险,我们稍后将讨论其中的一些风险。

16.3 智能合约简介

智能合约也是一种算法,它预先通过一个区块链对一个更改给予了描述,定义了一个用于描述事件发生的参数,并将要更改的变量作为输出,定义为合同的结果。例如,一个虚拟的智能合约可能包括支付某项能源(如电力)供应的费用。如果在约定的时间付款,合同将保留,即积极合同。反之,如果未在约定的日期付款,则能源的输送将自动停止。这种迄今为止的虚拟智能合约,正变得越来越贴近实际应用。另一个例子可能是临期的汽车租赁费。一旦未按时支付租赁费,就可以通过物联网实施远程控制,停用预定的车辆。这样,客户将不得不将车辆留在原地,无奈地"呆"在街上。现在,也正在讨论使用智能合约,接管某些专利系统管理任务的可能性,以承担过去专业律师事务的传统工作[2]。

虽然前两个例子是制裁,第三个例子代替了一个保密机构,但也可以订立激励合同(仍然是虚构的)。倒垃圾,与狗同行,洗五分钟澡:如今许多已经可以衡量的事情都可以通过智能合约解决。

智能合约还有另一个重要的方面,就是准许第三方看到智能合约内的所有条款,而且,一旦成功发布后,将不能再更改。这也被称为智能合约的"法律"。因此,这种公开使得有可能进行价值中立的经营操作,参与交易活动和观察各项合约更改,从而在真正决定后,再以合同的方式给予实施。

以上几个示例,已经基本说明了智能合约的现实使用情况。因此,有必要对智能合约的参与者或者合作伙伴,给予一定的描述。目前,他们通常是人类本身。但是,仍有许多关于哪些参与者可以用以太坊和NEO两大智能合约加密链实施的讨论,如智能家居、安全和保健应用领域,以及某些以前未知的业务领域,如防止篡改计费系统。

以太坊是专注于欧洲和美国的加密链,而加密货币NEO来自中国。在编程方面,以太坊使用Solidity作为其编程语言,而加密货币NEO使用C#、Java和Go。

以太坊的用户熟悉智能合约的入门顺序,即"pragma solidity ^0.4.21;"。没有这一序列号,及其相应的版本号,将无法实现任何一个合约。这里,特别要考虑版本号的重要性,以便其合同伙伴可以基于此版本进行操作。可以在

www.etherscan.io 上查询当前现有的智能合约（图 16.1）。

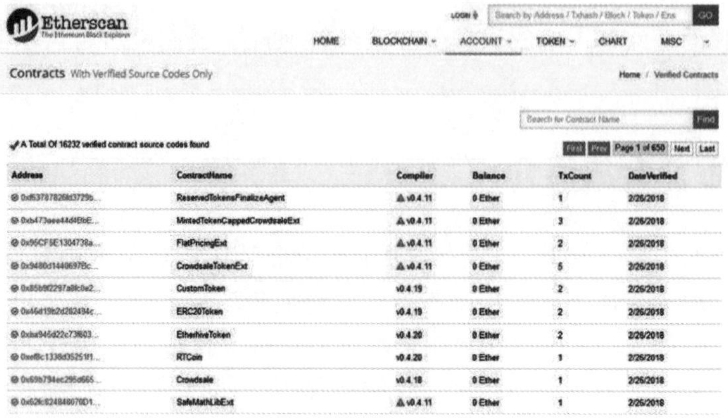

图 16.1　当前的智能合约概况（www.etherscan.io）

16.4　物联网的风险

目前，涉及物联网信息技术安全的问题时，人们还有许多的困惑和疑问，如"事物"是否存在被滥用或者挪用的可能性？人们是否知道个人的数据信息被人秘密存储[4]？如果知道可能要受到"事物"监视，则自己的行为举止会发生什么变化吗？物联网设备可以用于远程监控人类活动吗[5,6]？从这些监测数据中可以得出什么样的判断和结论，其真实质量如何[6]？私人敏感信息如何从事物/或者网络物理系统中泄露给未经授权的人和机构组织[7]？

要回答这些问题以及其他许多不明之处，本身就会导致其他危险的出现，而这些分析结果可能又会给企业带来更多的风险。为了能够确定这些风险，仅能粗略性地定量估计，对客户、产品和服务的损害程度，如与云服务供应商用户数据库相关的数据丢失。

但在这一点上，更令人感兴趣的问题是如何在物联网的背景下，正确地应对所产生的风险。在下文中将介绍一些方法和经验，对所选定的某些风险提供一些指导。

这里，我们想特别介绍的是由德国联邦教育与研究部（BMBF）资助的研究项目：楼宇自动化安全网络基础框架（BARNI）的拟订目标和研究结果。这一项目具体是由弗劳恩霍夫通信、信息处理和人体工程学研究所（Fraunhofer FKIE）和 MBS GmbH 公司（2014—2016 年）合作进行。其目的是希望楼宇自动化中的数据通信更加安全。为此，已经开发了一些信息技术组件，并将其集成到楼宇的信息网络中（图 16.2）。

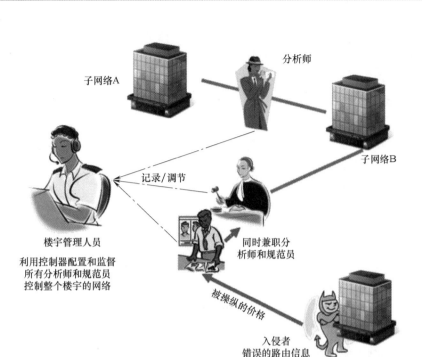

图 16.2　BARNI 项目：楼宇自动化安全网络基础框架

其中一个核心组件是数据流规范器，它是一个可调节数据流量的网络组件，如果可能的话，可从数据流中删除攻击和异常。它能够持续地监控通过它的数据流，并根据每个数据包的上下文，对每个数据包进行安全评估。

除了上述数据流规范器，还开发了一种数据流分析器，它可以实现攻击检测功能[8,9]。而攻击检测的目的，就是识别数据流中可能出现的异常。通常，异常可能是来自外部攻击或者网络本身的问题，这都是需要解决的，在这一点上必须指出，系统可运行性是信息技术安全中的一个主要目标，这可能还会对网络问题或错误产生更加负面的影响。因此，确保系统的运行对保护整个信息技术系统至关重要。为了进行异常检测，这里的数据流分析器使用机器学习的方法来分析楼宇自动化控制网络（BACnet）中的数据流。这个网络采用楼宇自动化的全球通用的通信标准，它是由美国供热、制冷和空调工程师协会（ASHRAE）研制和开发的。

最后，显示器工具可以某种方式可视化异常的信息，以便操作人员能够简便地处理这些信息[10]。在上述项目中，由大学生以及楼宇管理人员共同测试了各种可视化方法和检验对象，尤其是网络异常和传感器值异常，以便确定最为合适的方法。

在上述项目的背景下，尤其是涉及上述网络组件的研究和开发，该项目为应对智能建筑中的可能风险，提供了一些关键性见解，这些见解最终应适用于整个物联网领域。下面将讨论四种最主要的风险类别。

1. 基于网络攻击的风险

针对基于网络的恶意攻击，许多物联网设备缺乏相应的保护措施，这通常是由于不良的网络堆栈所致，网络堆栈是物联网操作系统的一个组成部分，用于具体实施网络协议。诸如上述的"数据流规范化"之类的保护措施，都旨在保护系统免受通过网络进入的外部攻击，如果没有这类防御性机制，将无法抵御这些攻击[8]。因此，BARNI项目解除了各种基于网络的攻击的危险。数据流规范化和类似的解决方案，如上游中间件堆栈，都可以保护系统安全运行，尤其是在异构物联网环境中。

2. 遗留旧系统带来的风险

另一方面，物联网世界由越来越多的旧系统组成，这些旧系统已无法再升级，而且其数量已经超过了联网人口的数量。将这些旧系统，采用某些保护措施，如数据流规范化等，进行隔离之后，在BARNI项目中，这些系统仍然再次面临这样的风险：无法长期对物联网网络硬件进行改装、扩充和更新，系统缺陷和安全漏洞可能会持续发展[9]。上述的数据流分析器（或一般异常检测）还可以检测到对新旧系统，新型的、迄今未知的攻击，从而至少可将检测结果传达给操作人员，在最坏的情况下，临时地停运受到攻击的系统和设备。现在，在每个知名的专业化物联网网络中，异常检测和可视化都很普遍。但是，这里的一项挑战是要能够为最终的用户，提供适当的解决方案。而令人困惑的检测结果或者可视化效应，只能发挥其有限的作用。

3. 与新设备集成相关的风险

4. 缺乏训练有素的工作人员所造成的风险

为了应对与物联网相关的威胁，已经在BARNI等项目中，进行了另外一个重要的测试工作，即安全性测试平台。这样的测试平台大部分是本地化的，且通常是物理存在的物联网系统，仅包含少量的组件。例如，这种测试平台可以将一个执行器和一个控制器，与一个传感器和一个私人电脑连接起来。即使仅基于这些少量的物理设备，也可以进行一些安全性实验，如攻击性风险测试。

另外，利用这样的测试平台，可帮助培训学生和员工如何安全地运行物联网。这种方法解决了在紧急情况下，由于员工缺乏相关的知识和技能，以致无法对外部威胁和攻击做出相应反应的问题。但是，测试平台也可以产品化，就可用于使物联网组件免受外部攻击，并探索网络设备如何应对恶性攻击。此外，企业可以以相对较低的成本费用，实现企业级的测试平台，从而在将物联网集成到生产环境之前，就可测试和诊断关键设备的灵活性和安全性。或者，开发自己的安全性解决方案的企业，当然，也可以在测试平台中测试其产品的保护机制和功能，但是在此类测试中，要确保尽可能地满足现实的操作环境条件。从网络角度来看，这是可以经济而高效地实现的，即在一个模拟的生产环境中记录数据流，然后将其重复性地传输到测试平台。当然，所记录的这些数据流还并不能涵盖基于网络交互的所有可能性。而使用数据流生成器，就可以解决此类问题，它能根据所定义的参数，对要生成的数据流进行动态配置。

但是，我们在实现测试平台方面的经验表明，使用免费的网络堆栈，如BACnet协议，只能部分地起到保护作用。通常，一个完整的协议标准仅能部分地以实现，或者相应的功能工具库不再更新和扩展。这大大降低了被测设备进行基于网络交互的可能性。另一方面，多种多样的设备的异构性，也使安全测试平台的实施变得更加复杂。不同的软件开发制造商提供不同的数据接口，采用异构的协议标准进行通信。但是，毫无疑问，在一个企业组织中，要求一个测试平台必须能够覆盖所有的通信标准和数据接口，否则，这就需要大量的工作，甚至可能需要自己进行编码工作。然而，大量的工作可能受到招标和采购的严重限制。对于产品的要求，如确保与特定通信标准兼容的要求，将所需标准的数量减少到单个标准，即由测试平台支持的标准数量，但是，如果拥有大量的旧设备，则这种做法仅在一定程度上有效。未使用的组件接口可以停用，这意味着对它们不必再进行额外的安全测试。

16.5 智能合约的风险

迄今为止，所谈论的多是智能合约优越性的一面。但是，每一项新技术都带有风险。下面以五个潜在的风险，以及相应的应对方法为例，逐一进行说明。

1. 损失风险

一个智能合约还包括控制等价物，这通常基于以太坊或NEO等加密货币。这些货币和合同在分类账，也称总分类账，中是可见的，但要访问合同，还需要正确的钱包。失去了对钱包的访问权，就意味着信用的全部损失。根据估计，经济损失约占总价值的10%，这都是无法挽回的。

当前，针对这种损失风险，还没有简单的解决方案。尽管在传统的银行业务中可以进行个人身份识别，以避免丧失访问个人数据的权利，但目前在区块链和智能合约中，对于"忘记密码"之类的损失，还没有类似的补救措施。

2. 程序错误造成的风险

智能合约反映了程序员的知识水平。到目前为止，还没有基于标准模块的智能合约。因此，程序员的思维错误特别容易渗入和反映在智能合约的编程中[11]。历史表明，在许多情况下，智能合约可以包括"几乎所有东西"。在某些情况下,最大合约金额通常是在智能合约开始时存入的。这是不可逆的,除非少数特殊情况。因此如果始终不能履行程序所制定的合同条件,那么根据当前的技术状态,该金额的总额仍将保存在智能合同中,但无法退回。由于物联网中的智能合约通常只绑定或移动很小的金额,因此,在个别情况下几乎可以忽略不计。但是,随着智能合约中参与者的数量迅速增加,这种情况可能会改变。

解决方案可以在全面的质量管理中,或者在要求智能合约的参与者和开发商,更加全面的专业化中,甚至,可在创建新的职业中,如智能合约专家[11]。这将增加智能合约领域的创新实力。当前,解决方案仅是通过引入微软(Microsoft)的标准模块,或者更高级别的权限。但是,这在很大程度上都被参与者拒绝。因此,重要的是加强对智能合约质量的关注,使之作为一个高度有效的特征。

3. 多数风险

在智能合约和区块链领域,多数风险往往被忽略,即多数人可以做出少数人可能不喜欢的改变[2]。这可以通过一个简单的思维游戏来说明。例如,五个人(A、B、C、D、E)坐在一张桌子旁边,每个人面前都摆着一台笔记本电脑。现在,A、B和C决定E的笔记本电脑将来将属于A,即更改其所有权。E必须接受此决定,然后在区块链中发布决定,在这以后,笔记本电脑就不再属于E了。

当然,随着参与者数量的增加,很难找到这种滥用权力的多数。但这并非不可能。因此,多数风险的解决方案就是增加加密货币的参与者。

4. 披露风险

在许多国家和地区,财产所有权和行为数据都受到一定的保护。但是,在物联网和智能合约领域,在某些情况下,会部分地发生一些范式转变。因为每个交易和合同参与者都是已知的,第三方也可以始终跟踪交易的内容,即条件、发生的事件以及智能合约的履行。例如,如果两家银行希望使用智能合约进行期权交易,那么竞争对手也可以了解到这些交易的内幕。因此,秘密型智能合约目前尚不容易付诸实现。

对于这种披露风险,目前正在讨论和评估几种解决方法。例如,可以采用"许可的区块链"。将区块链和智能合约的访问者,从一开始就局限在一个有限的、封闭的用户群内。但是,这有一个缺点,即信息传递是有限的,并且不能利用智能合约的相应优点。

第二种方法是零币,即ZCash(www.z.cash)。为了简化交易事务,智能合约的内容(即合作伙伴、参数和条件)与履约实施是分开的。这样,交易内容不是公开的,但合同的履行是公开的。这个方法虽然考虑了披露风险的各个方面，但目前只是部分解决方案。

5. 信息不可用的风险

智能合约基于评估随时间变化的事件或非事件。但是，要做到这一点，就要求相关的信息始终可以得到提供。关于上述汽车制造商的情况，这意味着必须及时了解客户的付款情况，否则，可能尽管客户已经付款，车辆仍将被错误的关闭。智能合约本身尚没有自己的功能来进行数据收集，而是仅仅处理所提供的数据。

当前，最受到公认的解决方案是，由可信赖的第三方提供或者维护重要的数据。但这与人们对区块链和智能合约的期望相矛盾，因为这被认为不再是自主行为。但是，在实践中，的确还没有更有效的替代模型。为此，德国公司 Cleopa GmbH 在一项名为"智能服务世界"的研究项目中，提出了一个数据公证方案，但该方案仍处在通过智能合约进行测试的阶段。

16.6 总结

总体而言，可以为物联网，尤其是每个物联网行业，确定其潜在的各种风险。在本文中，介绍了在先前研究项目中涉及的物联网和智能合约应用将会出现的各种风险，这些风险可以说是跨越行业的。与物联网相关的风险的异质性强调了结合不同方法的必要性。

当前，智能合约可能是公众认知中最激动人心的未来话题之一。从批判的角度来看，智能合约的潜力还无法或几乎无法得到验证。但尽管如此，投资者还是非常愿意投资这类初创企业和项目。

如同任何一项技术和业务模型，智能合约也要遵循其特定的规范、风险措施和解决方案。在本文中，我们描述和评估了一些风险，并提出了部分建议和解决方案。作为加密货币的用户、智能合约的开发者和服务方案的提供商，如数据公证人，要考虑每个局部的解决方案，因为这都可能是新的挑战。

进一步的参与和开发合作，形成和推进智能合约的发展，参与者就可通过一个演绎过程，从当前数据的分析和评估中建立更新的智能合约。这只会在较小的程度上，替代现有的合同关系，但会导致生成基于物联网的新的合同模式和智能服务。

随着物联网、智能合约和其他信息技术安全问题的日益丰富和增加，企业相关的管理和负责人员，尤其是首席信息安全官（CISO）、首席安全官（CSO）、首席信息官（CIO）、软件开发人员和系统管理员，都将面临学习、吸收和掌握这些新知识的挑战。因此，进一步的员工培训和再学习变得愈发重要，并应该占据这类专家工作时间的很大一部分；他们也应被视为数字化的一个关键方面。

一方面，高校教育或者研究机构共同负责类似于组织委员会的工作，进行研究和开发；另一方面，企业和服务供应商这种多方合作，多年以来，已经受过实际检验并收获过成功，可视为一种行之有效的方法，以新的想法来应对新兴技术带来的风险。因此，物联网和智能合约也应以此为经验，继续遵循这一路径。

参考文献

1. Jeyanthi N (2016) Internet of things as interconnection of threats. In: Hu F (Hrsg) Security and privacy in the internet of things. CRC Press, Boca Raton
2. Meitinger TH (2017) Smart Contracts. Inform Spektrum 40(4):370–375. Springer, Berlin
3. HealthDataSpace Redaktionsteam (2018) Digitale Medizin: Das sind die eHealth Trends 2018. Healthdataspace.org
4. Wendzel S (2018) IT-Sicherheit für TCP/IP- und IoT-Netzwerke. Springer, Berlin (noch nicht erschienen, vorläufiger Titel)
5. Wendzel S, Tonejc J, Kaur J, Kobekova A (2017) Cyber security of smart buildings. In: Song H et al (Hrsg) Security and privacy in cyber-physical systems: foundations and applications. Wiley, Hoboken. (Kapitel 16)
6. Morgner P, Müller C, Ring M, Eskofier B, Riess C, Armknecht F, Benenson Z (2017) Privacy implications of room climate data. In: Proceedings of 22nd European symposium on research in computer security (ESORICS). Springer International Publishing, New York, S 324–343
7. Wendzel S (2012) Covert and side channels in buildings and the prototype of a building-aware active warden. In: Proceedings of IEEE international conference on communications (ICC), Ottawa, S 6753–6758
8. Kaur J, Tonejc J, Wendzel S, Meier M (2015) Securing BACnet's pitfalls. In: Proceedings of 30th international information security and privacy conference (IFIP SEC), IFIP AICT 455. Springer, Berlin, S 616–629
9. Kobekova A, Bültermann L, Tonejc J, Wendzel S (2017) Was bedeutet das IT-Sicherheitsgesetz für Smart Buildings? Konzepte des sicheren Alterns der Gebäude-IT. In: Tagungsband des BSI-Sicherheitskongresses
10. Wendzel S, Herdin C, Wirth R, Masoodian M, Luz S, Kaur J (2014) Mosaic-chart based visualization in building automation systems. In: Proceedings of 9th future security (security research conference). Fraunhofer Verlag/MEV Verlag, Berlin, S 687–690
11. Sury U (2017) Internet of Things und Recht – Smart Contracts, oder wie Smart können Contracts sein? Inform Spektrum 40(4): 390–392. Springer, Berlin